Couvertures supérieure et inférieure
en couleur

OEUVRES
DE
BARNAVE
publiées
PAR Mme St-GERMAIN, SA SOEUR,
MISES EN ORDRE
Et précédées d'une Notice historique sur Barnave
PAR
M. BÉRENGER DE LA DROME,
Pair de France, Membre de l'Institut.

PARIS.
JULES CHAPELLE ET GUILLER,
5, rue du Pont de Lodi.
1843.

HENRI II,
DUC DE MONTMORENCY,
PAR M. LE MARQUIS A. DE PASTORET, MEMBRE DE L'INSTITUT,
2 vol. in-8. — 15 fr.

Souvenirs d'un Voyage en Suisse,
PAR MADAME ARAGON, MEMBRE DE L'ATHÉNÉE DES ARTS.
1 vol. in-8. — 7 fr. 50 c.

UN TRIPLE DÉLIT,
PAR A. DE FEULEN.
1 vol. in-8. — Prix : 7 fr. 50 c.

HISTOIRE
DU PRINCE ROYAL
DUC D'ORLÉANS,
Détails inédits sur sa vie et sur sa mort,
PAR MM. J. ARAGO ET ÉD. GOUIN,
1 VOLUME IN-8,
Orné du Portrait et d'un dessin de la chambre mortuaire du Prince.
PRIX : 2 FR.

LE CHEMIN DE TRAVERSE,
PAR JULES JANIN,
Septième édition. — 1 vol. in-8. — 3 fr.

HISTOIRE POLITIQUE DE LA FRANCE AU XIX° SIÈCLE,
LA CONVENTION, LE CONSULAT, L'EMPIRE, LA RESTAURATION
ET LE RÈGNE DE LOUIS-PHILIPPE,
PAR CH. MARCHAL.
2 vol. in-8. — 15 fr.

Imprimerie de Madame De Lacombe, rue d'Enghien, 12.

OEUVRES

DE

BARNAVE.

IMPRIMERIE DE MADAME DE LACOMBE,
rue d'Enghien, 12.

ŒUVRES
DE
BARNAVE

MISES EN ORDRE

Et précédées d'une Notice historique sur Barnave

PAR

M. BÉRENGER DE LA DROME,

Pair de France, Membre de l'Institut.

2

JULES CHAPELLE ET GUILLER, ÉDITEURS,

5, RUE DU PONT DE LODI.

1843.

RÉFLEXIONS POLITIQUES.

CHAPITRE PREMIER.

Sur la Révolution et sur l'état présent de la France.

23 *Mars* 1792.

§ 1er.

Quelque violentes que soient les secousses que l'état a éprouvées depuis le commencement de la législature, sa constitution n'a pas été ouvertement attaquée et n'a pas encore cessé d'imprimer un grand respect. Les désordres qui ont eu lieu dans le royaume sont bien plus instructifs que destructeurs; la constitution s'est plus affermie qu'elle n'a souffert de ces premières secousses. Ce désordre inévitable des premiers momens a été jusqu'à ce jour bien moins désastreux qu'on pouvait le craindre; mais le danger est dans les assignats, les finances et les affaires étrangères.

Les affaires étrangères nous tiennent dans un état d'armement qui augmente nos dépenses; la détresse avilit les assignats, et par là augmente encore la dépense numérique du gouvernement sans augmenter ses recettes ni ses ressources. De là, l'inquiétude du peuple augmente par le changement dans le prix des choses, et le moment où le gouvernement cessera de pouvoir payer s'avance dans une progression rapide.

Si nous arrivons à ce moment sans guerre et sans crise intérieure, quel en sera le résultat? la perte des assignats devra être alors énorme; la perception des impôts sera probablement imparfaite, tant à cause du défaut de confiance que du défaut d'énergie dans l'administration.

Il est probable que nos armemens militaires seront encore sur pied; ainsi, par l'ensemble de ces circonstances, le résultat pourra être à la dépense, comme un est à deux, et les moyens de la caisse de l'extraordinaire épuisés, ne pourront être remplacés par de nouvelles fabrications sans augmenter le discrédit, et, par conséquent, la disproportion des moyens aux besoins. Tout emprunt paraîtra impossible, toute augmentation d'impôt le sera bien plus encore au milieu du mécontentement public.

On suspendra le paiement des créanciers de

l'état, si ce n'est assez de suspendre une partie du salaire des fonctionnaires publics ; mais ces ressources donnent le moyen d'aller un moment et ne font que retarder la chute ; il faudra bien, dès lors, s'occuper des moyens de la prévenir.

Si la faction des enragés domine encore avec toute sa force, si elle continue à régner sur les uns par la terreur, et sur les autres par l'illusion ; si le pouvoir exécutif, dans l'intervalle, lui a donné des prétextes plausibles de rejeter sur lui les causes de tant de maux, alors la détresse des fonds publics lui donnera une force illimitée. Elle abattra la royauté ; elle comprimera un moment les esprits par le poids de la crainte ; mais bientôt cette faction, sans chefs reconnus, sans unité, sans système, sans moyen de remédier à la situation désespérée du corps social, commettra faute sur faute, se divisera elle-même, sera attaquée de toutes parts et livrera le royaume à tous les malheurs de la discorde et de l'anarchie.

Si, au contraire, à cette époque, cette faction était déjà très affaiblie, si elle était, enfin, reconnue pour la principale cause de tant de désordres ; si, ayant exercé le pouvoir public dans toutes les branches, on ne pouvait s'en prendre qu'à elle des évènemens, il est probable qu'elle succomberait sous le poids de la crise, et que les idées raisonnables auraient leur tour. Mais quand arrivera l'époque de la suspension des paiemens? Il est probable, si nous n'avons pas la guerre, qu'elle n'arrivera pas pendant la durée de cette législature.

§ II.

Après quelques années d'épreuves (si nous pouvons les supporter sans désastres), l'assemblée nationale s'organisera comme les communes d'Angleterre ; il se formera entre les hommes d'état deux coalitions principales, dont l'une, ayant la majorité dans l'assemblée, s'emparera du gouvernement, et l'autre formera l'opposition.

Comme les députés ne peuvent être ministres, ni même demeurer députés pendant plus de quatre ans, il faudra, dans chaque parti, un beaucoup plus grand nombre d'hommes forts, car il en faudra dans l'assemblée, il en faudra pour les fonctions exécutives, et il s'en trouvera toujours en dehors, que, pendant leurs deux ans, la loi exclura des unes et des autres, d'où il résultera évidemment que l'état sera plus mal gouverné.

Comme ces dispositions capricieuses sont au détriment de la chose publique et des individus, elles seront abrogées, d'un commun accord, aussitôt que le corps législatif sera systématisé.

Comment le royaume pourrait-il exister avec la mobilité de la législature, qui, dans un pays où les élections ne seront influencées que par l'opinion, ferait, tous les deux ans, varier la majorité et, par conséquent, changer le système d'administration?

A défaut de seconde chambre, il est indispensable de donner au roi le droit de proposer des modifications au corps législatif, qui lui présente la loi; car, à défaut de cette facilité pour se rapprocher, le droit de *veto* s'anéantit ou paralyse la législation.

La liaison des ministres au parti dominant dans l'assemblée fera un jour que l'assemblée commencera à prendre des ajournemens, ce qui sera la première époque où l'administration pourra acquérir de la régularité et de l'énergie. Des ajournemens résulteront une certaine latitude de pouvoirs, l'habitude, de la part des ministres, de remplir toute l'étendue de leurs fonctions, l'habitude, à l'ouverture des sessions, de rendre compte, de demander, de proposer, etc.

§ III.

Avec des corps administratifs indépendans et des gardes nationales à leurs ordres, les petites guerres des temps féodaux pourraient renaître, si les pouvoirs du centre n'avaient pas une grande vigueur.

Plus l'empire est étendu, la population nombreuse, et les mœurs corrompues, plus le gouvernement doit avoir de nerf.

L'industrie et le travail, qui occupent le peuple et le moralisent, sont un supplément de la force du gouvernement.

§ IV.

Trois seules occasions de crise, — les finances, — les affaires étrangères, — un mouvement du peuple contre les Tuileries.

La plus funeste de toutes est la dernière : elle n'offre aucune bonne issue.

État des finances au 3 avril, suivant le rapport de M. Cambon. Sur la valeur des biens non destinés à être vendus reste, après avoir balancé les assignats en circulation, 224 millions. — Ce qui reste à payer de la dette exigible s'élève à environ 1,500 millions, que M. Cambon balance, par valeur des forêts, à 300 fr. l'arpent, soit 1,350 millions ; salines, 50 millions ; actif des fermes et régies, 100 millions ; à profiter sur la vente des domaines engagés, 100 millions ; total, 1,600 millions. — Dette constituée, viagère et pensions, 280 millions de rentes, hypothéqués sur les impositions. Biens nationaux incorporels, droits féodaux, etc., ne peuvent se racheter que graduellement, et ne peuvent balancer que des vides dans la rentrée de l'impôt ou des besoins extraordinaires. —Biens affectés aux hôpitaux et colléges, ne représentent pas le revenu qu'il faudra leur attribuer.— Dettes actives, 60 millions, affectés aux colonies, etc. — L'arriéré des contributions ne doit se compter que pour remplir le revenu courant.

Nota. Il résulte de l'opinion de M. Marbot que la caisse de l'extraordinaire fournit, en ce moment, 40 millions par mois pour les dépenses courantes.

Si nous avons la guerre, quel en sera l'effet?

§ v.

D'abord, des revers; —ensuite, des victoires. Nos premières armées seront battues par des armées mieux disciplinées; — mais nos officiers et nos soldats se formeront; l'esprit public fournira des hommes et assez de persévérance pour chasser l'ennemi, dont les forces dépériront, tandis que les nôtres croîtront sans cesse.

Mais je crois que, dans les premiers momens,

nos malheurs pourraient aller assez loin pour qu'on dût s'attendre à voir Paris pris et pillé par les Allemands.

Au surplus, une guerre longue et sanglante donnerait à la nation un caractère qu'elle n'a point encore; — forcerait, par le poids des maux, à une manière d'administrer véritablement propre à les réparer; presserait le terme de la révolution en remplaçant l'effet du temps par celui du malheur; — mettrait les hommes à leur place; — agrandirait les passions et les caractères, et pourrait identifier le roi et la nation, ce qui n'existe point encore.

§ VI.

Le corps législatif sera toujours sans mesure dans ses entreprises, sans frein dans sa rapidité, jusqu'à ce qu'une certaine dose d'aristocratie y apporte sa force d'inertie conservatrice.

Celui qui donnerait le moyen de faire rentrer dans les affaires les principaux propriétaires et les caractères les plus graves, résoudrait peut-être le problème le plus difficile sur la fin de la révolution.

Qu'opérerait la guerre à cet égard?

§ VII.

Le ministère jacobin actuel, étant du même club sans être de la même coalition, a bien moins de moyens pour conjurer; mais il en a beaucoup moins aussi pour faire aller la chose et pour conserver la majorité de l'assemblée.

L'assemblée constituante a voulu terminer la révolution, mais elle s'en est ôté les moyens par la non-rééligibilité et la dissolution prématurée.

La législature, élue dans un temps de fermentation, inexperte, ne pouvait que prendre la marche qu'elle a suivie; elle était incapable de gouverner, et désireuse de se distinguer par le bruit et l'énergie de ses résolutions.

Le ministère, qui était dans le système de l'assemblée constituante, a voulu, autant qu'il a pu, le maintenir. — Ce ministère ayant été renversé et remplacé par un nouveau qui est dans les vues de l'assemblée, les deux pouvoirs sont dans le sens du prolongement de la révolution.

De ce prolongement de la révolution, peut résulter la guerre et la ruine successive des finances.

La fermentation ne pouvant plus être imprimée, il faut qu'elle s'use.

On ne peut plus se servir des restes de notre ancienne vieillesse pour mûrir notre jeunesse actuelle : il faut qu'elle y arrive par l'expérience et le temps.

L'utilité de l'ancien système était d'éviter les crises ; l'utilité du nouveau sera au moins de faire tourner les crises contre ceux qui les attirent.

Le règne paisible des anarchistes, et, parmi eux, les désordres favorisés, les finances dissipées pendant trois ans, quelques écrits dans l'intervalle, propres à éclairer la nation de conc. t avec ses expériences, ne produiraient-ils pas le même effet que la guerre, ou même un effet plus sûr et moins hasardeux ?

§ VIII.

Conclusions de l'état des finances suivant le rapport de M. Cambon.

On ne peut continuer à rembourser la dette exigible qu'en se décidant à vendre les forêts en tout ou en partie (M. Marbot le dit formellement).

On ne peut plus employer que 225 millions de

la caisse de l'extraordinaire pour les besoins de l'état, sans s'ôter les moyens de rembourser la dette exigible.

Cette dette exigible ne peut être remboursée même en vendant les forêts, qu'en admettant le calcul incroyable qui en porte la valeur à 1,350 millions.

Ainsi, il est plus que probable qu'une partie de la dette exigible demeurera à la charge des impositions, indépendamment de 280 millions de constitué ou viager, et de l'établissement public.

En supposant même que vous n'ayez point de guerre, les 225 millions ne peuvent pas suppléer à l'insuffisance de l'impôt pendant un an (en ce moment, la caisse de l'extraordinaire fournit 40 millions par mois).

Que fera-t-on ensuite? On fera des assignats sur les forêts, les biens de Malte, les biens des colléges et des hôpitaux, dont partie servira aux remboursemens, et partie se consommera pour les besoins courans. Les brûlemens ne peuvent se faire avec la même vitesse, la masse des assignats en circulation s'augmentera, et, par là, leur perte. Par cette marche, l'épuisement des ressources extraordinaires pourrait aller à trois ans.

Mais si on livrait les forêts aux créanciers par des quittances de finance, on serait arrêté beaucoup plus tôt. M. Marbot le propose; cela serait fort à désirer, abrégerait les folies et rendrait le dernier résultat moins funeste.

Le désastre des finances a fait la révolution; peut-être sera-t-il donné à un nouvel embarras de ce genre, de nous rendre la raison et de nous obliger à une conduite mesurée et sérieuse.

Lorsque, sans assignats et sans moyens d'emprunt, on ne pourra aller que par l'impôt, il faudra une administration vigoureuse.

Toutes les profusions, toutes les distractions d'une assemblée où la majorité varie sans cesse, ne pourront plus être tolérées; il faudra que chaque pouvoir remplisse ses fonctions et qu'il s'établisse un système réel de gouvernement.

Si les malheurs des finances et quelques folies, comme la fête des soldats de Châteauroux, l'amnistie d'Avignon, etc., joints aux efforts des bons esprits pour éclairer l'opinion publique, suffisaient, sans les hasards de la guerre pour nous ramener à la raison, cela serait certes très préférable.

Mais comment se rétablira la discipline des troupes sans la guerre? Comment s'useront et se consumeront tant d'élémens de trouble sans la guerre?

Dans un autre sens, la guerre créera de nouvelles puissances, accoutumera à combiner de plus grands évènemens, laissera des hommes et des moyens pour les exécuter. Le résultat dépend beaucoup de sa durée ; courte, elle serait désastreuse.

§ IX.

Des chefs de faction, tels qu'ils peuvent être dans un pays où il n'y a pas de grande aristocratie, où il y a luxe, avarice, lumières, etc., tourneront toujours leurs vues sur le ministère quand il leur paraîtra accessible, plutôt que sur un changement de gouvernement, car il leur faut beaucoup moins de force pour obliger le roi à les nommer que pour le détruire, beaucoup moins de crédit pour faire nommer ministres, eux ou leurs amis, que pour les faire élire par les départemens dans un conseil exécutif.

De même, par l'impossibilité de fixer la majorité d'une assemblée délibérante, surtout, étant hors du gouvernement, tous les hommes d'état arriveront à sentir la nécessité que l'action exécutive, administrative et gouvernante, doit être dans le pouvoir exécutif.

Voyant, dans l'assemblée, les amis et les défenseurs du ministre, on en viendra à préférer un système plus franc, c'est que les ministres eux-mêmes soient membres de l'assemblée. C'est encore une de ces résolutions que l'intérêt commun des deux partis leur fera adopter.

La grande puissance du corps législatif prépare celle du roi. Dès que le gouvernement n'est pas fédératif, il devient nécessairement très monarchique, parce que le corps législatif, qui ne peut exercer sa surveillance et faire peser la responsabilité que sur les agens en chef qui sont auprès de lui, sera conduit par degrés à les investir d'un très grand pouvoir sur tous leurs subordonnés. Tout le foyer, ou plutôt le nœud de la puissance étant au centre, il faut nécessairement que celle qui exécute se fortifie en proportion de celle qui délibère.

Mais pour cela, il faut que dans le corps législatif, l'esprit central l'emporte sur l'esprit de section, ce qui n'arrivera que par une plus longue durée des législatures, et la rééligibilité. Il faut en second lieu que l'esprit fédératif et le pouvoir indépendant des fonctions ne domine pas le corps législatif lui-même et ne prévienne pas la consolidation des pouvoirs du centre, c'est-à-dire, que cette consolidation s'opère avant que les nobles et les grands propriétaires aient repris crédit dans les départemens.

Les chefs d'exécution peuvent seuls être surveillés et poursuivis par l'assemblée nationale. S'ils n'ont pas une autorité absolue sur leurs subordonnés, il en résulte que la puissance surveillante se dissémine et se dissout comme la puissance exécutive.

§ x.

La flexibilité ou la faiblesse du caractère du roi, si nuisible à la monarchie dans tout autre temps, peut servir à la maintenir dans celui où nous sommes, si chacune des factions qui se disputeront le pouvoir s'aperçoit qu'il est beaucoup plus facile de le tenir de cette main-là, que de toute autre.

§ xi.

Une des choses qui nous manquent le plus, c'est un certain nombre d'hommes appropriés pour composer nos assemblées nationales, ce qui sera très long à se former.

Aujourd'hui, indépendamment des clubistes, on ne peut voir dans les députés des départemens qu'une classe de gens ignorans et simples, qui vont se livrer à toutes les embûches des intrigans de Paris.

§ XII.

Différentes issues de la guerre.

13 mai 1792.

Si nous avions de grands succès, si nous faisions soulever toutes les provinces belges, si nous pénétrions en Allemagne et nous y soutenions long-temps,—il est difficile de prévoir où ces évènemens conduiraient.

Il est possible qu'après avoir fait la guerre quelque temps, je veux dire pendant cette année, avec des succès partagés, les deux parties, fatiguées de la situation de leurs finances, s'apercevant que cette guerre est contre leur intérêt commun, finisssent par une paix dont les conditions réciproques seraient, de la part des étrangers, la reconnaissance de notre constitution, le traité des indemnités avec les propriétaires d'Alsace, et, de notre part, une espèce d'amnistie décemment exprimée envers les princes et les émigrés,

Il est possible aussi que les ennemis aient de grands succès dans leur invasion; qu'ils pénètrent au sein de la France.....

Si le peuple de Paris demandait à tout prix la paix, que ferait l'assemblée?

Transigerait-on sur la constitution? Une telle transaction serait-elle durable?—Cela se pourrait, si la guerre avait été très longue et que la nation fût fatiguée de ses malheurs,—alors on ferait regarder la guerre comme l'ouvrage d'un parti. Ce ne serait pas la nation, ce serait ce parti qui aurait été forcé de rétrograder.—Mais de quelque voile qu'on pût couvrir cet acte qui établirait la nation française dépendante des états qui l'auraient réduite à transiger, il en subsisterait le germe d'une nouvelle révolution.

Une transaction qui n'aurait pas été précédée par de grands malheurs ne durerait qu'un moment. Une transaction que de longs revers auraient précédée pourrait-elle n'avoir lieu que sur la constitution? Les puissances qui nous y contraindraient, n'exigeraient-elles pas en même temps, ou en argent ou en territoire, le dédommagement de leurs efforts, et sous quel prétexte alors ceux qui ne regarderaient l'intégrité de la constitution que comme la passion d'un parti, sous quel prétexte pourraient-ils justifier la cession du territoire, ou l'espèce de tribut qu'on pourrait mettre à la place?... Comment pourraient-ils croire qu'un traité fondé sur ces conditions durerait plus long-temps que le sentiment d'affaissement dont il aurait été l'ouvrage?

Cette chance peut aussi se terminer d'une manière très heureuse; le roi peut se mettre à la tête de l'armée, chasser l'ennemi, se réconcilier ainsi avec la nation et bannir à jamais toutes les méfiances.

Enfin, si les ennemis obtenaient des avantages sans mesure, ils pourraient vouloir faire une contre-révolution absolue, elle ne durerait qu'un moment.

Où sont les forces pour contenir la nation entière? Si l'on satisfait le clergé et la noblesse, on aliène toute la nation. — Si on ne les satisfait pas, où est la partie intéressée à maintenir ce nouvel état de choses?

Il faudrait donc couvrir le royaume de soldats allemands; mais combien n'en faudrait-il pas, combien de moyens d'amollir et de dissoudre cette force étrangère dans cette chaleur que la révolution a répandue sur toute la surface de la France et qui ne s'éteindra pas de long-temps; mais combien de moyens de l'exterminer dans cette innombrable armée nationale, accoutumée à la guerre par ses malheurs mêmes, et furieuse de ses défaites.

§ XIII.

Politique de la faction dominante.

Ceux qui la composent tiennent le peuple constamment en émotion pour le trouver toujours prêt à seconder leurs vues pour une seconde révolution. Ils le remplissent de méfiance et de terreur sur des dangers imaginaires pour l'aveugler et l'étourdir sur les dangers réels dont ils l'environnent.

Ils ne cessent d'imaginer des complots pour occuper l'attention publique et servir de voile aux complots réels auxquels ils travaillent. Ils supposent de grandes conspirations pour se faire armer d'un pouvoir redoutable et se faire autoriser à des mesures extraordinaires contre les conspirateurs. De là, les moyens de perdre tous les hommes dont ils redoutent le courage, et d'entraîner le corps législatif à des résolutions qui anéantissent la constitution pièce à pièce, en feignant de la respecter.

§ XIV.

Quelle doit être la marche des gens de bien? Profiter de la crise où les scélérats nous ont placés, et acquérir, en luttant contre l'ennemi, la force et le crédit nécessaires pour maintenir la constitution.

Les factieux se servent des momens de danger pour exciter le peuple à des haines violentes et à des actions désespérées. Les gens de bien doivent s'en servir pour rallier à eux la nation par de grands services.

Aujourd'hui qu'on est rassasié de discours, la nation ne peut plus s'intéresser qu'à des victoires : elle s'y intéressera surtout quand des revers inévitables les auront fait juger aussi difficiles que nécessaires.

A Rome, c'était la guerre qui calmait le peuple ; c'était la guerre qui faisait déchoir le crédit des tribuns et qui transportait toute leur popularité aux généraux, sauveurs de la république.

§ XV.

Comment aurions-nous de la mesure puisque tout ce qui a forte propriété et habitude pratique du gouvernement est en dehors des affaires ?

De là, quelques factieux réfléchis peuvent entraîner facilement une multitude d'hommes qui, par leur situation, redoutent peu les changemens ;

qui, par leurs connaissances, ou très bornées ou purement spéculatives, n'aperçoivent point les suites des résolutions qu'on leur fait adopter.

Le temps ramène l'influence des propriétaires, le temps forme des hommes d'état; mais l'intervalle nécessaire, pour obtenir ces deux résultats, comment le passerons-nous?

§ XVI.

La peur est le sentiment qui domine chez la plupart de ceux qui ont pris parti dans la révolution.

C'est ce sentiment qui les porte à tolérer, à justifier même tous les excès. Ils se figurent que la licence du peuple et l'effervescence jacobite forment un contre-poids aux efforts des aristocrates, et ne trouvent en eux-mêmes aucun courage. Ils sont bien aises que la multitude se charge de les défendre. La crainte leur fait approuver tous les désordres, souscrire à toutes les cruautés.

Le traitement des affaires étant, dans beaucoup d'endroits, tombé dans les mains de gens qui n'avaient jamais eu qu'une petite existence, tous leurs moyens sont petits, toutes leurs vues sont timides: ils croient pouvoir ne se maintenir que par la complaisance; ils n'osent rien contre la multitude dont beaucoup d'entre eux partagent les préjugés et les mouvemens.

Ces deux circonstances acquièrent de l'intensité dans les pays où un grand nombre de personnes ont pris parti contre la révolution : 1° parce qu'on les y craint, on les y hait davantage ; 2° parce que étant, pour la plupart, de la classe la plus éclairée, ils ont laissé les affaires entre les mains de gens moins capables de les diriger ; dans un pays où ce qui avait le plus d'autorité et de poids, ce qui avait le plus de lumières, de hardiesse, d'intérêt à la tranquillité publique, est déclaré contre la révolution, qui donc peut rester pour conduire les affaires avec force et sagesse, et pour maîtriser les mouvemens du peuple ?

§ XVII.

Sur le 20 juin, ses causes et ses effets.

Je ne parle pas des causes générales qui ont donné à l'anarchie une force irrésistible.

Mais la cour, ou ne devait pas prendre des ministres qu'on regardait comme républicains, ou elle devait chercher à les attacher à la monarchie en leur marquant une confiance entière et durable ; ou si elle les avait pris par force, elle devait les garder par la même raison, et attendre qu'ils se fussent eux-mêmes détruits et décriés. Que penser d'une couronne si violemment attaquée et ainsi défendue !

Il est cependant vrai que la démission inopportune de M. de Grave a beaucoup préparé ces évènemens, qu'elle en est le premier principe, et que tous ceux qui auraient pu le retenir ont à se les reprocher.

Chose remarquable : c'est la cour de Vienne qui a le plus contribué à donner aux jacobins cette stature colossale qui les fait dominer sur tout, et c'est la cour de France qui a donné un brevet de grands hommes à trois individus, dont deux du moins n'y avaient jamais eu de prétentions.

Cette journée a tellement donné la mesure des forces, qu'aujourd'hui il n'y a presque plus d'espoir pour la constitution que dans les divisions ou la timidité de ceux qui l'attaquent.

§ XVIII.

Après le 20 juin.

Tous les partis, dit-on, attendent et désirent une crise.

Il n'y a dans notre situation que trois choses

qui puissent l'amener : 1° la guerre ; 2° les finances ; 3° un mouvement du peuple contre les Tuileries.

Les suites d'une crise opérée par la guerre ne peuvent pas plus se calculer que les caprices de la fortune.

Quant aux finances, il est possible que nous soyons comme ces jeunes gens qui deviennent sages lorsqu'ils se voient sans argent et sans moyens d'emprunter, et qu'alors la nécessité sentie d'une majorité constante, d'une administration régulière, d'un gouvernement vigoureux, d'une économie sévère, remplace cette extravagance, cette présomption, cette sorte d'ivresse qui préside actuellement à nos destinées.

Quant à la dernière, si elle est aussi grave qu'il est possible, si les principaux personnages y périssent, il ne faut pas en attendre autre chose que l'anarchie et la contre-révolution.

Ainsi de ces trois crises, la seule qui, à côté des plus grands maux, puisse présenter quelque espérance, est celle qui dans tous les cas ne peut être que très tardive.

Comment se fait-il donc que tous les partis désirent une crise? c'est qu'on est mal par sa faute, on ne sait point d'issue à l'état présent, et on en espère des évènemens.

C'est une sorte de crise que cette multitude de

vœux émanés de l'armée et des administrations à l'occasion du 20 juin. Elle peut donner quelques mois d'existence à la constitution, et si les gens qui ont parlé pour elle étaient heureux pendant cette campagne, ils acquerraient tout le crédit et toute l'influence nécessaires pour la maintenir.

§ XIX.

Jugement sur l'assemblée législative.

Qu'a fait la législature ?
1° Elle a fait la guerre.
2° Elle a donné presque en tout et partout l'avantage aux anarchistes contre les amis de l'ordre.
3° Elle a conduit insensiblement la constitution représentative vers la démocratie pure, en encourageant toutes les pétitions, en approuvant tous les outrages faits au droit de *veto*, en accordant aux tribuns et à toute influence populaire une autorité encore inconnue.
4° Elle a affaibli tout sentiment de décence et avili sa propre dignité en souffrant dans son sein des discussions telles que la querelle de MM. Grangeneuve et Jouanneau, l'information monstrueuse sur les raccoleurs, etc.

5° Elle a rempli toutes les têtes de chimères, en adoptant et en consacrant elle-même les fables les plus absurdes : de là, les soupçons et les haines se sont exaltés, et les esprits se sont préparés à une seconde révolution. Elle a accrédité toutes les idées triviales et populaires, et semble avoir voulu ravaler jusqu'à la dignité et la politesse du langage.

6° Elle a travaillé à anéantir la subordination des pouvoirs en encourageant toutes les insurrections des départemens contre le roi, et des municipalités contre les départemens.

7° Elle n'a jamais eu de majorité permanente et de système fixe, si ce n'est dans les momens d'une profonde terreur; elle n'a eu qu'un instinct soutenu de désorganisation.

8° Enfin, si on doit quelque reconnaissance à cette assemblée, ce sera d'avoir hâté notre expérience par l'immensité de ses fautes.

§ XX.

Jugement anticipé sur la prochaine législature.

La convention nationale, si elle existe, que sera-elle?

Il ne serait pas impossible qu'elle fût meilleure

que celle-ci, si les électeurs avaient à choisir parmi des candidats propres à former une bonne composition. Mais 1° ces candidats n'existent point; 2° dans la situation déplorable où se trouvera le royaume, n'est-il pas à craindre que, parmi les hommes sages, peu soient assez courageux pour oser se mettre sur les rangs, et que la place reste tout entière aux intrigans et aux fous qui, ne voyant péril à rien, solliciteront avec la même impatience?

Qu'elle sera malheureuse cette législature! La constitution défigurée, des finances sans ressource, la licence fortifiée par l'habitude et l'impunité, peut-être une guerre désastreuse à soutenir!

CHAPITRE II.

La révolution étant devenue inévitable, comment on eût pu la modérer.

On peut attribuer toute la révolution française aux progrès de la civilisation, des lumières et de l'industrie ; car c'est cette cause qui, en élevant le tiers-état, augmentant son aisance, son instruction, sa fierté, a rendu inévitable une révolution démocratique. C'est elle qui a donné ce grand pouvoir à l'opinion publique, et qui a rendu nécessaire un gouvernement délibérant.

Le gouvernement voyait arriver à lui ces deux puissances : le tiers-état, l'opinion ; pour prévenir la révolution, il eût fallu, ou les faire rétrograder, ou négocier avec elles; car, lorsqu'on a un puissant ennemi, il faut, ou travailler à le détruire, ou s'accommoder avec lui, si l'on ne veut pas qu'il nous détruise lui-même. Si nous sommes en possession du pouvoir, et si cet ennemi est dans une progression croissante, le meilleur moment pour traiter est celui où notre supériorité est encore immense, et où il n'a pas encore essayé ses forces.

Mais comment faire rétrograder le tiers-état? il eût fallu l'appauvrir, lui ravir son industrie, ce qui n'était pas possible; comment faire rétrograder l'opinion? il eût fallu ramener l'ignorance, éteindre le génie, ce qui était également impossible.

Un gouvernement jaloux et destructeur ralentit le progrès de ces choses; mais, dès qu'elles ont pris une si grande consistance, il ne lui est plus possible de les faire reculer. Qu'ont produit les efforts inouis qu'on a tentés contre la circulation de certains ouvrages pendant les dernières années de l'ancien régime? comment poursuivre et punir des crimes dont la nation entière est complice?

Il eût donc fallu négocier avec le tiers-état et avec l'opinion. Négocier avec le tiers-état, c'était ouvrir l'accès le plus facile aux ennoblissemens; effacer, loin de les fortifier, les classes et les distinctions dans la noblesse elle-même; admettre le tiers-état à tous les emplois publics, en s'en réservant la nomination; faire, peu à peu, disparaître la distinction des taillables et des non-taillables, rétablir les finances par la suppression des priviléges pécuniaires, affaiblir les tribunaux supérieurs en fortifiant les inférieurs.

CHAPITRE III.

Des partis, de leur marche et de leur composition durant la révolution.

§ 1ᵉʳ.

Le despotisme seul peut forcer tous les hommes à penser, en apparence, de même et faire taire l'opposition ; là où il y a liberté, il y a nécessairement des partis.

Les partis, se réunissant à ceux qu'ils haïssent le moins pour combattre, de concert, ceux qu'ils haïssent le plus, finissent par se réduire à deux ; et il n'est peut-être pas une seule république, un seul état libre au monde, qui ne soient divisés en deux principales factions. Tout état libre a, sous quelque dénomination que ce soit, ses whigs et ses torys.

Là où il existe deux pouvoirs distincts, séparés, formés d'élémens divers, mus par des intérêts opposés, il arrive naturellement qu'ils forment la base des deux partis, qui deviennent, pour ainsi dire, accessoires des deux pouvoirs, et leur donnent main-forte pour défendre ou pour accroître leur prérogative.

Ainsi, à Rome, quels que fussent les chefs et le but secret qui les faisait mouvoir, l'étendard des deux partis fut toujours celui du sénat et celui du peuple.—Et, en Angleterre, laissant de côté le gouvernement pour parler de la constitution, les whigs sont toujours pour le privilége du parlement, et les torys pour la prérogative du roi.

Chez nous, si le pouvoir exécutif n'est point un pouvoir distinct et redouté, si toute la puissance publique se concentre dans le corps législatif, composé d'une seule chambre, c'est ce corps qui, nécessairement, deviendra l'objet de l'opposition.

Il ne s'agira plus de fortifier le corps des représentans contre la puissance royale ou contre celle du sénat; il s'agira de lutter contre les représentans eux-mêmes et d'opposer le peuple à leur tyrannie.

Les représentans ne seront plus la partie démocratique du gouvernement, mais la partie aristocratique; car le peuple, qui de droit ne formera point une partie de la constitution, la formera de fait, et d'autant plus redoutable, que, n'étant ni limitée, ni organisée, elle ne reconnaîtra de borne à son pouvoir que celle de ses forces, et de moyen de l'exercer que la violence et la terreur.

§ II.

Jamais on n'a moins combattu pour les hommes dans notre révolution; chacun a combattu pour ses opinions, pour ses sentimens, pour ses intérêts individuels, en suivant la bannière de ceux qui paraissaient les défendre avec le plus d'énergie. Ainsi, chaque fois que les chefs ont changé de marche, ils ont changé d'armée.

La nation était trop peu instruite pour que chacun eût des idées nettes du gouvernement qu'il voulait. Les uns voulaient le moins de changement possible; les autres en voulaient, mais modérément; les autres en voulaient le plus possible. L'aristocratie voulait remonter vers les anciens temps; la partie aisée, industrieuse et tranquille, voulait des réformes; ce qui tenait au gouvernement eût voulu, comme de raison, que rien ne changeât. Quelques hommes hardis, guidés par une ambition inquiète et ardente ou par l'amour de la gloire et de la liberté, voulaient une révolution, et toute cette partie de la nation qui est mécontente de son sort, les pauvres, les débiteurs, les hommes décriés, les jaloux, les ambitieux sans moyens ou sans espoir, les oisifs, les spéculatifs..., étaient prêts à la soutenir.

Le parti modéré qui, soit par le nombre, soit par la composition, pourrait être regardé comme la nation même, est presque nul pour l'influence; il se jette à la vérité pour faire poids du côté qui cherche à ralentir le mouvement, mais à peine ose-t-il expliquer publiquement son vœu; lorsque les évènemens qu'il a redoutés le plus sont consommés il y souscrit, il abandonne ses anciens chefs et ses anciens principes, et cherche seulement dans la nouvelle marche à former encore l'arrière-garde et à retarder la marche de la colonne révolutionnaire à la suite de laquelle il se traîne à contre-cœur.

Ce parti a toujours lâchement abandonné ses chefs, tandis que le parti aristocratique ou populaire a toujours vaillamment soutenu les siens. Tout ce qu'on peut en attendre en général, ce sont des vœux secrets et quelques applaudissemens lorsqu'on a vaincu pour lui, un faible appui dans le succès, nulles ressources dans la défaite, aucun espoir de vengeance.

Dans cette révolution, il n'y a jamais eu de l'énergie, de l'ensemble et du talent que pour l'attaque; le parti constitutionnel a été aussi faible, aussi désuni, aussi chétif en moyens pour la défense de la constitution, que les aristocrates l'avaient été pour la défense de leurs priviléges.

Les révolutions démocratiques supposent dans

les esprits toute la chaleur et même tout l'aveuglement de l'enthousiasme sectaire; les opinions politiques s'y propagent, s'y établissent à la manière des superstitions, c'est-à-dire plus par la passion et la foi que par le raisonnement.

On a remarqué d'ailleurs que dans notre révolution les chefs ont eu peu de durée et une médiocre influence, en voici les raisons:

1° Il y avait peu de grandeur et de force dans les caractères, ce qui était l'effet de l'ordre de choses d'où nous sortions.

2° La révolution a été purement démocratique, de sorte que les premiers momens passés, la naissance, le rang et la fortune ont perdu toute influence.

3° La révolution a essuyé peu d'obstacles; si le peuple avait eu des ennemis puissans il se serait attaché à ceux qui l'auraient défendu, il aurait eu besoin de leurs talens, et eux auraient grandi avec le temps, et au milieu des périls; leurs facultés, leur caractère et leur gloire, en même temps que leur crédit se seraient consolidés. Mais ne trouvant rien devant lui, le peuple a voulu avancer toujours, et quand ses guides s'arrêtaient, il les a quittés pour ceux qui n'avaient d'autre mérite que de le pousser plus fort.

CHAPITRE IV.

D'un tiers parti ou d'un parti indépendant dans une assemblée.

§ 1ᵉʳ.

L'existence d'un parti d'indépendans, tel qu'on me paraît l'entendre, est, selon moi, une chose très pernicieuse et même incompatible avec toute bonne administration; une assemblée, formée de trois partis, peut faire beaucoup de choses bonnes en soi et considérée séparément; mais elle n'aura jamais de système suivi; et sans système suivi, il est impossible de gouverner. Je sais qu'une assemblée absolument unie d'intention et d'opinion est une chimère impossible, et qui pourrait être très dangereuse si elle venait à se réaliser; mais, de toutes les manières dont elle peut être divisée, celle qui la coupe en trois sections est certainement la plus vicieuse. Si elle se divise en deux, on y trouve sur-le-champ une majorité qui gouverne, et une minorité qui surveille; si les sections sont au nombre de quatre, ou même au-dessus, celles qui ont le plus d'analogie, se rapprochent nécessairement, et, à un très petit nombre de questions près, la marche de l'assemblée est la même que si elle ne renfermait que deux partis. Mais lorsqu'un troisième parti incertain, se réunissant tantôt à l'un, tantôt à l'autre, fait successivement pencher la balance de chaque côté, et détermine, tour-à-tour, la majorité dans un système opposé, je n'aperçois aucun espoir de salut pour un état gouverné de la sorte. Le premier besoin d'un gouvernement, c'est l'action ; le second, c'est une résistance assez forte, non pour paralyser l'action, mais pour s'opposer à ses excès, pour aiguillonner sa paresse, pour éclairer ses fautes. Un troisième parti, qui vient quand il le veut changer toutes les proportions ; qui convertit, suivant son opinion du moment, l'action en résistance, et la résistance en action, est loin d'établir l'équilibre, il le dérange absolument.

§ II.

Un parti d'indépendant, qui donne toute la majorité, tantôt à un côté de la Chambre et tantôt à l'autre, n'ayant point de système par son essence, empêche qu'aucun système ne soit suivi, et rend le corps législatif et l'état semblable à un malade capricieux, qui, s'étant environné de deux médecins à systèmes totalement opposés, suivrait pendant une semaine celui de l'un, et, pendant la semaine suivante, celui de l'autre. Il vaudrait, sans doute, mieux suivre exclusivement l'un des deux, fût-ce le pire; car, après en avoir éprouvé les mauvais effets, on aurait au moins la ressource de le quitter pour se ranger décidément de l'autre, tandis qu'en les faisant marcher de front, on en recueille des maux inévitables sans pouvoir juger auquel il faut les attribuer.

Dans l'assemblée constituante, les impartiaux ayant voulu adopter ce rôle, finirent par se ranger tout-à-fait du côté droit. — En général, il n'y avait dans cette assemblée que deux partis, la droite et la gauche; de sorte que, dans sa marche, elle a suivi, à peu près, un système uniforme : dans les parties où elle a varié, ses effets ont presque toujours été funestes. — Il suffit de citer, pour exemple, Avignon et les colonies.

Ce qu'on appelle indépendans dans le parlement en Angleterre, sont des hommes qui arrivent à la chambre des communes par leur propre influence, sans avoir besoin, pour être élus, de celle du ministère ou de l'opposition, et qui, par conséquent, sont hors de la dépendance de ces deux partis. Mais, s'ils ne sont d'aucune coalition, ils ne sont pas assez ignorans pour n'être d'aucun système. Ils choisissent librement entre celui du ministère et celui de l'opposition, et, après cela, le suivent avec la même fidélité que ceux qui y sont engagés.

CHAPITRE V.

Système des deux Chambres.

On parle beaucoup du rétablissement de la noblesse et de deux chambres. Ces idées sont-elles inséparables?

Les Américains ne l'ont pas cru puisqu'ils ont proscrit toute noblesse, et que toutes leurs législatures sont divisées en deux chambres.

Une seconde chambre qui n'établit pas une sorte d'aristocratie, une seconde chambre formée de la même classe d'hommes, élus de la même manière, pour le même temps, en un mot le système des deux sections est certainement une misérable puérilité.

Mais il n'est pas impossible d'introduire une aristocratie dans la machine du gouvernement, sans créer une noblesse dans la nation.

La fonction d'une seconde chambre est de donner du poids et de la lenteur à la machine, de concilier les deux pouvoirs et d'empêcher que l'un ne puisse subjuguer l'autre. En permettant qu'ils s'influencent réciproquement, elle empêche qu'ils ne se détruisent. Elle maintient la constitution sans entraver le gouvernement.

Moins l'aristocratie a de puissance naturelle dans un pays, plus il est nécessaire que la constitution la renforce; plus l'aristocratie a de puissance naturelle dans un pays, plus il est nécessaire que la constitution se mette en garde contre elle, qu'elle la limite, la lie et l'enveloppe de l'influence des autres pouvoirs.

De là, si une chambre héréditaire convient à l'Angleterre, une chambre à vie pourrait convenir à la France.

Si cette chambre est élective, elle ne saurait devenir dangereuse à la liberté du peuple, puisqu'à chaque vacance il aurait la faculté d'y fortifier son parti.

Comme une telle élection mettrait dans ses mains la plus grande récompense possible, elle lui donnerait le moyen de résister au plus grand danger qui menace la liberté dans un grand empire territorial, en attachant à sa cause et à la constitution les principaux chefs de l'armée.

Mais, si elle est sans danger direct pour la liberté, ne présenterait-elle pas un danger indirect en menaçant d'altérer la prérogative royale, en présentant l'élément matériel d'un pouvoir exécutif et la possibilité de séparer les pouvoirs sans conserver la royauté?

Je réponds qu'un corps composé de membres nommés à vie et qui ne se renouvelle pas lui-même, est en général le moins factieux de tous, parce qu'il n'est factieux ni à la manière de l'aristocratie ni à la manière des tribuns; que le roi y exercerait une certaine influence par les emplois dont il a la nomination; que les plus ambitieux tendraient plus naturellement aux premières places du gouvernement et les autres à quelques avantages pour leurs enfans, qu'à l'acquisition douteuse d'un accroissement de pouvoir à vie et partagé avec tant d'autres.

Ce corps se ferait des maximes permanentes qui seraient le véritable esprit de la constitution et à la lueur desquelles toute idée et toute proposition factieuse serait facilement reconnue.

Cette chambre rivaliserait avec l'autre; elle aurait nécessairement un esprit différent, car ne pouvant lutter avec elle de popularité, elle rechercherait l'approbation et l'appui des propriétaires, des gens paisibles et sages, et prendrait un soin particulier de l'ordre et du respect de la propriété. Cette chambre représenterait donc l'ordre et la propriété, comme l'autre représenterait la liberté et la population.

Si l'on veut se faire une idée nette des ressorts qui font mouvoir avec régularité la machine politique, il est nécessaire de distinguer la constitution et le gouvernement, les élémens qui doivent donner à la première sa liberté et sa stabilité, et les intérêts et les oppositions qui doivent éclairer la marche de celui-ci sans le paralyser.

Le système constitutif d'un pays, c'est la division des pouvoirs politiques qui y est adoptée, c'est la combinaison des intérêts naturels et généraux qui fondent la solidité de cette division. Le but de la constitution, c'est que la liberté et l'ordre en résultent d'une manière durable.

CHAPITRE VI.

De l'Établissement d'une république en France.

(Écrit sous la Convention.)

§ 1ᵉʳ.

L'assemblée qui a prononcé l'unité de la république prononcera probablement aussi l'unité de chambre dans la législature.

Le pouvoir exécutif ne pourra exercer de *veto*; car comment ce droit, qui doit être indépendant, serait-il exercé par des hommes responsables?

Ainsi, une assemblée unique fera les lois et formera seule et sans obstacles toutes les grandes résolutions d'état.

Deux partis qui se combattront en présence du peuple permettront-ils, même pendant long-temps, que les questions auxquelles la multitude prendra quelque intérêt soient sérieusement discutées?

La république subsiste par les passions du cœur, et les Français ne connaissent que les passions de la tête.

Un peuple qui a perdu sa simplicité ne la recouvre plus.

La république ne s'est pas fondée par vertu ; elle s'est fondée par enthousiasme et par esprit de faction ; elle s'est fondée par cet esprit qui en tout temps a détruit les républiques.

Brissot, qui vient de faire sa révolution, est déjà rayé des jacobins. Ces partis, qui, sous un gouvernement monarchique, se battent sans danger et forment l'utile opposition des whigs et des torys, dans une république, déchirent tout et ne permettent au gouvernement de prendre aucune consistance.

La royauté est un point fixe et immuable qui subsiste et maintient l'union de toutes les parties, tandis que les autres pièces du gouvernement s'agitent et lui impriment une salutaire activité par le mouvement de leurs passions.

Notre constitution républicaine est un édifice bâti sur la surface, dans un climat où les vents soufflent avec la plus violente impétuosité.

Le gouvernement monarchique est un rocher où les flots viennent se briser ; cette barrière n'existant plus, ils entraîneront tout.

Une constitution libre, mais composée de parties fermes, est un cercle tracé dans lequel les passions politiques se meuvent, mais qu'elles ne peuvent franchir. Leur mouvement, ainsi réglé, fait la prospérité de l'état ; mais s'il n'a des limites inébranlables, il n'est propre qu'à le troubler.

Qui fait que tout n'est pas déjà renversé, si ce n'est la vilité des personnages populaires? Mettez à la place de Danton un homme un peu considérable, et vous verrez ce que deviendra la république.

A moins que l'assemblée représentative ne consente à tout culbuter de ses propres mains, il est impossible qu'elle devienne aussi populaire que le seront les chefs de factions.

Dans un pays libre où le peuple s'intéresse à ses affaires, il faut qu'il ait un point d'opposition ; ne pouvant porter sur le pouvoir royal ses efforts et sa méfiance, il les dirigera sur ses représentans. L'opposition était entre le roi et l'assemblée ; elle sera entre l'assemblée et le peuple.

Dans un pays où la liberté règne, il s'établit naturellement un pouvoir qui tend à l'ordre et un qui tend à la liberté. C'était, à Rome, le sénat et le peuple. C'était, chez nous, le roi et l'assemblée ; ce sera, chez nous, l'assemblée et le peuple ; mais ce dernier n'ayant aucun moyen légal d'agir, ne pourra le faire que par insurrection.

Dès qu'on cessera de craindre les rois, les tribuns commenceront à diriger leurs forces contre l'assemblée.

Chez nous, l'assemblée et le pouvoir exécutif ne seront qu'une même chose, à peu près comme étaient, à Rome, le sénat et les consuls, de sorte que le peuple ne sera pas pour l'un de ces pouvoirs contre l'autre, mais s'établira lui-même comme une puissance contre tous les deux.

Or si la démocratie pure est par elle-même un détestable gouvernement, lors même qu'elle est régulière et organisée, combien n'est-elle pas plus redoutable lorsque existant par le fait, elle n'a aucun moyen légal d'agir.

Une partie fixe et stable comme un roi ou un sénat à vie, a des avantages qui dans un grand état sont de véritables besoins.

Il a une permanence de maximes et une politique suivie qui, tendant à sa propre conservation, conserve l'état en même temps.

Formant un point d'opposition pour la partie démocratique du gouvernement, il lui donne par là-même de la consistance et empêche qu'elle se divise d'une manière aussi prononcée. Ou plutôt il en résulte que divisée pour le gouvernement elle est unie pour la constitution.

Combien de fois la république romaine ne se serait-elle pas brisée sans le secours de la dictature.

La paix rendait-elle les tribuns despotes, on envoyait le peuple à la guerre; mais dès qu'il y eut des armées réglées, la guerre devint un moyen d'usurpation pour les généraux.

La convention, après avoir aboli la monarchie,

a décrété l'unité et l'indivisibilité du gouvernement ; ainsi, après avoir aboli la monarchie elle a rendu la république impossible.

L'unité ne peut exister dans un grand état que par l'immense énergie qui résulte de la monarchie, ou par une grande supériorité de forces de la ville gouvernante sur le reste de l'état.

Là où par la nature des choses le nerf du pouvoir est l'armée, l'unité ne peut exister que par la monarchie, et s'il y a unité sans monarchie, le moment n'est pas loin où un général deviendra roi.

Là où le nerf du pouvoir est dans la richesse, l'unité peut se conserver plus long-temps par l'influence d'une ville. Ainsi, pour qu'un état étendu conserve l'unité sans monarchie, il faut que la puissance publique soit moins dans l'armée que dans la flotte, que l'armée soit purement mercenaire ; l'esprit de l'état marchand, est que la mer enrichisse, et, pour ainsi dire, nourrisse la terre.

Après la mort de Charles Ier, la république anglaise fut établie ; mais cela vint moins de la nature des choses que des circonstances qui faisaient qu'il y avait une puissante armée sur pied. L'Angleterre, commerçante, puissante sur la mer, et n'étant obligée à entretenir aucune armée de terre, aurait peut-être pu conserver son unité sous une forme républicaine, mais la France ne le peut pas.

La force armée ne saurait se rallier beaucoup à un sénat, à une agrégation; si elle n'est ralliée à un roi, ce sera à son général, ou à son pays, à sa famille, au lieu où sont ses habitudes et ses intérêts; or, dans ce dernier cas, le lien, dans un grand pays, n'est pas au centre, mais à la portion dont on dépend.

L'esprit fédératif est conservateur, l'esprit de l'unité est à acquérir. De là, si la force est dans l'armée, elle est moins dangereuse à la liberté, là où l'esprit du gouvernement n'exige pas un grand entretien de forces, que là où il y conduit.

La fédération et l'aristocratie vont fort naturellement ensemble, parce que l'une et l'autre ont l'esprit conservateur et territorial; parce que dans de petits cantons l'influence des familles est plus considérable et conduit à l'aristocratie; parce que des cantons aristocratiques ont un double intérêt de se liguer, savoir: l'un, du pays, contre l'étranger; l'autre, du gouvernement, contre le peuple. De sorte que l'aristocratie conduit à la ligue, et la ligue à l'aristocratie.

Dans un pays monarchique, le militaire est le premier état, et, par là, l'armée s'attache au prince; mais, dans un pays républicain, le sénateur doit être supérieur au militaire, et si le militaire dispose du pouvoir, il culbute le sénat.

Dans un gouvernement fédératif, les sénats des provinces et les officiers de l'armée sont des mêmes familles ; mais, dans un grand état où il y a unité, ces liens individuels sont peu nombreux et tout-à-fait insuffisans pour mouvoir la masse de l'armée.

Dans un pays où le gouvernement n'est pas divisé, ceux qui le composent sont trop peu nombreux pour rattacher à eux une armée ; ils n'ont, ni la force de l'individu qui n'appartient qu'à la monarchie, ni celle du faisceau qui n'appartient qu'à la fédération. L'armée, ne voyant dans le pouvoir qui gouverne, ni son général, ni elle-même, s'attache faiblement à ce pouvoir, et retombe dans l'un de ses deux penchans naturels.

Tout comme les grandes monarchies territoriales tournent facilement à la féodalité, les grandes républiques territoriales doivent tourner à la fédération ; car la fédération est la féodalité républicaine ; la féodalité est la fédération monarchique.

Mais le prince a, pour ramener l'état féodal à l'unité, une énergie que le congrès n'a point.

Si l'Amérique s'achemine vers l'unité ; c'est qu'elle s'achemine vers la monarchie, c'est que le président du congrès est plus réellement roi que ne l'était notre roi constitutionnel.

§ II.

De l'unité de la république et de l'influence de la capitale.

L'unité d'un empire ne se maintient que par certaines choses qui appartiennent à la masse, et à aucune partie séparément, et qui, exerçant sur cette masse une grande influence, en tiennent les parties liées. Ainsi, un roi, une armée, une grande capitale, des colonies, etc., etc.

On ne peut donc établir l'unité et repousser l'influence de la capitale; mais cette influence est une source continuelle de révolutions.

Le roi qui s'en sert, s'en garantit par l'influence de l'armée, par celle d'une assemblée.

L'armée s'attache à ses généraux, et le peuple à ses tribuns.

Il faut s'attendre que les idées de dictateurs, de triumvirs, circuleront sans cesse dans Paris, comme les idées de royauté circuleront sans cesse dans l'armée. Et quand elles viendront à se réunir sur le même homme, qu'en arrivera-t-il?

Dans la monarchie, la première place étant occupée, l'ambition s'exerce sur les secondes et tend à renouveler le gouvernement, non à changer la constitution. Mais ce fauteuil vide attirera toujours les regards des hommes audacieux.

Dans la fédération, les parties luttent entre elles et usent ainsi leurs forces et leur activité, mais quand la république est une, quand elle a une grande surabondance de force et de pouvoir, elle tend à la porter au-dehors; toutes ses rivalités sont contre les étrangers, elle est nécessairement ambitieuse. C'est l'opposition des pouvoirs intérieurs qui borne et tempère l'ardeur des entreprises extérieures.

Alors il n'existe de moyen de tempérer les factions intérieures que d'entreprendre au-dehors; mais ces entreprises au-dehors rapportent dans le sein de l'État ou de nouvelles richesses ou des armées victorieuses, c'est-à-dire de nouveaux fermens de révolution.

§ III.

Si l'établissement d'un gouvernement républicain est favorable à l'égalité.

Dans un pays où il y a un grand principe d'inégalité dans les fortunes, l'aristocratie ne peut être contenue que par la monarchie.

Exemple : l'Allemagne est le pays le plus aristocratique de l'Europe à cause de l'affaiblissement de la monarchie.

Toutes les républiques riches de l'Europe sont tombées sous le joug de l'aristocratie.

Les gouvernemens tendent à leur assiette, comme les fluides à leur niveau; leurs oscillations ne s'arrêtent qu'après l'avoir trouvé. Or dans un grand pays où la monarchie n'existe pas, cette assiette ne pourrait exister quelques momens que par une forte aristocratie.

L'égalité ne peut se maintenir dans un pays où il y a un grand principe d'inégalité dans les richesses, qu'en opposant sans cesse la masse aux individus, le tout à chaque partie. Il faut que chaque individu ne soit qu'un atôme à côté du colosse de la puissance publique, et que le faible se sente toujours appuyé de toute la masse contre l'oppression ou l'insulte du puissant.

Or cela ne peut avoir lieu que par l'unité de l'État; et s'il est prouvé qu'en France cette unité ne peut exister que par la monarchie, il en est de même de l'égalité.

Le principe que la noblesse est inséparable de la monarchie est né de la monarchie féodale; mais bien que l'exemple de ce qui existe l'établisse d'une manière générale, il est à remarquer que nulle part le principe monarchique n'a autant d'intensité que là où il n'existe point de noblesse. En Angleterre où ce principe est combiné intimement avec la liberté, la noblesse n'existe pas réellement, car quant à cette magistrature qui forme la chambre haute, elle remplit dans le gouvernement une fonction qui lui donne une place à part, et la rend entièrement distincte de la caste à laquelle elle appartient par ses titres.

La république française ne peut exister que par la fédération, et la fédération ne peut exister que par l'aristocratie. C'est encore un de ces points de vue sous lesquels la monarchie et l'égalité se rapprochent.

Dans la monarchie, les honneurs et les avantages dont le prince est dispensateur rallient fortement au centre; mais dans une république où tout se confère par élection, le pouvoir va aux sections parce que ce sont elles qui choisissent.

Que si l'on donne beaucoup de places à nommer aux pouvoirs centraux, qu'en résultera-t-il?

Si le pouvoir central est permanent et à vie, il devient oligarchique; il est bientôt odieux au peuple, il se divise dans son propre sein, il insulte aux citoyens, et comme dans un grand état le nombre de ceux qui y participent n'est rien à côté du nombre de ceux qui en sont blessés; plus odieux que la monarchie et moins fort qu'elle, il se voit enlever son crédit par les sections, et l'état se divise ou tombe en fédération, ou bien il est opprimé par un général, et le despotisme lui succède.

Que si le pouvoir central est temporaire et se renouvelle, il est moins odieux, mais il perd en proportion de son énergie; ses bienfaits n'ont aucune durée, sa vengeance n'a qu'un moment. Chacun appelle sans cesse de celui d'aujourd'hui à celui de demain; le parti de l'opposition ayant une espérance prochaine est toujours le plus nombreux. Le gouvernement n'ayant ni une autorité puissante ni un plan fixe, se dégrade de jour en jour. Le peuple qui fait les magistrats, les domine, et leurs adversaires ne cessant de les accuser devant le peuple, les complaisances pour le peuple vont toujours croissant : chaque jour on abrège les magistratures, chaque jour elles sont conférées à des hommes plus vils.

Vainement le pouvoir central nomme-t-il aux places; puisqu'il ne peut pas garantir ce qu'il a donné, puisqu'un bienfait de lui n'est qu'un moyen de tomber avec lui, puisqu'à chaque renouvellement le système du gouvernement s'écroule par le faîte, puisque la constitution elle-même éprouve de continuelles variations, on ne tarde pas à l'abandonner.

Dans un tel état il n'y a que le pouvoir suprême qui flatte. Personne, excepté les âmes les plus serviles, ne vise à obtenir quelque chose du gouvernement, mais tout le monde vise à le remplacer. Aussi appelle-t-on sans cesse au peuple de ceux qui gouvernent, et l'anarchie va-t-elle toujours croissant.

L'obéissance républicaine est une obéissance raisonnée. Comment supposer que Marseille, Bordeaux, Rouen, etc., consentiront à se subordonner à Paris! Comment supposer que l'intérêt local toujours présent, toujours senti, toujours prêché avec chaleur par les pouvoirs locaux, ne finira pas par prévaloir sur des hommes qui croiront n'avoir à suivre que leur intérêt et leur propre jugement!

Il ne suffit pas au peuple que ses affaires se fassent par ses représentans, il faut qu'elles se fassent près de lui.

On parlera sans cesse de la corruption de Paris, de la prodigalité des finances, du malheur des départemens sacrifiés aux intérêts de la capitale.

On finira par demander de toute part que les affaires générales se traitent en commun, mais que quant aux affaires particulières chacun les traite chez soi.

La crainte de la monarchie sera un moyen puissant pour faire valoir ces réclamations, car l'assemblée nationale sera prête à tous les sacrifices, plutôt qu'à laisser les départemens se rapprocher de l'idée d'un roi.

§ IV.

De l'effet d'un gouvernement fédératif en France.

J'ai dit que la division d'un état en cantons donne une plus grande force à l'influence locale des familles et conduit à l'aristocratie.

Cela est vrai surtout d'un pays où il y a de grandes sources d'enrichissement et où l'aristocratie germe d'elle-même par l'agrandissement indéfini des fortunes particulières.

Existe-t-il un assez grand besoin d'union entre toutes les parties de la France pour qu'elles ne tendissent pas à se diviser, et n'est-il pas probable que la partie du midi et celle du nord recommenceraient à faire deux nations?

Sous un gouvernement un, la liaison se maintient par la force du tout sur chaque partie. Sous un gouvernement fédératif, l'alliance ne se maintient que par la volonté, c'est-à-dire par le besoin de chaque partie.

CHAPITRE VII.

Droit de s'assembler, de pétitionner, d'écrire, etc.

Le droit de s'assembler paisiblement et sans armes, le droit de pétition, le droit de manifester ses pensées, à la charge d'une responsabilité fixée par la loi, sont de l'essence de la liberté, et nul gouvernement, s'il n'est oppressif, ne peut se dispenser de les admettre; et cependant, telle est leur influence, que, chez un peuple qui n'est pas encore instruit et fait à la liberté, ils renverseront presque nécessairement tout ordre social.

CHAPITRE VIII.

De la faculté de changer la constitution.

Il n'est pas sage à un peuple de renoncer à la faculté de changer sa constitution; mais il ne l'est pas davantage d'insérer dans son gouvernement un germe de bouleversement. C'est à l'opinion libre et indépendante, et à la volonté spontanée du peuple, à changer la constitution, non à l'influence factice d'une corporation ambitieuse.

CHAPITRE IX.

Garde nationale.

Le service de garde national donne au caractère public un mélange de fierté et d'amour de l'ordre qui est excellent dans un pays libre. Dans quelques années, la France sera invincible sur ses foyers. Les mouvemens du peuple cesseront par l'influence des maximes qu'il aura professées sous l'habit de garde national.

CHAPITRE X.

Du rapport de Condorcet sur l'éducation publique.

D'après ce rapport, l'éducation publique serait confiée à un corps de philosophes ou de prétendus sages, indépendans de tout pouvoir constitutionnel, qui se régénérerait lui-même, qui dicterait la doctrine enseignée dans toutes nos écoles, qui disposerait médiatement ou immédiatement d'un grand nombre d'emplois, et qui distribuerait de nombreux millions fournis par le trésor de l'état.

Certes, si, comme on l'a fait tant de fois, il suffisait, pour résoudre la question, d'examiner s'il y a dans ce projet ou s'il n'y a pas une corporation, un privilége, une aristocratie, elle serait déjà décidée.

Il est peu de discussions où la magie des mots puisse être d'un plus grand usage.

En somme, l'influence des philosophes doit venir de la liberté de la presse, et non de la délégation d'une grande puissance publique. La philosophie fleurit dans l'indépendance et la vie privée ; c'est ainsi qu'elle éclaire : ambitieuse, elle ne sert qu'à égarer. Quand la science se convertit en puissance publique, alors prennent naissance toutes les fraudes et toutes les illusions du charlatanisme.

CHAPITRE XI.

Quelle a été la part de la philosophie dans la révolution.

Le gouvernement ne permettant pas qu'on parlât de lui, la philosophie, durant l'ancien régime, a dévoré la superstition. Quand le moment d'attaquer le gouvernement est arrivé, la moitié de la chose s'est trouvée faite; car, l'autel étant déjà détruit dans l'opinion, la philosophie a pu diriger toutes ses forces contre la superstition du trône.

CHAPITRE XII.

Du rôle et de la conduite d'un gouvernement habile.

1° Quand ceux qui ont en main le gouvernement oublient leur rôle naturel pour flatter les caprices du peuple, ils ne sont que des factieux ; au lieu d'exercer légitimement leur pouvoir, ils trompent le peuple pour l'asservir.

Un peu de déclamation, un peu de complaisance pour la multitude peuvent être permis à l'opposition, au parti qui surveille et résiste, il en a quelquefois besoin pour balancer le pouvoir ; mais les seuls instrumens légitimes de l'autorité sont la raison et la loi. La gloire de l'opposition résulte de l'activité de la censure ; la gloire du gouvernement résulte des services qu'il a rendus.

2° Je pense qu'un gouvernement dominateur ne doit point laisser d'intervalle entre le respect et la crainte. Si la licence pénètre entre eux, il arrivera que l'opinion venant à se prononcer, quand les punitions tardives voudront arrêter ce qu'elles auraient dû prévenir, on volera au devant comme au martyre.

Il est bien plus facile de prévenir une explosion que de l'éteindre.

Mille punitions arbitraires, scandaleuses, révoltantes, même avec une certaine douceur, usent le pouvoir, et n'ont pas l'efficacité d'un système suivi.

3° Le gouvernement, comme tout ce qui doit opérer de grands effets, a besoin de l'imagination. Il ne doit jamais montrer le terme de son pouvoir, ni le fond de ses projets, ni l'étendue de ses idées et de ses ressources; mais toujours laisser les esprits se figurer de sa part, une réserve inépuisable de sagesse et de puissance.

Moins on a de moyens, moins il faut souffrir qu'on les pénètre; la manière fait beaucoup à cela.

4° *La force et la modération !* dans ces mots sont presque tout ce qui forme un gouvernement stable.

Une très grande impartialité sur les personnes, ou, du moins, le soin de cacher sévèrement ses préférences.

Éviter les scandales.

Là où une grande force d'opinion existe, si on ne lui donne l'impulsion, on est réduit à la recevoir d'elle.

Ne jamais laisser apercevoir l'étourderie, l'incapacité, la précipitation, la faiblesse.

Peu remuer, peu changer, n'adopter que des projets d'une utilité certaine, et les porter à leur perfection.

CHAPITRE XIII.

Sur les Économistes.

J'ai vu plusieurs économistes, le duc de Larochefoucauld, Dupont, les deux Quesnay, fils du célèbre médecin, chef et fondateur de la secte, etc.

Ce sont des fanatiques, des sectaires, enthousiastes de quelques principes qu'ils appliquent sans égard aux circonstances et sans restriction. —Ces principes sont, en eux-mêmes, grands et généreux.

Liberté indéfinie du commerce, LAISSEZ FAIRE, LAISSEZ PASSER ; en conséquence, point de maîtrises, point de compagnies exclusives, point de colonies, point de douanes, de barrières, et sans distinction du dedans et du dehors.

La terre est source de toute richesse, et doit supporter tout l'impôt : la propriété territoriale fait le citoyen.

Liberté religieuse.

Ils se sont enthousiasmés de la liberté politique ; mais, par eux-mêmes, ils ne l'avaient point fortement appelée.

C'est cette secte qui a principalement contribué à changer les idées sur l'économie politique, commerce, agriculture, finances, administration, — comme celle des philosophes les a changées sur la religion et la métaphysique.

Lafayette avait adopté leurs idées sans y entendre beaucoup, par élan d'opinion et par amour de la gloire.

Mirabeau, qui n'avait aucun système, les adoptait, en général, par esprit libre, frondeur, torrent des idées régnantes, etc.; les rejetait souvent aussi par intérêt ou par le grand fond de bon sens dont lui et quelques-uns de ses conseils étaient doués.

Dans notre révolution, les économistes n'ont pas été factieux ; mais, par leurs idées simples, ils ont été quelquefois plus dangereux que les factieux mêmes, à cause de l'estime qu'on avait, en général, pour leur caractère, même en se méfiant de l'exagération de leurs idées.

Ils ont beaucoup contribué aux désastres des colonies.

CHAPITRE XIV.

Quelques Portraits.

MIRABEAU.

Je ne puis me défendre de jeter ici quelques idées sur l'homme qui a été le principal phénomène de notre révolution; il est mort.

Mirabeau était le Shakespeare de l'éloquence; je pense qu'aucun orateur, ancien ou moderne, n'a surpassé la force et la beauté de son talent. Il plaçait souvent une plaisanterie triviale à côté d'un trait sublime; mais, lorsqu'on était accoutumé à sa manière, sa parole faisait une impression difficile à rendre. L'assemblée constituante n'a jamais été rassasiée de l'entendre, et lorsqu'il demandait la parole, il semblait, à la curiosité avec laquelle tous les yeux se tournaient vers lui, que ce fût pour la première fois.

Si ce qu'on appelle le génie consiste dans le don de l'invention, dans un certain droit exclusif à certains hommes de former des combinaisons nouvelles, je ne pense pas qu'il lui doive être accordé. Parmi la foule d'hommes d'esprit et de talent, qui ornaient l'assemblée constituante, deux seulement me semblent pouvoir aspirer au titre d'esprit créateur, l'abbé Sieyes et Dupont; mais, quant à ce génie qui fait les peintres, qui se pénètre de toutes les beautés de la nature et les rend avec autant d'éclat que de vérité, personne n'en a été aussi richement doué que Mirabeau.

La nature lui avait donné une âme brûlante, sa jeunesse avait été agitée par les passions les plus impétueuses, il était facile d'apercevoir qu'à force d'avoir vécu tout cela s'était un peu blasé; mais il lui en était resté le sentiment, et surtout les formes et les habitudes; son geste était presque toujours animé, son débit était rempli d'intonations passionnées; joignez à cela l'accent méridional qu'il n'avait point entièrement perdu, et une habitude d'hyperbole et d'emphase, il en résultait une déclamation à laquelle je n'ai rien vu qui ressemble, si ce n'est dans mademoiselle Saint-Val l'aînée, déclamation qui étonnait dans les commencemens, et qu'on trouvait extraordinairement affectée, mais qui acquérait un grand charme par l'habitude, et qui contribuait si puissamment à l'effet de ses discours, que ceux qui lui ont entendu prononcer, dans les jacobins, son ouvrage sur les successions, et qui l'ont entendu lire, après sa mort, par un homme qui, cependant, débite très bien (1), avaient peine à croire que ce fût le même. Au reste, son débit, comme son discours, était bien supérieur encore lorsqu'au lieu de lire il improvisait. Plusieurs membres de l'assemblée avaient plus que lui la facilité de discuter, de lier des idées, en un mot, de parler sur la question sans avoir écrit ; mais où personne ne pouvait l'atteindre, c'était s'il improvisait d'indignation, *facet indignatio versum*. Je ne crois pas que l'effet de l'éloquence puisse aller plus loin que celui qu'il produisit, à Versailles, en parlant pour la contribution patriotique ; à Paris, en parlant pour les Marseillais.

ROBESPIERRE.

Robespierre occupe plus que jamais l'attention publique ; ses déclamations habituelles, qu'on était accoutumé à mépriser pendant la paix, sont devenues un sujet d'indignation depuis que les échecs de Mons et de Tournay en ont fait apprécier la funeste influence. La division qu'il vient d'opérer dans le club des jacobins a servi aussi à le mettre en

(1) M. de Talleyrand.

scène ; attaqué de toute part, il est en ce moment un objet d'exécration pour la nation presque entière, et un problème inexplicable pour ses partisans les plus obstinés. Ceux qui écriront l'histoire de notre révolution ne peuvent se dispenser de faire connaître cet homme singulier. S'il est vrai que ses talens soient plus que médiocres, et surtout incapables de rapporter à la société aucune utilité réelle, il n'est pas moins vrai que son caractère homogène et constant en fait un être à part.

Chez lui, il y a suite dans la volonté, activité dans la poursuite, portant tous ses talens vers les moyens qu'il veut employer.

Sans génie, sans invention, sans observation profonde, et toujours conduit par des passions intérieures et concentrées, il n'a, de tous les mouvemens de l'âme qui portent à la franchise, que cet amour-propre des scélérats qui les pousse à publier leurs victoires et leurs ruses.

Du reste, convaincu d'avoir eu deux vies politiques, et d'avoir lâchement encensé le despotisme dans un âge où le ressort de l'âme porte naturellement à l'indépendance ; enfin, tellement couvert de mépris qu'il en était cuirassé : c'est lui qui a écrit que la vertu ne pouvait avoir d'autre base que la réflexion.

BRISSOT.

Brissot, doué d'une intelligence facile, d'une suite de caractère remarquable, de cette ruse qui naît de la malignité jointe à un esprit froid et calculateur, était, du reste, sans génie, sans imagination; son âme, naturellement froide et insensible, s'était encore blasée et dégradée dans les emplois les plus vils.

Nul n'a professé avec autant d'impudeur le mensonge et la calomnie; hypocrite de philosophie comme d'autres le sont de religion, il voulait introduire, en France, une sorte de kakérisme, sans avoir ni la chaleur d'âme, ni les vertus d'un sectaire.

NECKER. — Sa politique.

La politique de M. Necker avait deux bases, l'une générale et d'opinion; c'était la réputation et la popularité qu'il s'était acquises par son compte rendu, par ses mœurs, par ses écrits, par les soins de sa femme pour les hôpitaux, enfin par l'ostentation de toutes ces vertus si nouvelles en France dans les hommes d'état, charlatanisme dont l'effet si douteux dans certains pays qui en ont éprouvé souvent l'hypocrisie, mais infaillible chez un peuple où un ministre l'affectait pour la première fois.

Sa base positive, matérielle, immédiate, était ce crédit dont il avait voulu faire un besoin à l'état, et qu'il cherchait à lier ostensiblement à sa personne comme un tribut payé par la confiance à la vertu, et secrètement ses liaisons avec une multitude de banquiers suisses et génevois qu'il attachait à son existence par des profits aussi énormes qu'assurés.

CHAPITRE XV.

Parallèle de notre révolution avec celle qui conduisit Charles Ier à l'échafaud.

Il y a eu de part et d'autre trois couches de patriotes.

D'un côté, Strafford, les presbytériens et les indépendans : de l'autre, Mounier, les constitutionnels et les républicains.

M. de Lally ayant fait sa tragédie de Strafford,

semblait avoir pressenti cette analogie par l'intérêt qu'il donnait à un homme qui avait occupé la place correspondante à la sienne.

Le résultat de notre révolution eût été le même si le fanatisme religieux y avait eu le même ascendant, et si nos républicains eussent été d'autres hommes. Ils n'ont jamais eu qu'une existence de libellistes; ils se sont avilis eux-mêmes.

En général, il y a une grande différence entre les caractères de la révolution anglaise et ceux de la nôtre. La révolution française a été subite et a succédé, par intervalle, au plus grand avilissement moral; l'Angleterre a été plus isolée que nous dans sa révolution et encore moins soumise à l'influence de l'étranger. Elle n'a été dirigée jusqu'au dernier moment que contre l'aristocratie ecclésiastique, quoique la plupart des nobles fussent royalistes.

Les Anglais avaient de moins les tribunes, ils eurent de plus l'influence de l'armée après la guerre civile.

Nos journaux et nos clubs correspondent à leurs prédicateurs, intermédiaires entre les chefs et le peuple.

Quand Charles II revint, les choses se trouvèrent presque sur l'ancien pied, parce que le parlement et la prérogative du roi étaient des choses anciennes et établies par l'usage, de sorte qu'alors et depuis, les communes ne gagnèrent que modérément sur la puissance royale; mais chez nous on a fait à neuf; on n'avait aucune habitude influente, aucun usage établi à consulter; on a fondé sur le droit naturel, et les pouvoirs de l'assemblée nationale ainsi que ceux du roi n'ont été réglés que par une opinion indépendante. La seule chose à laquelle nos usages et le vœu national parussent astreindre, était la conservation de la monarchie.

Les émigrations sont une des circonstances les plus remarquables de notre révolution. Elles peuvent se comparer aux croisades par le fanatisme et l'appauvrissement des nobles; elles leur ont fait bien plus de mal que le fameux décret du 19 juin.

CHAPITRE XVI.

Parallèle entre Rome et nous, sous le point de vue de la liberté.

Pouvons-nous conserver notre liberté? La constitution de Rome était de faire des conquêtes; la nôtre est de n'en pas faire. L'esprit guerrier des Romains était tout à l'acquisition et à l'attaque; le nôtre doit être tout à la conservation et à la défense.

L'agriculture exceptée, le peuple romain méprisait le travail. Nous l'honorons et l'encourageons dans tous les états.

La richesse détruisit, à Rome, la liberté ; on ne pouvait devenir riche qu'en usurpant le pouvoir ou en commandant les armées. Chez nous, on le devient surtout par le commerce et l'industrie. Chez les Romains, il n'y avait de carrière ouverte à l'imagination inquiète et active que le pouvoir public; chez nous, il y a les lettres, les arts, la fortune.

CHAPITRE XVII.

Ce que c'est que le peuple.

On se tromperait fort, si dans cette expression, le peuple, on voulait apercevoir, et surtout apercevoir exclusivement, ce petit nombre d'esprits turbulens qui s'agitent dans les clubs, et sont, pour la plupart, les instrumens aveugles des chefs de factions.

Ce qu'il faut appeler peuple, c'est, depuis le négociant jusqu'à l'ouvrier, toute la partie industrieuse de la nation qui veut le gouvernement et la paix; qui sent que le travail ne peut fleurir qu'à l'abri d'une puissance protectrice; qui veut la liberté et l'égalité, parce qu'elle a souffert à l'excès de l'oppression politique, judiciaire et fiscale, des distinctions et des priviléges.

Dès qu'on connaît ses besoins, on connaît tout ce qu'il faut pour s'en faire chérir.

CHAPITRE XVIII.

Opinion des Presbytériens d'Écosse et de Brissot sur le peuple.

Les presbytériens d'Écosse, qui avaient excité le peuple d'Édimbourg à s'insurger contre la nouvelle liturgie que Charles Ier voulait introduire, disaient ensuite, dans leurs sermons, que la populace était semblable à l'âne de Balaam, animal grossier et stupide, mais dont le Seigneur avait délié la langue, à l'étonnement de l'univers.

Aujourd'hui où l'on a plus de politesse pour

le peuple sans plus de bonne foi, Brissot, après avoir fait siffler les indépendans par ses affidés, écrit que le peuple a un tact infaillible pour reconnaître ses vrais amis et ses vrais intérêts.

CHAPITRE XIX.

De l'opposition dans un gouvernement.

§ Ier.

Dans les gouvernemens libres, on voit toujours une lutte entre ceux qui fondent leur existence sur la capacité, sur de grands services qu'ils ont rendus ou qu'ils se sentent capables de rendre à leur patrie, et qui dédaignent de flatter les caprices du peuple, et entre ceux qu'on nomme les tribuns, gens qui attaquent les premiers en les accusant d'ambition, d'orgueil, de tyrannie, ou, dans la langue du moment actuel, d'aristocratie. Ajoutons que, pour l'ordinaire, les premières qualités sont le partage de ceux qui gouvernent, et les autres, de ceux qui luttent contre le gouvernement, et, pour être bien, il faut que cela soit ainsi : il faut encore qu'il s'établisse une juste proportion de forces entre les partis, qui fasse que l'opposition ne paralyse pas l'action.

Quand on voit ceux qui gouvernent, ou ceux qui sont appelés à gouverner, oublier leur rôle naturel et leur ambition légitime pour flatter les caprices du peuple, il faut les considérer comme des factieux et des gens qui veulent changer l'ordre existant. L'instrument légitime de ceux qui gouvernent, c'est la loi et le pouvoir régulier; l'instrument légitime de l'opposition, c'est l'opinion publique. La gloire du gouvernement résulte des services qu'il a rendus; la gloire de l'opposition, résulte de son zèle pour la liberté. Si l'opposition est opprimée, la tyrannie se prépare; si l'opposition devient la force dominante, tout est près d'être bouleversé.

Il est aussi absurde de voir toute la nation dans l'opposition que de la voir toute dans le gouvernement; celui-ci est une force nécessaire qui imprime le mouvement au corps social; l'opposition est une surveillante jalouse qui réveille sa paresse, qui scrute ses erreurs, qui s'oppose à sa tyrannie. La réunion de ces deux principes est nécessaire, parce que l'honneur ne peut pas se servir à lui-même d'aiguillon et de frein. Le législateur doit confier le bonheur de la société aux passions naturelles des hommes, et combiner les institutions de manière que ces passions en agissant chacune suivant leur instinct, forment une combinaison d'où résulte l'ordre, la prospérité et la liberté publique.

Refuser au gouvernement le degré de force dont il a besoin pour agir, c'est condamner le corps politique à la mort, ou nécessiter un changement de constitution.

Mais quelle doit être la force de l'opposition? Je fais ici ce raisonnement : ou le peuple est tellement corrompu qu'il est incapable d'être libre, ou l'opinion publique est assez forte pour contenir le gouvernement, pourvu que l'opposition ait plein droit d'écrire et de parler. — Il est bien évident que, dans ce que j'appelle le gouvernement, je comprends la majorité de l'assemblée là où il en existe une.

On pourrait diviser aujourd'hui les Français en quatre classes principales.

Les deux extrêmes, actives, turbulentes, sont les aristocrates et les jacobins.

Les aristocrates sont accoutumés à dominer; il ne leur suffit pas d'exister comme les autres hommes; rassasiés de ce bien-être qui est l'objet des vœux de la multitude, ils ont besoin d'occuper leur oisive inquiétude par les jouissances de l'orgueil; aujourd'hui qu'ils les ont perdues, ils sont tourmentés par le désir de les recouvrer.

Les jacobins sont tourmentés par un autre désir, celui de conquérir, d'expulser, de remplacer. Les moyens peuvent varier, mais l'objet est à peu près le même. Tel qui passait pour un sot, pour un fripon, pour un lâche, pour un homme déshonoré, pourra bien se faire jacobin pour conquérir une réputation : c'est encore le même principe; pousser à la grande révolution pour faire la petite révolution : voilà le signe commun qui les caractérise.

Chez un peuple amolli et corrompu, la plupart des hommes propriétaires, des hommes vivant par une industrie honnête et utile, sont peu propres à faire une révolution; ceux qui l'entreprennent, sont obligés de s'appuyer sur la multitude des non-propriétaires, et sur cette classe remuante et corrompue qui, sans bien être, sans réputation, sans goût pour le travail, et non sans talent, a l'intérêt le plus puissant de changer l'état des choses, et fut toujours chez les peuples corrompus l'instrument le plus actif des révolutions. Quand la liberté est conquise, quand le pays est constitué, le législateur révolutionnaire a rempli son but : mais eux n'ont pas rempli le leur. Le législateur veut s'arrêter, eux continuent d'agir : voilà les jacobins à la fin de la révolution.

Sans doute, si le gouvernement et les ordres privilégiés eussent opposé moins d'obstacles à la révolution, on n'eût pas été forcé d'élever contre eux cette puissance redoutable; mais il est cependant vrai qu'à une certaine époque, les chefs de la révolution se sont exagéré les forces du parti contraire, et ont trop peu calculé les dangers de l'abus de leurs forces. Cela est venu moins de l'aveuglement que de la division de la gauche, cause dominante et principale de nos malheurs. Chacun a voulu mettre de son côté la popularité; des hommes raisonnables et purs, dont on avait juré la ruine, ont été forcés de confier leur sûreté personnelle à l'amour du peuple; ils ont contribué à donner aux sociétés patriotiques une force dont elles ont abusé quelquefois alors, et prodigieusement depuis.

§ II.

Ce n'est pas assez pour le parti qui domine d'intéresser le royaume entier à son succès, il faut, au moins dans le commencement, qu'il désintéresse les désorganisateurs, ou qu'il les comprime totalement.

C'est une certaine durée d'existence qui fait que la nation entière le soutient de tout son poids; jusqu'à ce qu'elle le voie bien établi, elle ne fera que l'applaudir, elle le verra aux prises avec l'opposition sans lui donner de grands secours, car une certaine crainte tient en suspens ; et les ambitieux, qui sont en général le principe du mouvement, aperçoivent dans le triomphe de l'opposition des espérances, moins probables à la vérité, mais plus brillantes et plus rapides que l'avancement régulier que peut leur offrir le parti qui gouverne et dont les principales faveurs sont déjà distribuées.

Ainsi, jusqu'à ce qu'il s'établisse une confiance fondée sur la solidité de l'état des choses, le parti qui gouverne doit lutter avec ses seules forces et celles du gouvernement, contre les forces effectives de l'opposition.

Ces forces respectives sont en proportion de l'énergie du gouvernement et de l'état paisible ou révolutionnaire de la nation, qui font qu'en général le principe du pouvoir domine le principe du changement, ou le principe du changement domine celui du pouvoir.

Dans l'état où nous sommes, le gouvernement n'étant presque rien, et le mouvement révolutionnaire en pleine activité, s'il y a égalité de moyens personnels entre le parti qui gouverne et celui de l'opposition, le dernier doit en très peu de temps renverser ses adversaires.

Dans un gouvernement despotique, où le pouvoir public est tout et où la censure (1), toujours gênée, est souvent absolument étouffée, la force de l'opposition est presque nulle et ne s'exerce la plupart du temps qu'auprès du monarque, par les intrigues et les calomnies dirigées contre ses ministres.

En Angleterre, où les affaires se discutent publiquement dans l'assemblée des représentans, quoique l'énergie du gouvernement soit très grande, la censure a aussi une grande force, et, à talens égaux, le parti de l'opposition met le parti du gouvernement en péril.

Mais, en Angleterre, depuis assez long-temps, les choses sont tellement arrangées, que le triomphe de l'opposition amène une révolution dans le gouvernement, et non dans la constitution. Celle-ci, fortement enracinée et garantie par l'affection du peuple, est comme une forte muraille qui laisse au mouvement politique un vaste champ pour s'exercer, mais qui lui trace une enceinte qu'il ne peut franchir.

Un gouvernement est despotique, lorsque la censure y est comprimée et sans influence.

L'état d'un pays est anarchique, lorsqu'une censure absurde a le pouvoir d'y renverser un gouvernement raisonnable.

(1) L'auteur entend ici par censure celle exercée par l'opposition sur les actes du gouvernement.

Un pays est près d'une révolution, quand la censure puissante, attaque non l'exercice du pouvoir, mais le pouvoir lui-même.

Lorsqu'un pays est éclairé, il est impossible que la censure n'y ait pas une grande force, et, alors, pour que la constitution se maintienne, il faut que la censure influe grandement sur le gouvernement; car, si elle ne peut le diriger, elle l'abat.

L'effet de la censure est utile quand il est lent, et lorsqu'après le jugement du peuple, il existe encore l'examen de plusieurs corps qui n'obéissent aux vœux populaires que lorsqu'il est général et long-temps soutenu, comme il résulte d'un gouvernement représentatif solidement constitué. Mais si l'effet de la censure est brusque, immédiat et irréfléchi, comme il arrivera presque toujours dans une pure démocratie, ou dans une représentation organisée d'une manière faible et mobile, il en résultera une anarchie plus déraisonnable et plus destructive que le despotisme même.

CHAPITRE XX.

De la force et de la raison dans la politique.

Toute puissance, dans la politique intérieure ou extérieure, tend à mettre pour soi la force et la raison, ou du moins l'apparence de la raison.

Il est facile de concevoir toute l'étendue de ces deux mots, *force et raison*, lorsque j'en fais une division générale des moyens politiques.

La force, dans ce sens, est tout ce qui nous donne les moyens de dominer les volontés.... la raison, ce qui les attire à nous.

Si la seconde espèce de moyens est la plus morale, on ne peut nier que la première ne soit, en général, la plus efficace.

Quand la force a éclaté, l'opinion du grand nombre trouve presque toujours des prétextes pour se ranger vers elle ; et quand la raison est unie à la faiblesse, elle trouve presque toujours des prétextes pour la réfuter.

CHAPITRE XXI.

De la puissance dominante dans les corps politiques.

§ Ier.

Un léger degré de supériorité de force suffit pour diriger toute la masse comme si elle n'avait qu'une seule volonté. Tout obéit à la puissance dominante jusqu'à ce qu'une petite portion de sa force, passant du côté opposé, fasse pencher la balance en sens contraire, et alors tout l'abandonne ; elle est anéantie, ou, après avoir donné l'impulsion, elle la reçoit, et obéit.

La force dominante entraîne la force obéissante par des moyens qui varient selon les circonstances, à savoir : la terreur par laquelle ses adversaires travaillent et combattent pour elle dans la crainte de ses châtimens ; la raison qui décide les dissidans à se réunir pour ne faire qu'un, agir dans le même sens, et conserver la paix. La puissance dominante ne tient souvent sa supériorité que de l'un de ces deux derniers moyens sans lesquels elle serait inférieure.

Je ne dis pas le respect, l'affection, la crédulité; ceux qui suivent la puissance dominante par ces motifs ne lui cèdent pas, mais ils en sont, en quelque sorte, partie.

L'énergie et la plénitude avec laquelle la puissance dominante entraîne la puissance obéissante varient suivant plusieurs circonstances, indépendantes de son degré de supériorité réelle.

Si elle entraîne par la crainte, l'obéissance et l'uniformité d'action qui en résultent seront peut-être moins durables, mais presque toujours plus entières que par la raison.

La perfection de l'organisation du gouvernement, l'énergie de ses ressorts y contribuent plus que toute autre cause. Plus le gouvernement est despotique et bien organisé dans son despotisme, plus l'obéissance est prompte et entière.

Si le gouvernement est libre, il garantit à chaque citoyen le libre exercice d'une partie de sa propre volonté, et la plénitude de l'obéissance en est diminuée. L'Angleterre est obligée de manquer aux principes de son gouvernement dans la presse des matelots pour soutenir sa puissance politique.

Plus le corps social tend à l'anarchie, moins le gouvernement sert la supériorité de puissance de ceux qui sont en possession des pouvoirs publics. La chose peut aller si loin, qu'une autre puissance, forte par le nombre, par la violence, l'emporte sur celle qui occcupe encore les pouvoirs publics, et la subjugue en attendant qu'elle l'en ait dépouillée.

Les pouvoirs publics, qui forment le gouvernemens, peuvent aussi être partagés entre des puissances contraires, et mues par des volontés opposées. Comme la loi, qui donne ordinairement toute sa force au commandement, la donne ici à la résistance, c'est l'un des cas où l'obéissance est la moins parfaite. La constitution anglaise, très libre, mais où, en ce moment, le même principe de volonté domine dans toutes les branches du gouvernement, opère une obéissance plus parfaite que l'ancienne constitution de France, presque despotique, mais où les corps judiciaires étaient dirigés par un principe de volonté opposé à celui du pouvoir royal.

En Angleterre, en ce moment, la puissance dominante entraîne tout, pourvu qu'elle n'attente pas aux droits constitutionnels de la nation et des individus; mais il semble qu'à ce point elle serait arrêtée.

Un certain degré de résistance dans la délibération force d'examiner, et prévient jusqu'au projet et à la tentative d'un évident abus du pouvoir; mais, s'il n'y a une puissance dominante qui toujours finisse par décider, il n'y a point de système, et le gouvernement est vacillant. Quant à l'exécution, il doit y avoir surveillance et plainte; mais s'il y a résistance, il n'y a plus du tout de gouvernement.

L'extrême énergie de la puissance dominante, dans un empire vigoureux, produit le plus grand effet d'impulsion extérieure qui puisse exister. Mais si cette énergie va jusqu'au despotisme, elle dégrade l'état, et, ne commandant plus qu'à un peuple faible et avili, son obéissance extrême ne produit qu'un effet d'impulsion médiocre.

§ II.

Le moment où un peuple libre vient d'être accoutumé au joug par un grand prince, est un de ceux où une nation est capable des plus étonnans efforts.

L'Espagne ne peut rien, malgré la supériorité absolue de la puissance dominante, et les Romains pouvaient beaucoup, malgré leurs balancemens; mais ce peuple vigoureux donnait un pouvoir absolu à ses généraux d'armée; de sorte qu'à la guerre il se trouvait dans la position dont j'ai parlé plus haut. Il ne commença que sous Auguste à exceller dans les arts de la paix. Jusque là, il n'eut jamais de sûreté.

Conserver, avec l'unité et l'énergie de l'impulsion, la générosité des maximes et la liberté du citoyen, c'est le problème d'une grande puissance durable. Aucune nation n'a présenté ce modèle au même degré que la nation anglaise depuis un siècle.

Le citoyen y jouit de la liberté et de l'émulation, qui nourrissent sa fierté et exaltent ses talens; la tranquillité et la sûreté, protectrices des arts de la paix, y sont soutenues par la constitution contre le pouvoir, et par le gouvernement contre l'anarchie; les efforts nationaux y ont une régularité et une énergie admirables. Une grande partie de ces avantages cesserait et préparerait la chute des autres, si la puissance dominante y perdait sa supériorité, cessait d'y être une et constante; si, en respectant la constitution, elle ne donnait pas une direction uniforme aux trois branches du pouvoir; et, en beaucoup moins de mots, si la majorité cessait d'être constante, dans la chambre basse, sur les questions de gouvernement. Jusqu'à quel point la réforme de la représentation attaquerait-elle cette régularité? C'est ce qu'il faudrait savoir pour décider si elle ne sacrifierait point un avantage certain et réel à l'expérience douteuse d'un mieux bien plus spéculatif qu'effectif.

La puissance politique d'une nation tient à ces

deux causes : 1° la force effective du peuple, de quelques causes qu'elle résulte, territoire, richesse, générosité, courage, perfection d'industrie militaire, maritime, et population ; 2° l'énergie de la puissance dominante assez grande pour décider les résolutions, les exécuter sans obstacle, et porter toutes les forces de la nation à les soutenir. Examinez d'où vient la puissance d'un homme. 1° Elle vient de l'étendue de ses moyens ; 2° de l'énergie et de la suite de sa volonté.

De tous les gouvernemens connus, le gouvernement anglais est, jusqu'à ce jour, le seul qui ne tende pas à altérer l'une de ces deux causes. Ailleurs, l'autorité altère les sources de la force des états, ou bien la liberté attaque l'unité ou la suite de la volonté publique.

En France, depuis la révolution, la puissance a toujours été dans l'assemblée nationale, excepté dans quelques momens de crise où l'effervescence populaire la subjuguait ; mais, dans l'assemblée, la puissance changeait souvent de main : de là les continuelles vacillations. En outre, les moyens réguliers d'exécution étant presque nuls, et l'exécution réelle étant toujours l'effet de l'impulsion du peuple à l'appui des décrets, il n'y a eu de prompte et complète obéissance que sur les résolutions conformes aux passions populaires ;

car, dans celles-là, il y a eu quelquefois une énergie, une rapidité et une force d'impulsion extraordinaires.

CHAPITRE XXII.

Des Ministres dans les Monarchies.

Il y a des ministres qui cherchent à faire les affaires du public et du prince, et d'autres qui cherchent à faire les leurs ; quoique plusieurs, et même la plupart, s'appliquent à concilier ces deux intérêts, on peut dire qu'il y en a toujours un qui domine.

Les intérêts du public et ceux du prince ne sont pas toujours la même chose, surtout dans les monarchies limitées. Cependant sous le point de vue de la conduite des ministres, ils sont de fait et sans déclamation beaucoup plus rapprochés qu'on ne pense. Les conjurations contre les droits du peuple dans un gouvernement dont la forme est fixe et arrêtée, et les extorsions de subsides mal employés sont presque toujours déterminées plutôt par les intérêts particuliers du ministre, tels que vengeances particulières, désir de s'enrichir, de se maintenir en place ou d'accaparer personnellement l'autorité, que par une sincère opinion de servir les intérêts du prince ; et quant aux ministres *populaires* ils ne sont pas plus amis de la nation que les ministres conjurés ou déprédateurs ne le sont du roi. Celui-là est au contraire l'ami de tous deux, qui soutient l'autorité royale avec énergie dans toute l'étendue que la constitution peut lui donner, et qui du reste n'est occupé que de la prospérité publique.

Les ministres qui servent sincèrement les intérêts du prince, lui sont, et par conséquent au pouvoir, d'une très grande utilité. Pour peu que le prince ait quelques qualités estimables, le public sera fort disposé à lui tenir compte de tout le bien qui se fera, et ne s'en prendra qu'aux ministres de ce que le gouvernement peut avoir de dur. Il aura pour lui les choses gracieuses, le reflet des choses utiles, et nulle ou presque nulle participation dans les choses désagréables.

Le mauvais succès d'une entreprise bien conçue, les grands sacrifices qui peuvent être faits à une utilité plus grande encore, n'affectent point dans cette hypothèse l'autorité royale ; le ministre reste quelque temps sous le reproche ou même il s'éloigne absolument, et il emporte seul tout le venin attaché à des opérations dont l'utilité subsiste.

Je laisse de côté parmi les ministres bien intentionnés ceux qu'on pourrait appeler *manœuvres,* qui ne sont en quelque sorte que des premiers commis sous la direction de quelqu'homme principal; leur utilité très réelle est d'un autre genre que celle dont je parle ici. Je ne m'arrêterai pas non plus sur cette classe de ministres égoïstes qu'on pourrait appeler *complaisans,* dont tout le rôle est de faire ce qu'on veut pour rester en place. Je ne parle ici que des ministres autocrates.

Les ministres qui s'occupent essentiellement de leurs propres affaires sont, lorsque la nature les a doués de quelque énergie et de quelque talent, les hommes qui dissolvent l'autorité, renversent les trônes et bouleversent les états. De même que de tous ceux qui forment l'équipage d'un vaisseau, le pilote est le mieux placé pour le faire échouer, de même un ministre inquiet, avide, factieux, intrigant, peut plus contre l'autorité royale que tous ses ennemis ensemble.

Ce qui caractérise le mieux cette classe de ministres (qui au demeurant se divise en différentes espèces), c'est la manifestation d'un grand zèle pour l'intérêt du roi ou pour celui du peuple; comme leurs vues avides ou ambitieuses ou seulement leur soif de célébrité les obligent à faire des choses et à prendre des partis extraordinaires, ils ne peuvent guère les soutenir qu'en persuadant au prince qu'ils travaillent pour l'affermissement de son autorité ou au peuple pour son bonheur, et ils doivent chercher à obtenir la confiance par de grandes démonstrations, afin d'avoir un appui proportionné à la singularité des choses qu'ils se proposent.

Ces dangereux charlatans peuvent se distinguer en général en flatteurs du peuple et flatteurs du prince, et sur ces mots on aperçoit d'abord Necker et Calonne.

Ceux qui prennent le masque du royalisme (tels furent, sous Louis XV, Déguillon, Terrey, Maupou; sous celui-ci, Calonne, etc.), sont certainement très dangereux; ils oppriment le peuple, ils arrêtent la prospérité publique, ils ruinent les bases régulières et solides de l'autorité pour en substituer de fausses et éphémères; ils tendent les ressorts jusqu'à les faire rompre ou les user. Mais tout bien considéré, ils sont moins dangereux encore que les charlatans de patriotisme; le mal qu'ils font est moins rapide, il est bien plus réparable.

Ce sont les ministres prétendus patriotes qui bouleversent tout: ainsi l'Angleterre a eu ses Bukingham, la France a eu Necker, Brienne dans certain moment, Narbonne, Dumourier, Servan, Roland, Clavière, etc.

Les autres usent le pouvoir, ceux-ci le frappent en traîtres, le livrent sans ressources et sans défense à ses ennemis ; les autres oppriment le peuple, ceux-ci l'abusent, le pervertissent, le conduisent à se détruire de ses propres mains. Un ministre qui trahit le gouvernement, n'est guère moins lâche, et il est bien plus dangereux à l'intérêt public, qu'un représentant qui trahit le peuple.

CHAPITRE XXIII.

Des Magistrats.

Un peuple, pour donner moins d'entraves à sa liberté, abrège la durée et restreint l'autorité des magistratures, mais si elles deviennent trop faibles pour le contenir, l'anarchie l'emporte sur les lois, et bientôt elle amène l'établissement d'un pouvoir tyrannique qui impose des chaînes pesantes et arbitraires à la place des liens doux qu'on n'aura pas voulu supporter.

Si un peuple refuse à ses magistrats des émolumens proportionnés à l'importante et à la difficulté de leurs fonctions, il tombe entre les mains des fripons, qui s'en dédommagent avec usure en pillant les revenus de l'état. Un peuple veut que la vertu tienne lieu de tout ; à ceux qui le servent, il refuse toute récompense utile, il étale une extraordinaire sévérité sur les profits les plus légitimes ; bientôt l'or de l'étranger coule à grands flots parmi les agens publics, et les idoles de ce peuple ne sont plus que les ministres stipendiés de ses ennemis.

Négligez de profiter des faiblesses et des passions des hommes pour les épurer et les tourner au bien général ; exigez l'abnégation de tous les penchans qui leur impriment seuls le mouvement et la vie ; commandez-leur des vertus dont ils n'ont pas même le sentiment, vous en ferez tout ce qu'il y a de pire sur la terre, des hypocrites.

Au-delà du vrai, du naturel, du possible, ceux qui exigent, ou qui acceptent, sont toujours des dupes, et ceux qui offrent, des charlatans.

CHAPITRE XXIV.

Du Clergé politiquement considéré.

La religion et le clergé qui l'explique, servent comme lien civil, et comme lien politique.

On pourrait ajouter qu'ils servent aussi à la consolation des âmes sensibles et faibles ; sous ce point de vue, et sous celui du lien civil, son utilité n'est pas contestable : ce ne sont point ceux-là que je veux considérer.

Sous le point de vue politique, l'utilité de la religion est de rallier les croyans aux autorités établies ; quelquefois d'instituer un corps de clergé dont l'existence tient au maintien du gouvernement, et qui doit, par conséquent, l'appuyer; dont les places peuvent aussi être distribuées par ceux qui gouvernent, et leur offrir un nouveau moyen d'influence.

Sous ces deux derniers rapports, le clergé anglican est en Angleterre, et le clergé français était sous l'ancien régime, certainement très utiles au soutien de la puissance royale. On doit même convenir que ces moyens, qui établissent le pouvoir sans dureté, sont très appropriés aux monarchies limitées. Quant à la force que le secours de la foi peut donner aux autorités, il a été des temps, et il est encore des lieux, où elles peuvent en recevoir un grand secours ; mais l'expérience a prouvé qu'en France, au siècle où nous sommes, il est extrêmement faible.

Cependant, si l'on reconnaît la religion utile pour le lien civil, et si, d'ailleurs, elle doit, indépendamment du législateur, exister, il est à désirer qu'elle concoure à soutenir le gouvernement établi, et, au moins, faut-il, autant que possible, empêcher qu'elle ne le contrarie.

Que la tolérance la plus entière doive exister pour toute religion qui n'est point anti-sociale, cela n'est pas douteux ; mais qu'il soit utile que la nation paie le culte le plus moral et le plus propre à maintenir sa forme de gouvernement, cela est également vrai, et s'il est quelque culte dont les principes contrarient évidemment le gouvernement adopté, et soient, par conséquent, en contradiction avec les devoirs des fonctionnaires publics, je pense que la nation a droit et intérêt d'exclure, des emplois publics, ceux qui le professent. Moins, à raison des mœurs et des lumières, la religion a d'influence, et moins ce dernier article est important.

Plus le gouvernement est dans la nature, moins, à raison de la population et des mœurs, il a besoin d'énergie, et moins il pourra mettre d'importance à tout ce qui concerne la religion et le clergé; ainsi, l'exemple des Américains, quelque sage que puisse avoir été leur conduite, ne s'appliquerait pas sans inconvénient aux monarchies européennes.

Dans un pays comme le nôtre, s'il n'existait un culte raisonnable, il s'établirait bientôt des superstitions dangereuses. Et si le culte et ses prêtres n'étaient liés au gouvernement établi, ils lui deviendraient facilement contraires.

Un culte gratuit et payé par tous, sans distinction de ceux qui n'en usent pas, suffirait dans l'état des choses, une fois que l'esprit de faction serait passé, pour entretenir l'uniformité convenable. Le bon choix des pasteurs, relevant leur considération, épurant peu à peu le dogme, achèverait de rallier à eux.

De même que les États-Unis semblent n'avoir mis presque aucune importance au culte, le grand Frédéric paraissait y faire fort peu d'attention. C'est que le despotisme militaire a peu besoin de ces moyens doux, et craint peu la résistance de l'opinion; il ne conçoit, pour ainsi dire pas cette action et cette réaction morales, si nécessaires à calculer dans les gouvernemens modérés, et peut-être ce prince eût-il appris à ne pas mépriser le pouvoir de la religion, s'il eût régné dans un autre temps, et sur des peuples moins froids. Le presbytérianisme n'a jamais attaqué la puissance royale en Allemagne; en Angleterre, il a failli la renverser.

Dans les monarchies tempérées, tout clergé qui n'est pas dans une certaine dépendance du monarque, menace de le renverser.

Il faut une bien rare réunion de circonstances pour que cette idée, si répandue aujourd'hui, de séparer entièrement la religion du gouvernement, puisse se réaliser sans péril. Vouloir l'appliquer à la France, fut incontestablement une des mille erreurs que l'abus de la philosophie avait introduites dans l'assemblée constituante.

CHAPITRE XXV.

De l'Administration.

Indépendamment de la législation, des jugemens, de la milice, et de l'exécution proprement dite des lois, il y a l'administration qui est une sorte de gestion économique des choses qui intéressent le bien-être et la prospérité générale.

C'est le haut degré de civilisation auquel nous sommes arrivés qui a fait de l'économie politique une science séparée de celle qui concerne le gouvernement proprement dit, et qui a fait de l'administration une partie assez importante pour être séparée des autres branches du gouvernement.

Chaque branche du gouvernement a sa partie administrative et économique qui lui est accessoire; ce n'est point de celle-là que je veux parler.

L'administration proprement dite étant la gestion des intérêts communs sous le point de vue de l'économie politique, celle de chaque lieu intéresse l'état entier et la localité particulière; elle exige les combinaisons, l'impartialité de l'intérêt général, l'énergie et les secours de la puissance publique, et, ensuite, les notions de l'habitant des lieux et l'activité de l'intérêt direct. La manière de combiner, dans cette partie du gouvernement, la surveillance et l'autorité de la puissance centrale avec les connaissances, l'économie et l'activité de l'intérêt immédiat, est un problème intéressant à résoudre.

La distinction de ce qui est municipal, départemental, national, l'influence que l'autorité locale ou centrale doit avoir sur chacune de ces parties, et la manière de l'exercer, sont difficiles à définir.

L'administration de ce qui est municipal a toujours été laissé aux communes, sous une légère surveillance. Mais jusqu'à quel point les départemens doivent-ils être municipalisés?

L'assemblée constituante avait commis de grandes erreurs en cette partie, conduite par des hommes qui n'avaient aucune notion politique, et qui, ayant été membres des assemblées provinciales, ramenaient et concentraient tout dans cette espèce d'autorité.

Elle avait réuni aux administrations des choses qui n'y ont aucun rapport, telles que, 1º une partie de la police de sûreté générale, l'emploi de la force publique contre les attroupemens ; 2º la juridiction en matière d'impôt ; 3º la perception de l'impôt.

Les deux premières sont des fonctions de magistrature qu'il était absurde de confier à des citoyens sans caractère de magistrat, et qui devraient même n'être point dans une activité habituelle ; la troisième appartient rigidement au pouvoir exécutif proprement dit.

Elle avait laissé de fait toutes les administrations hors de l'autorité et de la surveillance du pouvoir central, et exemptes d'une véritable comptabilité.

De plus, la constitution ne distinguait point nettement les grandes résolutions d'administration qui devaient être soumises au corps législatif, et celles qui seraient déterminées par les arrêtés des corps administratifs approuvés par le roi. De ces dernières, par l'indépendance absolue que les administrations s'étaient attribuées et la nullité de moyens confiés au gouvernement pour les contenir dans la subordination, et même pour être instruits de leurs travaux, il n'y a certainement qu'un bien petit nombre qui aient été soumises à l'approbation exigée par la loi; de sorte que les corps administratifs se trouvaient revêtus, sans reconnaître aucune sanction, de la pleine puissance législative; et il y en a eu qui ont même renouvelé, par des arrêtés, des décrets qui avaient été l'objet du *veto* royal.

Le procureur syndic eût dû être nommé par le pouvoir central, et le président choisi par le même pouvoir, parmi les administrateurs nommés par le peuple, si même il n'était nommé comme le procureur syndic. Les autres membres du directoire en petit nombre n'eussent été que leurs conseillers assesseurs.

Ainsi il y eût eu une surveillance et une responsabilité réciproques; le gouvernement, toujours instruit, eût imprimé et arrêté le mouvement; les vues particulières eussent été toujours accordées avec les vues générales, et le zèle civique et la régularité du pouvoir avantageusement combinés.

Il n'est pas douteux que dans la constitution de 1791, l'organisation de la partie administrative avait été faite non seulement dans la vue de bien gouverner, mais dans la vue d'assurer la liberté et de donner de l'assiette à la constitution.

Le pouvoir exécutif a tant de moyens naturels en France que, s'il avait dans toutes les parties la plénitude, la rapidité d'une volonté parfaitement une et sans obstacles, il menacerait d'anéantir en peu de temps la représentation; de là la nécessité de le mitiger dans l'administration intérieure, de rendre populaire au moins la répartition des subsides, de tempérer dans un pays où il n'y a plus de grands citoyens, l'autorité centrale par de petits corps,...... Mais jusqu'où doit aller leur indépendance pour le maintien de la liberté et la douceur du gouvernement? Jusqu'où doit aller leur dépendance pour son ensemble et son énergie? Voilà le problème.

CHAPITRE XXVI.

Fonctionnaires publics.

Je ne connais pas une plus mesquine et une plus fausse opération que celle de réduire le salaire du fonctionnaire public. Pour un pays riche et industrieux, si la moins lucrative de toutes les professions est celle du fonctionnaire public, il faut qu'elle tombe ou entre les mains des hommes très riches, ou dans celles des plus pauvres et des plus incapables; d'où résultent la tyrannie ou l'avilissement des fonctions publiques et des lois elles-mêmes.

Il est des places qui ne sont pour ainsi dire que d'honneur et qu'on peut payer médiocrement ou même pas du tout; mais toutes celles qui sont d'activité et de travail ne seront jamais bien faites, si elles ne sont suffisamment salariées. Les hommes riches n'y sont pas propres, les hommes capables de les remplir placeront ailleurs leur industrie, ou, ce qui est pire encore, chercheront, en occupant ces places, à en retirer des profits illégitimes, de sorte qu'elles ne seront plus occupées que par le riche fainéant, par le fripon qui sait s'enrichir là où d'autres se ruinent, ou enfin par celui qui ne trouvera que ce moyen pour soutenir sa pauvreté.

Il serait bien mieux de diminuer le nombre des fonctionnaires publics, et d'augmenter leur salaire. Par la diminution du nombre on rendra des citoyens à l'industrie productive, on augmentera la considération des places, on atteindra le but économique, on rendra la responsabilité plus réelle.

L'état actuel pouvait convenir aux commencemens, il formait beaucoup de sujets, satisfaisait beaucoup de villes et d'individus; au défaut de salaire on pouvait compter sur le zèle des premiers momens et l'honneur des premiers électeurs; mais il faut fonder l'état permanent sur des bases plus durables.

CHAPITRE XXVII.

De la probité en politique.

La probité de la politique est fort décriée, et cette opinion est trop bien justifiée.

En général, il en est de la probité comme des autres systèmes de conduite ; l'homme ne l'adopte guère que parce que son intérêt s'y trouve. Or, cet intérêt à être probe, qui est évident pour les individus, est, généralement parlant, fort incertain pour les états.

Comme les contestations des états entre eux se décident, non par aucun tribunal, mais par la force, ce premier intérêt qu'il y a pour les individus à être probes, et qui résulte de l'autorité répressive de la loi, n'existe point pour eux; le deuxième est celui de l'opinion, de la considération, de la confiance et des avantages qu'elles peuvent procurer dans le traitement des affaires.

Mais ces avantages ne peuvent exister à un certain point qu'autant que le système qui les attire pourra promettre quelque durée. La loyauté d'un négociant peut servir à lui faire faire de très bonnes affaires, parce que ceux qui lui accorderont des crédits, qui lui donneront des commissions, qui établiront leurs relations avec lui, seront persuadés que les mêmes principes d'honnêteté dirigeront sa maison, au moins pendant le temps qu'il vivra.

Mais, dans un état, l'autorité change si souvent de main, elle est si souvent forcée dans ses démarches, qu'il n'arrive presque jamais qu'on puisse fonder quelque confiance sur la durée des principes qu'elle paraît suivre.

Les nations sont toujours mineures, et les différens curateurs que leur donnent, dans les états despotiques, les changemens de ministres, dans les états libres, le triomphe successif des diverses factions, ne sont point enchaînées par les engagemens précédens et sont presque toujours fort disposés à changer le système politique.

Ainsi, la probité d'un ministre ne garantit point la probité de celui qui le suivra, et celui-ci, fût-il fidèle à ses propres engagemens, ne se regardera jamais comme lié par ceux qui ont été pris avant lui; son inconstance produira pour les étrangers presque le même effet que la mauvaise foi.

Indépendamment de la minorité des nations, et de la brièveté ordinaire du règne de ceux qui les dirigent, les changemens continuels dans le système politique général et les évènemens intérieurs, qui peuvent quelquefois forcer la marche de l'autorité, fournissent fréquemment des motifs puissans d'altérer les engagemens que le gouvernement le plus honnête, fondé sur le motif de l'intérêt du peuple, acceptera sans rougir.

Il est certain que, entre un gouvernement perfide, qui abuse sans cesse de toutes ces choses, et un gouvernement loyal qui leur sacrifie le moins qu'il peut ses principes et sa foi, il y a encore une très grande différence; mais, cependant, les causes naturelles ou légitimes qui arrêtent la fidélité politique dans sa marche, suffisent pour diminuer beaucoup de son importance aux yeux de ceux qui traitent avec elle, et, par conséquent, pour diminuer aussi de son utilité à l'égard de ceux qui l'ont adopté pour système.

Comme les gouvernemens aristocratiques sont ceux où il y a le plus de constance dans les maximes, et où le principe d'impulsion change le moins souvent, il semble qu'ils pourraient inspirer plus de confiance que d'autres, et que la probité politique leur serait plus utile, et, par conséquent, plus habituelle; mais, 1° cette constance de maximes est dans les principes généraux plus que dans les applications particulières; 2° ces gouvernemens ne sont pas exempts de factions qui dominent tour-à-tour et ont chacune leur système de politique extérieure; 3° ces gouvernemens ont peut-être moins de générosité qu'il y en a dans la démocratie et dans la monarchie : l'intérêt du corps y justifie facilement tout ; ils n'ont, ni la publicité qui conserve quelque générosité dans les démocraties, ni la responsabilité individuelle d'opinion qui garantit la foi dans les monarchies.

Dans les démocraties, l'inconstance est extrême : les factions se succèdent avec rapidité à la tête des affaires; le salut du peuple est le principe ou le prétexte qui justifie tout. Chacun place sa renommée dans l'affection du peuple, bien plus que dans l'estime des étrangers.

CHAPITRE XXVIII.

Quels sacrifices peut s'imposer le patriotisme.

On demande, 1° si, à la guerre, le patriotisme peut déterminer les citoyens à autant de sacrifices que ferait le pouvoir absolu?

Exemple. — François Ier fit ravager toute la Provence pour empêcher Charles V de la conquérir.

Le patriotisme déterminera plutôt tous les individus à marcher, qu'à des sacrifices si grands que la force seule peut leur imposer. La valeur se nourrit d'espoir et de gloire : elle s'expose pour conserver les choses qu'elle affectionne ; mais de sacrifier ces choses-là, c'est presque comme être vaincu.

2° Si le patriotisme peut donner aux troupes autant de ténacité, qu'une exacte discipline, l'obéissance passive et la crainte du châtiment ?

Une raison pour que chez nous il y ait peu de résistance, c'est que, tandis que la multitude agit sans ensemble, obéit mal, et demeure, suivant sa nature, exposée à ces découragemens et à ces terreurs que les chefs seuls peuvent contenir, ceux-ci, voyant de l'autre côté un appui ferme et permanent, et ne voyant du nôtre rien qui ne soit éphémère et désordonné, se mettent à calculer leur sûreté personnelle, et, loin de chercher à retenir le courage chancelant de la multitude, ils l'abandonnent à elle-même.

CHAPITRE XXIX.

De la popularité.

Necker est le premier qui, de notre temps, en France, ait joui de ce qu'on appelle popularité. — Elle s'attacha à Lafayette, lors de la création de la garde nationale ; bientôt après, Mirabeau la partagea avec lui ; mais celle de Mirabeau, comme celle de M. d'Orléans, fut toujours accompagnée de beaucoup de méfiance. Ch. Lameth et moi, l'avons eue ensuite, un peu diminuée cependant, en ce que Lafayette conservait encore un grand nombre de partisans. — Nous la perdîmes dans l'affaire des colonies ; mais le scélérat qui nous l'enleva ne put la recueillir, parce que le peuple, tout léger qu'il est, a cependant un tact qui ne peut s'attacher à cette sournoise hypocrisie ; elle est donc allée à Robespierre, mais tellement décrue, qu'on peut dire qu'il n'a peut-être pas recueilli le quart de nos partisans.

Dans une nation éclairée, on peut se flatter de conserver ce brillant avantage ; mais, chez un peuple qui réfléchit peu et qui est tellement nouveau sur les matières qu'il traite, qu'il n'est pas un misérable libelliste qui ne puisse se flatter de l'égarer quelques momens, on est bientôt forcé d'opter entre son opinion, le bien de son pays et la popularité; et c'est peut-être là qu'est la plus délicate épreuve du caractère; car s'il est des sacrifices plus réels, il n'en est peut-être aucun de plus douloureux au moment où on le fait.

Il faut dire cependant que, quelle que soit l'influence du mensonge, on la surmonte jusqu'à un certain point, aussi long-temps qu'on paraît et qu'on parle en public. Je n'ai jamais perdu ma popularité tant qu'a duré l'assemblée constituante. — Le troisième ou quatrième jour de l'assemblée législative, je fus la voir. Toutes les tribunes se tournèrent de mon côté avec un grand sentiment de bienveillance, et si une main avait commencé, il y aurait eu peut-être un applaudissement général; trois semaines après, j'y retournai pour la seconde fois, et je fus complètement hué, surtout en sortant par la porte des feuillans.

Dès qu'un homme faible sent échapper la popularité, il fait mille efforts pour la retenir, et, pour l'ordinaire, ce moment est celui où on manque le plus à son opinion, et où l'on peut se laisser entraîner aux plus folles et aux plus funestes extravagances. — Pour un homme de caractère, l'abus contraire serait plutôt à craindre, et, tout comme l'autre y eût mis de la lâcheté, il serait enclin à y mettre du dépit. — Je me suis senti la première disposition au commencement de 1791, et la seconde, pendant la même année, après l'affaire des colonies. Je me suis tellement surveillé, que je ne pense pas m'être écarté de ma ligne naturelle; mais, la seconde fois, si je ne me fusse imposé pendant quinze jours un silence presque absolu, il y aurait eu quelques momens de chaleur où je me serais donné des torts réels et ineffaçables.

Il est à remarquer que cette affaire des colonies a commencé ma popularité et l'a terminée, quoique dans le premier décret comme dans le dernier j'aie soutenu exactement la même opinion. — Quand les évènemens vinrent appuyer mes prédictions, le mal fut plus grand encore; comme j'avais fait révoquer le décret du 15 mai, environ un mois avant qu'on apprît à Paris les désastres qu'il avait produit, l'ignorance attribuait l'effet du décret à la révocation qui n'avait pas fait encore la moitié du trajet de France à St.-Domingue, et d'après une si grossière méprise, on dit et on dira peut-être toujours, que j'ai fait *payer le sucre cher*. Écrivez dix volumes, vous persuaderez très-bien ceux qui savent la vérité, mais pas un de plus. Quand je fis imprimer dans les journaux une note en réponse à Guadet, beaucoup de personnes trouvèrent que j'avais raison, mais huit jours après les mêmes disaient, tout en prenant intérêt à moi : *il est bien fâcheux qu'il ait contre lui cette affaire des colonies.* Car le dire d'un honnête homme passe comme le vent, mais Brissot, Gorsas et Carra sont articles de foi.

Telle est même la force de l'entraînement que je vois chacun résister à l'influence de quelques fripons sur une chose qui les touche de près, mais en même temps leur céder sur tout le reste. De manière que contrariés sur chaque point seulement par le petit nombre qui en a la connaissance, ils battent en détail leurs contradicteurs et sont sûrs d'avoir sur le tout la majorité.

CHAPITRE XXX.

Quelques observations sur la guerre et les armées

§ 1er.

On peut établir une distinction générale dans les armées, c'est entre la milice régulière qui fait de la profession militaire un métier, et le service civique ou la conscription qui rend tous les citoyens ou tous les sujets soldats.

L'une fait les armées instruites et disciplinées, l'autre les armées nombreuses. Mais cela n'est pas tellement général qu'on n'y puisse trouver des exceptions. Elles résultent des grandes variétés d'espèces qui se rencontrent dans chacun de ces modes principaux.

En général, il semble que le despotisme ne puisse exister que par la troupe réglée et mercenaire, et quoique les despotes fassent usage de la conscription, cette force dont ils se servent est ordinairement subordonnée et maintenue par une force plus dépendante. Ainsi c'est par les janissaires que le grand turc s'assure de ses tributaires; c'est par la troupe de ligne que les rois d'Europe s'assurent de ce qu'on appelle les milices, et quelques-uns ont même été jusqu'à s'assurer de leurs mercenaires nationaux par une certaine dose de mercenaires étrangers. On ne voit presque que les rois d'Angleterre qui, pendant trois ou quatre règnes, ont joui d'une puissance absolue, sans être soutenus d'un corps de troupes mercenaires. Aussi cela a-t-il peu duré, et cette cause est peut-être la principale de celles qui ont rendu à l'Angleterre sa liberté, au milieu de l'esclavage général de tous les peuples de l'Europe.

Dans les monarchies, il n'a pas été question des troupes réglées tant qu'a duré l'énergie du règne féodal.

Elles sont nées en même temps que l'impôt avec la puissance royale, aidée et soutenue de l'influence naissante des communes. — Pendant quelque temps, elles ont été rassemblées en temps de guerre et licenciées à la paix.

En Italie, où la féodalité était faiblement établie et où cet usage des troupes mercenaires avait, comme toutes les autres institutions modernes, commencé plus tôt que dans le reste de l'Europe ; en Italie, le métier de chef mercenaire, allant offrir de l'un à l'autre ses services et celui de sa troupe, et servant indifféremment sous la puissance qui lui offrait les plus grands avantages, était très célèbre et connu sous le nom de *condottieri*.

En France, et peut-être en Europe, Charles VII fut le premier roi qui conserva, en temps de paix, un corps de troupes réglées sous le nom de *francs archers*. Il fut porté sous son règne au nombre de 25,000, tant cavaliers que fantassins. Cette époque est une des plus importantes tant pour le gouvernement intérieur que pour les rapports intérieurs des monarchies de l'Europe. Il paraît que dans les premiers temps ces troupes mercenaires, surtout celles qui étaient licenciées à la paix, étaient payées fort chèrement. C'était une espèce d'état d'aventurier où le profit compensait le danger, et dont l'esprit de vait un peu ressembler à celui des corsaires de mer.

Depuis, les troupes réglées ont toujours été en progression croissante pour le nombre, et décroissante pour la paie.

Ce qui peut donner une idée des profits de ces soldats, c'est que, dans les premiers temps, on voit sans cesse ces armées réclamer des arrérages de plusieurs mois, et même d'une ou deux années.

Lorsque les troupes féodales firent place aux troupes réglées, on vit les armées diminuer prodigieusement de nombre, en même temps qu'elles s'accrurent de force, c'était avec des armées de vingt mille hommes qu'on entreprenait les plus grandes expéditions.

Malgré la diminution de paie, l'accroissement de nombre est devenu tel, qu'il est aujourd'hui un poids accablant et absolument disproportionné, soit pour la dépense pécuniaire, soit pour la consommation des hommes, avec les moyens réels de la plupart des états de l'Europe. Les grandes époques de cet accroissement sont le règne de Louis XIV et celui du feu roi de Prusse.

Les effets de l'institution des troupes réglées ont été très étendus, soit dans leur influence sur le régime intérieur des états, soit dans celles qu'elles ont eu sur les relations politiques des différentes puissances actuelles.

Elle a donné aux rois de l'Europe les moyens d'abattre leur noblesse, et de se créer une puissance indépendante ; elle a produit cette gradation qui a existé dans la plupart des états du continent du régime féodal au despotisme militaire. On peut dire, en général, qu'après la chute de ce système, l'Angleterre s'est organisée par cette belle et naturelle combinaison de ses élémens politiques dont s'est formée, peu à peu, sa constitution actuelle, tandis que les autres monarchies d'Europe se sont organisées par l'influence dominante que les rois ont su s'acquérir en disposant de leurs armées. (En France, la révolution s'est faite lorsque l'esprit de l'armée a changé, tant par la marche naturelle des choses que par l'influence occasionnelle d'une longue paix et d'une guerre pour la liberté.)

L'institution des troupes réglées a introduit l'usage des guerres longues, entre des contrées éloignées, dirigées par le seul intérêt ou la seule volonté des princes. Les rois puissans ont, non seulement abattu tout ce qui rivalisait avec eux dans leurs propres états, mais ils sont parvenus à envahir la plupart des petites principautés indépendantes. L'Europe est devenue un théâtre de combinaisons et de mouvemens politiques où tout est lié, et où un système, en quelque sorte unique, fait mouvoir des parties indépendantes les unes des autres par leurs lois, mais réciproquement enchaînées par leurs intérêts.

§ II.

Si l'institution des troupes réglées a eu une si grande influence pour accroître la puissance des monarques européens, faut-il en conclure que l'accroissement indéfini du nombre de ces troupes opérera la même progression dans l'autorité monarchique?

Il est assez naturel de croire que plus les troupes se multiplient, plus leurs privilèges honorifiques deviennent communs, plus leur paie devient modique, plus aussi leur esprit de corps se perd, et leurs idées et leurs sentimens se rapprochent de ceux des autres citoyens. La discipline retarde ces effets, mais ne peut tout-à-fait les prévenir; il est vrai que, dans le rapprochement qui s'opère entre le militaire et les autres conditions, chacun fait quelques pas pour se rapprocher, et si l'esprit militaire devient national, il est possible aussi que la nation emprunte de l'esprit de l'armée quelque chose de son obéissance, de sa fidélité, de son point d'honneur; mais entre ces deux caractères différens, qui, ainsi se rapprochent et se mêlent, il est probable que celui dont la tendance est conforme à la nature et soutenue par les progrès des lumières, finira par convertir celui qui n'est appuyé que sur les préjugés et les habitudes de sa condition.

D'ailleurs, presque tous les gouvernemens de l'Europe tendent à s'écrouler par les finances; les troupes réglées et les impôts sont deux ressorts de puissance qui sont nés ensemble et se sont toujours soutenus l'un par l'autre; mais si, tandis que l'impôt, toujours accru, devient tous les jours plus odieux à des peuples plus éclairés, le ressort de l'armée fléchit, la puissance monarchique est attaquée par sa base. Aujourd'hui, la guerre détruit les puissances en empirant la situation de leurs finances, et la paix menace aussi de les détruire en corrompant l'esprit de leurs armées.

Ces circonstances, jointes au progrès des lumières et aux idées de liberté que la révolution française, quelque puisse être son issue, répand parmi les nations de l'Europe, obligeront les princes à de grandes précautions de sagesse, de bon gouvernement et surtout d'économie.

La cavalerie est, en général, l'arme dominante chez les peuples riches et amollis. — Les Carthaginois faisaient la guerre avec des éléphans.

Lorsque les Romains, sous les derniers empereurs, eurent perdu tout esprit militaire, ils n'eurent presque plus que de la cavalerie.

L'esprit de noblesse et de chevalerie, composé presque en totalité de cavalerie, animait nos armées féodales. Ce furent les Suisses qui, réduits par leur pauvreté à une infanterie que leur complexion robuste rendait excellente, ont rétabli les premiers, en Europe, la réputation de cette arme, et ont donné les premiers exemples de la discipline moderne.

CHAPITRE XXXI.

La guerre, selon les cas, fortifie ou affaiblit les Monarchies.

En général, la guerre extérieure fortifie les monarchies, elle aguerrit les troupes, les accoutume à la discipline, et les attache au prince, surtout s'il les commande. La nation entière se remplit d'idées de gloire militaire, et s'associe à la fortune de son roi; toute énergie, tout ferment de troubles se portent au-dehors; de grands dangers publics autorisent le prince à exiger de grands secours, et à s'investir d'une grande autorité. D'autre part, le prince éprouvant des besoins extraordinaires, il faut qu'il force la mesure des subsides; si le peuple a conservé le droit de les accorder, il peut s'en prévaloir, et s'ils sont établis sans son consentement, il peut en murmurer. Les forces militaires, occupées au loin, peuvent quelquefois encourager les mécontentemens intérieurs.

Tout cela établit des distinctions dans l'application du principe.

Les guerres favorables à l'autorité monarchique sont principalement : 1° les guerres nationales, c'est-à-dire d'un intérêt public et bien reconnu.

Ces guerres, lors même qu'elles sont malheureuses, n'affaiblissent point l'autorité, à moins qu'on ne lui impute incapacité ou perfidie.

2° Les guerres heureuses.

3° Les guerres que fait un gouvernement dont la base est plus militaire que financière.

On doit dire l'opposé des guerres contraires à l'intérêt ou à l'opinion publique, des guerres malheureuses, des guerres qui, soit par leur nature, soit par la constitution du gouvernement, se font plus avec l'argent qu'avec les hommes, telles que les guerres de mer, les guerres de subsides, etc.

CHAPITRE XXXII.

De la Diplomatie.

La connaissance approfondie des intérêts de toutes les parties, est la science la plus nécessaire pour négocier; celle des formes ne vient qu'après : la possibilité de traiter résulte de l'existence des points de contact entre les intérêts divers. Pour parvenir à traiter par des moyens habiles, il faut commencer par savoir si et par où il y a possibilité de traiter.

Cela est vrai, même pour les traités de paix, où le besoin que chacun a de finir la guerre est une des données sur lesquelles peut porter une conciliation.

Voici quelques idées sur les formes.

Émouvoir sans insulter : faire travailler la crainte, l'espérance, l'intérêt, sans forcer l'amour-propre à s'insurger; savoir même supposer des motifs honorables aux choses qu'on obtient par des motifs très différens.

Savoir observer : faire ouvrir les hommes par la confiance, par l'amour-propre, par la colère; déconcerter par une attaque prompte; obtenir la vérité en paraissant la savoir; encourager l'indiscrétion par l'inattention et la légèreté.

Choses dont beaucoup de diplomates font toute leur science, mais qu'il est nécessaire de connaître, ne fût-ce que pour y parer.

Cacher sa science et ses forces : c'est-à-dire en faire voir non en proportion de ce qu'on en a, mais de ce qu'on a besoin d'en faire croire. Plus, à cause de sa faiblesse, on a besoin d'en imposer, plus on a besoin de faire croire à ses moyens. En avoir toujours d'extérieurs pour cacher ceux qu'on tient en réserve.

En général, *être parfaitement maître de soi* : savoir ce qu'on veut cacher et ce qu'on veut dire, et le distinguer nettement; éloigner cet air de gêne qui découvre un mystère qu'on veut renfermer, et s'énoncer sur les choses qu'on veut dire, comme s'il n'en existait pas d'autres.

Savoir raisonner : le raisonnement, il est vrai, ne décide pas beaucoup d'affaires; cependant il est loin d'être absolument sans efficacité réelle, et il est nécessaire qu'il paraisse proportionné à son efficacité apparente.

Grande connaissance des moyens matériels : l'investigation des alentours, la connaissance de toutes les voies propres à avoir des instructions et à faire parvenir ses propositions et ses vues.

Obtenir la confiance et la considération : la

droiture mêlée à l'habileté ; la dignité bien entendue.

Savoir traiter : la fermeté justement tempérée de flexibilité ; l'art de saisir le moment et d'arrêter la partie au moment où elle est la plus avantageuse.

Savoir stipuler : ceci ressemble au talent d'un homme d'affaires ; connaître bien la valeur des termes, et ne point en souffrir d'ambigus contre soi.

Savoir ce qu'on veut et juger ce que veut son adversaire : il est absolument nécessaire de savoir avec précision ce qu'on veut obtenir, pour ne rien préjuger contre et toujours y diriger ses vues, lors même qu'on est obligé de ne pas les laisser connaître ; il l'est également de savoir ce qu'on veut accorder, pour s'assurer de ne point s'engager au-delà et ménager ses concessions de manière à en tirer le meilleur parti possible. La connaissance de ce que l'adversaire est disposé à accorder et veut obtenir n'est pas moins indispensable pour savoir jusqu'où on peut pousser ses demandes….

Toutes ces choses résident, au moins, autant en caractère, en tact, en habitude, en expérience, qu'en méditation.

CHAPITRE XXXIII.

Alliances.

Les états qui peuvent se servir et qui ne peuvent se nuire sont alliés naturels. Entre eux la réciprocité de services et de secours établit l'amitié, sans que la méfiance et la crainte puissent l'altérer.

Les états qui ont le même objet d'ambition, ou dont l'ambition s'exerce l'un sur l'autre, sont naturellement ennemis ; si leurs forces se balancent, ils sont rivaux.

Il est rare qu'une alliance entre des ennemis naturels soit sincère des deux parts, et plus rare encore qu'elle soit durable.

La plupart du temps, à titre d'alliance, l'un travaille à asservir, à paralyser, à énerver l'autre : ces sortes d'alliances ont lieu entre une puissance mal assurée et dirigée par des principes faibles, qui achète la tranquillité par son assujettissement, et une puissance ambitieuse qui aime mieux enchaîner son ennemi que le combattre.

Quelquefois un grand danger commun ou un grand sujet d'ambition peut réunir des ennemis naturels, mais leur union ne dure qu'autant que la cause extraordinaire qui y donne lieu. Souvent même quand il s'agit moins de conserver que d'acquérir, elle est troublée par la jalousie avant d'avoir rempli son objet.

Il est des alliances nationales, c'est-à-dire qui ont l'intérêt national pour objet, quel que soit le gouvernement du pays et quelque titre que puisse porter le traité. Je fais cette dernière observation à l'occasion du *pacte de famille*, qui est certainement, une des alliances les plus nationales que le gouvernement Français ait jamais contractées.

Il en est qui sont vraiment des alliances des princes, en ce qu'elles n'ont point pour objet l'intérêt de l'état, c'est-à-dire, sa sûreté, sa force, sa prospérité; mais l'intérêt de ceux qui gouvernent, c'est-à-dire, l'affermissement de leur domination, l'agrandissement de leur famille, etc. La plupart du temps ces sortes d'alliances se forment au grand détriment public, les puissances étrangères qui servent le plus énergiquement l'intérêt personnel du prince, étant celles qui trouvent le plus à gagner aux dépens du peuple. Comme ces sortes d'alliances tiennent à la circonstance du moment et sont précaires, les puissances qui s'y livrent, n'y apercevant qu'un avantage court, veulent que son intensité compense sa durée, ce qui ne peut presque jamais avoir lieu qu'aux dépens de la nation, dont le prince a séparé les intérêts des siens. Les subsides, les cessions, les traités de commerce ruineux, les forces nationales employées à soutenir une ambition étrangère, etc., sont l'effet ordinaire de ces sortes de traités.

Qu'un prince ait assez de vertu pour préférer l'intérêt de l'état à son intérêt personnel, quand ils se trouvent en opposition, c'est ce qui est extrêmement rare; heureusement quant à la politique extérieure, l'intérêt du peuple et celui du prince sont ordinairement confondus.

Les cas où ils ne le sont pas peuvent se réduire à ceux-ci : — Celui d'un pouvoir contesté, celui d'une ambition extraordinaire, — celui d'un prince qui règne sur plusieurs états dont les intérêts se contrarient.

Dans le premier cas se sont trouvés la plupart des usurpateurs; souvent les princes dont le gouvernement est limité, Charles II, Jacques II, en Angleterre, la plupart des rois de Pologne, le stathouder de nos jours, etc. Il faut avouer que plus le gouvernement est absolu, moins la nation est exposée à ces sortes d'alliances perfides et antinationales; mais plus aussi elle est exposée à celles qui sont l'effet de l'ambition extraordinaire du prince, qui, ne mettant pas son ambition dans la sûreté, la force et l'accroissement de l'état qu'il gouverne, mais dans l'acquisition d'autres états, ne fait pas de son domaine actuel le but mais le moyen de sa politique.

CHAPITRE XXXIV.

Politique Extérieure.

Système, Équilibre.

Les pays qui, à raison de leur situation géographique, de l'analogie de leurs mœurs, de leurs liaisons de commerce, etc., ont entre eux des rapports et des intérêts habituels et indépendans du reste du monde, forment un système politique. L'Italie, presque isolée de l'Europe, à la renaissance des lumières, formait un système politique. Les royaumes du Nord ont formé un système politique, etc. L'Espagne, divisée en plusieurs états, a formé un système politique; l'Angleterre et l'Écosse ont formé un système politique, etc. L'Europe forme un système politique.

Plus les progrès de la civilisation s'avancent, plus les nations éloignées ont des rapports entre elles, et plus les intérêts prochains se modifient et se compliquent par les intérêts éloignés, plus l'horizon politique de chaque nation s'étend, plus les systèmes politiques se généralisent, et tous les systèmes locaux et isolés tendent à se fondre dans un seul.

A mesure que le système politique s'agrandit, sans que les empires se confondent, les rapports deviennent plus compliqués, moins nécessaires dans leur nature, plus souvent modifiés par le changement des choses, et, par conséquent, plus variables.

Acquérir et conserver non seulement l'étendue du territoire, mais les richesses, le commerce, la considération, etc., voilà les deux objets qui sont le but de toute politique extérieure.

Dans un système politique, chaque état a, pour ainsi dire, deux tendances, une qui lui est propre, et une dans laquelle il concourt avec la masse. Son mouvement particulier tend essentiellement à acquérir, et le mouvement général tend à conserver. L'intérêt particulier de chacun est de croître, et l'intérêt général est l'indépendance.

Si, dans un système politique, tous s'accordent à croître, ce sera par l'accroissement de la masse, et encore avec une égalité qui conserve les grandeurs relatives. Mais il ne faut point confondre une alliance avec un système. Une alliance n'est jamais que la moitié d'un système.

L'indépendance, la conservation et la tranquillité générale, s'établissent par une balance des forces; le mouvement général d'un système tend donc à établir cette balance.

On doit empêcher qu'aucune puissance ou ligue de puissances n'acquière assez de supériorité pour compromettre l'indépendance des autres : à cet effet, se forment les ligues opposées.

La balance peut être détruite, et l'indépendance compromise par diverses causes.

1° Si une puissance acquiert, par des conquêtes extraordinaires ou par une fortification intérieure non moins prodigieuse, un accroissement capable de la rendre dangereuse à toutes les autres puissances réunies; — ainsi, la Russie venant à conquérir l'empire ottoman, ou, ce qui est encore moins vraisemblable, acquérant une population et une richesse égales à son étendue de territoire, l'équilibre de l'Europe serait rompu, et son indépendance compromise.

2° Si de grandes puissances forment entre elles, dans des vues ambitieuses, une ligue que toutes les autres, réunies, ne puissent balancer, l'équilibre sera actuellement renversé; mais il est difficile que cette ligue dure bien longtemps; quelqu'une de ces puissances, se trouvant, ou par sa situation, ou par ses forces, avoir plus de moyens d'acquérir, excitera la jalousie des autres. La sûreté marche encore avant l'ambition. Craignant plus l'accroissement alarmant de leurs alliés qu'elles ne désirent celui dont elles aperçoivent pour elles-mêmes la possibilité, elles se sépareront de la ligue, la plupart du temps, avant que les vues ambitieuses qui l'avaient fondée soient effectuées.

Une ligue, en vue de commerce, est naturellement solide, au moins autant que dure le danger; une ligue, en vue d'acquérir, est, au contraire, peu solide. Cependant, il s'en est vu qui l'ont été et qui ont accompli leur objet, témoin celles des puissances qui ont partagé la Pologne.

Ces ligues, dans tous les cas, ne détruiront l'équilibre que pour un moment; car, supposé qu'elles remplissent leur objet, quand elles n'auront plus rien à acquérir ensemble, elles commenceront à se résister. L'équilibre aura changé de forme, comme il change sans cesse par toutes les variations qu'essuient les différens états qui forment le système, mais il subsistera toujours.

Il n'y a réellement que l'agrandissement d'une seule puissance, au-delà de toute résistance égale, qui puisse détruire l'équilibre d'une manière absolue. Aussi, voit-on que de tous les dangers c'est celui-là qui excite le plus vivement la sollicitude des puissances, témoins les ligues qui se sont formées contre la république de Venise, contre Louis XIV, etc.

CHAPITRE XXXV.

De la balance de l'Europe.

Ce système de balance, considéré comme le soutien de l'indépendance respective des diverses puissances qui régissent l'Europe, a commencé à s'établir au moment où la vigueur et la fixité des gouvernemens étendant leur puissance extérieure et les progrès de la navigation et des lumières, facilitant les communications entre les divers peuples, toutes les nations de l'Europe ont commencé à influer sensiblement les unes sur les autres.

Ce système de balance existait entre les petits princes de l'Italie avant de s'établir entre les potentats de l'Europe, parce que lorsque chaque grande nation était pour ainsi dire isolée, l'Italie, divisée en principautés, formait une espèce d'univers politique dont toutes les parties avaient entre elles autant de relations qu'elles en avaient peu avec le reste du monde.

Il est fort probable que les mêmes idées de balance et d'équilibre étaient dans les spéculations politiques des Grecs lors des grandes rivalités entre Athènes et Lacédémone.

Ce système, toujours le même dans son but, varie selon les combinaisons qui lui servent de moyen, à mesure que les puissances s'agrandissent ou s'abaissent, ou que d'autres raisons déterminent le changement de leurs alliances.

L'Espagne, dans sa puissance, était la rivale de la France; elle est devenue son alliée dans sa faiblesse, et ces deux nations, qui s'étaient disputées la domination de l'Europe, sont réunies pour disputer à l'Angleterre la domination des mers.

Une rivalité non moins naturelle, et qui datait des mêmes époques, régnait entre la France et la maison d'Autriche; ces deux puissances, les premières de l'Europe en domination territoriales, devaient former les deux principaux poids des deux bassins; la maison d'Autriche était ennemie naturelle du Turc, dont la France n'avait rien à craindre; le roi de France était donc l'allié du Turc : la maison d'Autriche menaçait de sa puissance la liberté de tous les autres états d'Allemagne; le roi de France était donc le protecteur de cette liberté : le roi de Prusse était à la tête de ces états; la France était donc l'alliée de la Prusse. Ce système, si conforme à la nature des choses, a été changé par le traité de 1756, qui fut bien plutôt l'ouvrage des circonstances du moment et des combinaisons personnelles, que d'un changement dans la situation respective et dans les proportions de puissance entre les principaux états de l'Europe.

Ce traité a maintenu la France dans une longue paix qu'on pourrait qualifier d'inaction honteuse, qui a donné lieu à de grands scandales, introduit dans le gouvernement une grande impéritie, énervé les véritables ressorts de la puissance royale, et préparé de grands évènemens.

Dans cet intervalle, le Turc a été considérablement affaibli, la Pologne divisée; la France, dans un état en apparence stationnaire et réellement rétrograde, a vu trois grandes puissances territoriales s'élever à son niveau, et lui disputer sur le continent une supériorité jusque là non contestée. Le traité de 1756 est le traité d'une nation fainéante qui s'allie pour avoir la paix avec ses ennemis naturels. Après ce traité, la France s'est trouvée alliée de toutes les puissances limitrophes : l'Espagne, la Savoie, la Suisse, les Pays-Bas. De là, elle a maintenu sa paix; mais sa puissance s'est perdue.

Cependant ce système, long-temps absurde et ruineux, avait acquis quelque degré de convenance. L'Autriche, ambitieuse sous Joseph, était devenue pacifique sous Léopold; la Prusse, élevée par ses acquisitions à un degré de puissance qu'elle ne pouvait maintenir qu'en l'accroissant encore, était conquérante par système et par nécessité. Les progrès menaçans de la Russie faisaient apercevoir le moment où l'empereur même aurait intérêt à garantir aux grands seigneurs les débris de sa puissance. La France et la maison d'Autriche, réunies, pouvaient établir sur le continent un système stationnaire qui aurait procuré à celle-là la facilité d'accroître sa puissance maritime, le seul avantage peut-être qu'elle eût recueilli du traité de 1756, et qui convenait également, au caractère personnel de Léopold, et à la situation de la France au moment de sa révolution, ainsi qu'au système pacifique et conservateur qui doit caractériser tout état libre du continent. De pareils liens pouvaient n'être pas durables; mais ils convenaient au moins pour le moment, et lorsque le traité de 1756 a été rompu, il eut été peut-être autant à désirer qu'il pût se maintenir, qu'il l'avait été qu'il ne se fût jamais formé. Mais ceci appartient à l'histoire de la révolution et non au sujet que j'ai commencé; j'ajouterai cependant que si l'Autriche avait intérêt à conserver sur le trône de France l'individu régnant auquel elle était liée par le sang, elle avait pourtant intérêt à voir établir en France un gouvernement limité ; car son calcul le plus raisonnable était d'affaiblir, sans le perdre, un état dans lequel elle ne pouvait apercevoir qu'un allié momentané et un rival naturel. Aussi toutes les circonstances ont-elles annoncé que la politique de Léopold était en faveur des deux Chambres, mais si ce prince avait donné à l'établissement de la constitution l'influence qu'il a paru accorder à un système impossible à réaliser, il est probable que la constitution se fût affermie, et que, par là, son intérêt réel, comme celui du royaume, eût été rempli.

Tout comme dans les nouvelles idées on a rejeté les principes les plus généralement reçus jusqu'à ce jour, sur l'économie politique et sur l'ordre intérieur de la société, on a aussi repoussé avec dédain toutes les notions adoptées sur la politique extérieure.

On a regardé la balance de l'Europe comme une emphatique puérilité, les traités et les alliances comme inutiles, et tout le mouvement de la diplomatie comme une activité sans sujet, très immorale, très pernicieuse, et qui ne cesse de bouleverser l'univers que pour amuser l'oisiveté de quelques individus.

Qu'il n'y ait à cela du vrai, ce n'est pas ce que l'on conteste, mais ces maximes, dans leur généralité, sont, comme tant d'autres, le fruit d'une philosophie profondément ignorante sur la science des faits et qui, voulant tout juger par quelques principes spéculatifs, confond les préjugés avec les notions fondées sur l'expérience et liées à la nature des hommes et des choses, détruit en un moment tout ce que l'observation et l'étude pratique ont recueilli des leçons du temps et des évènemens, et leur substitue quelques idées générales dont on éprouve l'inutilité ou du moins l'insuffisance dès qu'on veut les appliquer aux circonstances réelles et forcées avec lesquelles on est sans cesse obligé de concilier sa marche.

CHAPITRE XXXVI.

De l'effet du commerce sur les gouvernemens.

Le commerce forme une classe nombreuse, amie de la paix au dehors, de la tranquillité intérieure, et attachée au gouvernement établi.

Il crée de grandes fortunes qui sont, dans les

républiques, l'origine d'une puissante aristocratie.

En général, en enrichissant les villes et leurs habitans, en multipliant la classe des ouvriers, en ouvrant la carrière des richesses, indépendamment de la naissance et de toute faveur du prince, il fortifie l'élément démocratique et donne une grande influence au peuple et aux villes dans le gouvernement.

Le commerce arrive au même résultat en appauvrissant les propriétaires de terres par les nouvelles jouissances qu'il leur offre, et amenant la conversion du luxe d'*ostentation* et d'*hospitalité* en luxe de *mollesse* et de *volupté*.

Il conduit à l'usage des troupes mercenaires à la place du service personnel.

Il introduit dans toute la nation, le luxe, la mollesse, l'avarice, en même temps que le travail.

Les mœurs d'une nation commerçante ne sont pas en tout les mœurs des commerçans ; le commerçant est économe, les mœurs générales sont prodigues ; le commerçant conserve des mœurs, les mœurs publiques sont dissolues.

Le mélange de la richesse et des jouissances que procure le commerce, joint à la liberté de mœurs, à la galanterie, au faste..... qu'introduit dans la nation l'exemple de la cour et l'esprit de la noblesse, conduisent à cet excès de débordement en tout genre, en même temps qu'à cette perfection d'élégance et de goût qu'on a vu régner dans Rome, maîtresse du monde, et en France avant la révolution; — dans Rome, où toutes les richesses qui refluaient de l'univers entier, étaient prodiguées avec toute la hardiesse de l'ambition, tout le déréglement du soldat, toute l'indifférence du patricien; — en France, où la richesse, accumulée par un immense commerce et les travaux variés de la nation la plus industrieuse du monde, était dirigée par l'exemple d'une cour brillante et corrompue, d'une noblesse prodigue et chevaleresque, d'une capitale riche et voluptueuse.

Là où la nation est exclusivement commerçante, il peut se faire une accumulation immense de richesses sans que les mœurs s'altèrent sensiblement. La passion du commerçant est l'avarice, et son habitude le travail. Livré à son seul instinct, il amasse les richesses pour les posséder et ne sait guère en user. Il lui faut des exemples pour le conduire à la prodigalité, à l'ostentation, à la corruption des mœurs.

En général, le commerçant est l'opposé du guerrier, l'un veut acquérir par l'industrie, l'autre par la conquête; l'un fait de la puissance un moyen de richesse, l'autre de la richesse un moyen de puissance ; l'un est disposé à économiser ce qu'il doit à son travail, l'autre à prodiguer ce qu'il doit à sa vaillance ; l'un ne sacrifie qu'à son intérêt sous les dehors de la probité, l'autre, au milieu du brigandage et de la violence, est du moins capable de quelque franchise ; l'un s'occupe beaucoup de n'être pas troublé, l'autre travaille sans cesse à troubler les autres.

L'un est l'origine de ce que dans nos états modernes on appelle bourgeois, l'autre est l'origine de la noblesse. Mais la noblesse d'Europe, depuis que la police intérieure des états s'est fixée, participe beaucoup aussi des *propriétaires de terres*, caractère qui touche au guerrier par un côté, mais qui en diffère beaucoup sous un autre point de vue, et dont l'esprit économe et conservateur est bien plus sévère encore que celui du commerçant. La noblesse a pris un troisième caractère, c'est celui de courtisans ; caractère qui, au dehors, peut paraître aussi aventurier et aussi prodigue que celui du guerrier ; il a la même facilité de réparer ses pertes, il peut en emprunter les formes chevaleresques, parce que tout ce qui est agréable et brillant convient à ses vues et peut être saisi par son tact exquis ; mais sous cette enveloppe, il est un composé des vices les plus bas. C'est du mélange de ces trois élémens, diversement dosés suivant les âges, les classes et les individus, que s'était composé le caractère de la noblesse française avant la révolution.

Cependant, la richesse finit par enfler le cœur du commerçant, fidèle pour lui à ses goûts et à ses habitudes, il conçoit pour ses enfans d'autres vues et leur donne une autre éducation.

S'il n'y a rien dans l'état au-dessus du commerce et de la richesse, le négociant, qui n'a plus rien à désirer dans la chose privée, songe à s'emparer de la chose publique, et voilà l'aristocratie bourgeoise !

S'il y a dans l'état un roi et une noblesse, le négociant, saturé d'argent, quitte la classe où on l'acquiert pour tâcher de s'élancer dans celle où sont les honneurs et le pouvoir. Il fait d'immenses sacrifices pour obtenir à ses enfans une place ambiguë parmi les nobles et les courtisans.

Plus la richesse de l'état provient du commerce, plus sa puissance est dans la flotte, et plus le négociant est près de gouverner l'état, comme aussi plus la richesse de l'état provient des terres, plus sa puissance est dans l'armée, et plus, à son tour, le noble est près du gouvernement.

Dans les monarchies modernes, c'est la puissance de ces deux classes qui forme l'aristocratie et la démocratie. Le commerce qui, dans certaine république, forme une aristocratie, ou plutôt *un extrait aristocratisé de la démocratie*, n'est jamais que démocratie dans nos royaumes féodaux. Mais il s'y est glissé deux autres principes de pouvoir qui tiennent moins à la nature des choses qu'aux évènemens, et dont il est très important de tenir compte, c'est celui de l'église et celui des gens de loi.

CHAPITRE XXXVII.

La balance du commerce est-elle ou n'est-elle pas une chimère ?

Lorsqu'un peuple, dans son commerce avec un autre, lui donne autant de marchandises qu'il en reçoit, l'achat et la vente se compensent, et il n'y a lieu à aucune solde en numéraire. On dit alors que la balance est égale ; s'il donne plus qu'il ne reçoit, le surplus lui est payé en argent, et on dit que la balance est en sa faveur ; s'il donne moins, c'est l'opposé.

L'ancienne doctrine mettait beaucoup d'importance à cette balance, ou regardait comme avantage un commerce où la balance était favorable, comme florissant et progressif un état à qui la balance générale de son commerce était favoble.

Aujourd'hui, on traite cette doctrine de chimère, et l'on n'admet point que cette balance soit cause ou signe de prospérité.

Un commerce particulier, et le commerce en général, est favorable à un état quand il augmente la masse de ses capitaux.

Recevoir d'un peuple, en échange de nos marchandises, des objets que nous consommons sans reproduction, c'est perdre ; recevoir des objets reproducteurs, c'est avantage ; recevoir de l'argent, ce n'est, jusqu'à présent, ni l'un ni l'autre, tout dépend de l'usage qu'on en fera.

Dans ce siècle, les intérêts de commerce sont devenus les plus importans, les guerres de commerce, les plus fréquentes.

L'Angleterre, ayant prodigieusement accru sa puissance maritime, son commerce et ses colonies, a menacé, sous certains rapports, l'indépendance et l'existence des nations, comme, sous d'autres rapports, l'Autriche avant la paix de Westphalie, et la France avant la paix de Nimègue.

C'est donc avec raison que l'abbé de Mably dit qu'à la paix d'Utrecht, le rôle de puissance rivale a passé de la maison d'Autriche à l'Angleterre, quoique, sous certains rapports qui ne peuvent être absolument confondus, la maison d'Autriche a menacé de l'être ; mais d'une manière peut-être moins pressante.

Ne pourrait-on pas même dire que, depuis la guerre de 1756, l'Angleterre est devenue puissance dominante, puisqu'elle a eu incontestablement la domination des mers, et que la France, étant abattue et paralysée, l'Autriche, trop faible de moyens réels pour prétendre à la prééminence, il n'y a pas eu d'autre supériorité.

Elle a eu (en partie) les alliés qu'avait la France quand elle dominait, et la France, ceux qu'avait l'Angleterre quand elle était rivale.

Il est évident, qu'intrigue de cour à part, la supériorité de l'Angleterre a dû contribuer à la formation du pacte de famille et au maintien du système de 1756.

En ce moment, les puissances de l'Europe, en cherchant à détruire la France, tendent à achever de détruire l'indépendance des mers. La Hollande et l'Espagne spécialement, combattent contre les faibles restes de leur puissance maritime.

Le système de politique ancien était le système de jalousie et de balance, ce système existe toujours dans la pratique et parmi les hommes d'état, en puissance militaire et pécuniaire, en territoire, en commerce; on croit gagner en affaiblissant ses rivaux.

Le système moderne et philosophique est celui de l'universalité : tous gagnent à ce que chacun gagne. Il y a plus d'avantage à négocier avec une nation riche qu'avec une nation pauvre, avec une industrieuse qu'avec une ignorante et paresseuse ; il n'y a qu'à perdre, à ruiner ou à détruire ses rivaux. Liberté générale du commerce est utile à tous. — Paix universelle, république universelle, secours, échanges réciproques ; chaque membre devient plus heureux du bonheur de l'universalité. — Il est impossible, dans la pratique, de s'en tenir à la rigidité de ces principes.

On ne peut déraciner les passions du cœur de tous les hommes ; l'ambition envahissante de quelques-uns force toujours les autres à la défensive ; de là les ligues, les traités, les systèmes de balance : ceux qui ont été d'abord réduits à se défendre deviennent agresseurs, dès qu'ils se croient une force supérieure ; chacun allègue l'ambition de ses rivaux et la nécessité de l'affaiblir, pour pourvoir à sa propre sûreté. — Force donne l'espoir d'acquérir et de dominer ; faiblesse fait sentir la dépendance et le désir de s'en affranchir.

Voyez la théorie du droit public, c'est la théorie des philosophes avec plus de connaissances de la nature positive des choses : elle reconnaît 'a souveraineté de chaque état, mais elle veut que chacun en use suivant la justice, et que tous tendent, de concert, au bonheur réciproque, à la paix et à l'harmonie générales.

Les institutions, les principes, les décisions sur chaque cas particulier, dérivent de ces vues générales. Tout est juste dans ces lois, parce qu'elles partent de la base de l'égalité. Ce sont ensuite les passions et les vices des hommes qui corrompent et dénaturent ces vues.

C'est une absurdité de déclamer contre les institutions, parce qu'elles sont souvent viciées dans la pratique, et de n'y opposer que des maximes générales, qui ne changent rien aux vices et aux passions des hommes, et qui tendent seulement à faire disparaître les usages, les lois, les intérêts, les freins, les obstacles qui les retiennent.

Le système de l'équilibre de l'Europe, qui tend à conserver chaque puissance en son état et à maintenir la paix avec la sûreté de tous, est une idée aussi naturelle que magnifique. L'abbé Raynal semble le reconnaître; mais, dit-il (pour ne pas se brouiller avec ses confrères en philosophie), c'est peut-être une illusion, parce que les rois se jouent de leurs traités. Est-il aucune vertu qui ne soit poison, lorsqu'on n'en a que l'hypocrisie, et les vertus sont-elles pour cela des chimères?

Que quelques princes se jouent de leurs traités, cela empêche-t-il que lorsqu'une puissance a menacé l'indépendance de ses voisins, on ne se soit réuni contre elle pour l'arrêter? L'Allemagne a-t-elle dû à un autre principe qu'à son système intérieur d'équilibre l'indépendance que ses membres ont conservée? Le même système n'a t-il pas arrêté les progrès de la maison d'Autriche, ceux de Louis XIV, la domination maritime de l'Angleterre? Aujourd'hui qu'il est méconnu, l'Europe n'est-elle pas menacée d'une subversion? et si la France est accablée, le sort de toutes les petites puissances ne sera-t-il pas bientôt celui qu'éprouve la Pologne?

Les Romains avaient de plus grands moyens de conquêtes qu'aucune nation moderne; mais, s'il y eût eu un système de réunion contre eux, si les nations ne se fussent laissées paisiblement opprimer les unes après les autres, si elles avaient eu autant de politique pour se fédérer qu'ils en eurent pour les désunir, auraient-ils opprimé la liberté de tout le monde connu?

Que résulterait-il, en Europe, de la destruction de cet utile système, si décrié par l'ignorance philosophique? Les guerres seraient-elles moins fréquentes? Non; mais elles seraient du fort au faible, et, au lieu de se terminer par le sentiment commun du besoin de la paix, elles auraient pour terme, comme dans les temps anciens, l'envahissement d'une puissance par l'autre, après avoir vu deux ou trois puissances envahir tout ce qui les entoure, avancer toujours, et ne mettre à leur ambition aucune borne; les plus forts mêmes seraient obligés de rétablir le système de l'équilibre pour leur propre sûreté; mais il serait devenu plus difficile, et les plus faibles états auraient déjà subi l'oppression.

« Les états modernes, dit l'abbé de Mably, ne »sont point constitués pour conquérir. » Qu'on livre à la Russie la Pologne, à l'empereur les petits états d'Allemagne, et ensuite l'Italie; puis, à ces deux puissances réunies le roi de Prusse, ensuite l'empire turc, on verra si, lorsque les forces sont absolument inégales, les peuples modernes ne sont pas capables de conquérir.

L'abbé de Mably reproche sans cesse aux nations de n'écouter que la politique des passions, et il attaque le système de l'équilibre. Il aimerait mieux sans doute une sûreté fondée sur la raison et la vertu; mais malheureusement en désarmant les passions conservatrices, on ne fait qu'ouvrir le champ aux passions envahissantes.

En détruisant cette balance d'intérêt qui opère leur sûreté commune, leur donne-t-on la modération et les vertus? Non, au système de l'équilibre succède le système co-partageant, et c'est le grand roi Frédéric, le favori, l'ami, l'émule des philosophes, qui en donne l'exemple; si l'équilibre continental de l'Europe n'eût été détruit par l'alliance de la France et de l'Autriche, la Pologne n'eût pas été divisée, et le grand Frédéric eût conservé sa vertu par nécessité, ce qui, chez les philosophes même, est beaucoup plus sûr que de l'étayer sur la raison.

Au reste, il en est de ces déclamations comme de la plupart des grandes maximes théoriques de nos philosophes, dès qu'ils viennent à raisonner sur des faits, sur des évènemens, sur des données positives, ils les abandonnent ou les modifient très volontiers, surtout ceux d'entre eux qui ont un fond de bon sens, tel qu'était certainement l'abbé Raynal ; mais les sectateurs enthousiastes, que leurs livres ont formés, ayant beaucoup moins de lumières et une foi sincère, n'abandonnent rien, ne modifient rien, et bouleversent tout.

CHAPITRE XXXVIII.

De l'Impôt.

Chez un peuple libre et représenté, l'impôt est ordinairement plus considérable, mieux réparti et toujours mieux employé.

Le despotisme détruit toutes les ressources publiques, pille les propriétés particulières; mais, loin d'exagérer la quotité de l'impôt, il n'ose jamais en asseoir ce que le peuple représenté en acquitterait facilement.

Il épargne, suivant le pays et la forme particulière du gouvernement, ou les grands ou le peuple.

L'aristocratie pure est de tous les gouvernemens celui qui met le moins d'impôt, parce qu'il est tout à la fois le plus odieux et le plus fragile.

Le despotisme, en général, répartit mal parce qu'il doit ménager les intérêts de quelques-uns, et l'imagination de tous; quand il le voudrait, il n'ose pas bien établir et bien répartir les douanes, les monopoles, les droits casuels, etc., sortes d'impôts qui, n'affectant l'homme qu'individuellement, lui conviennent mieux que les impôts réguliers qui affectent tout un peuple au même instant et sous une même forme.

Dans les gouvernemens représentés, mais où l'aristocratie domine, les impôts sont établis sur les consommations de nécessité, c'est-à-dire sur le petit peuple ; l'aristocratie y gouverne et n'y est pas timide.

L'aristocratie pure peut arriver à un tel degré de timidité que les impôts y portent principalement sur les riches. L'excès du mal a toujours quelque dédommagement. Dans ce gouvernement, on ménage la fierté du peuple dans les manières et son avarice dans l'impôt : je veux parler de l'aristocratie qui gouverne le peuple des villes, le seul pour lequel on ait du respect, parce qu'il est le seul redouté.

Dans la plupart des sociétés, lors de leur origine, on réserve une partie des terres pour les dépenses du fisc.

C'est l'origine de plusieurs circonstances dans le gouvernement, soit dans la forme, soit dans la corruption de cette institution.

C'est, sous certains rapports, l'origine du domaine, c'est l'origine des bénéfices, c'est l'origine en partie des fiefs.

Cette forme tend à rendre le gouvernement indépendant du peuple.

Elle affaiblit le lien de la hiérarchie entre les dépositaires du pouvoir.

Le revenu, fondé sur l'impôt, tend à établir

l'influence dans le peuple et la force dans le centre du gouvernement.

En général, l'impôt indirect tient plus au pouvoir, et l'impôt direct à la liberté; l'un peut paraître un droit du gouvernement, l'autre est toujours une propriété du peuple.

L'un a plus naturellement pour base la force, et l'autre, la volonté; l'un est plus facile à déguiser, quant à sa nature et son produit; l'autre est toujours évident.

L'impôt indirect va plus naturellement au centre, et tend plus à l'unité du gouvernement; l'impôt direct tient plus à la localité, et tend plus à la fédération.

CHAPITRE XXXIX.

De la dette publique dans un état.

L'Angleterre ne songe point à payer sa dette.

Que le crédit se soutienne et s'affermisse, que l'intérêt de l'argent baisse progressivement, que la richesse publique s'accroissant toujours, les taxes puissent aussi s'augmenter, quoique dans une progression plus lente, qu'un écoulement d'amortissement faible, mais continu, balance, ne fusse que partiellement, les nouveaux emprunts que des besoins extraordinaires peuvent nécessiter, voilà ce qu'il faut au gouvernement.

Dans un pays où le crédit est solide, peu importe que le capital de la dette augmente si l'intérêt diminue.

Quand la dette de l'état est recherchée, jamais on n'est tenu de payer le capital. Il faut considérer l'intérêt comme une partie des charges publiques.

La débacle aurait lieu si la prospérité publique diminuait, parce qu'on verrait tout à la fois hausser l'intérêt de l'argent et diminuer le produit des taxes.

On peut affirmer hardiment que cet évènement est le seul que l'Angleterre ait à redouter relativement à sa dette.

Que si par des moyens qu'on ne peut concevoir, mais qu'on peut supposer, elle parvenait à payer sa dette, elle aurait un autre danger à courir, ce serait le renversement de sa constitution.

Nulle classe n'a plus d'intérêt et plus de moyens au soutien du gouvernement établi que celle des créanciers de l'état. Pour peu que ce gouvernement soit bien réglé, cette classe fera toujours consister sa propre sûreté dans sa conservation, et si la dette est considérable, non seulement la classe des créanciers est riche et nombreuse, mais par l'enchaînement de leurs affaires, tous les capitalistes de la nation s'y trouvent engagés. De plus, l'industrie manufacturière et commerçante étant dans la dépendance des capitalistes, ils entraînent avec eux une grande partie du peuple des villes.

En Angleterre, ces liens sont encore plus puissans et plus universels. La banque étant créancière du gouvernement, et le peuple presque tout entier créancier de la banque, chaque citoyen propriétaire d'un billet de banque, a un intérêt individuel au maintien de l'ordre existant.

On attaque prodigieusement le système emprunteur des gouvernemens, mais dans les pays où la richesse publique peut le comporter, il est aussi nécessaire au maintien du pouvoir que les trésors dans les pays qui ne le comportent point; il faut considérer aujourd'hui que la base des gouvernemens est l'argent, et que l'esclavage politique n'a point pour base l'esclavage civil; le pouvoir des rois a besoin de moyens nouveaux pour se maintenir.

De toutes les classes, la plus indépendante est celle des propriétaires de terres à titre patrimonial; elle craint peu les troubles civils, elle a peu besoin de protection, elle ne court presqu'aucun risque de spoliation, si elle ne prend un parti très prononcé dans les débats. Ce genre de propriété fait souvent la dépendance d'un particulier, mais cela n'a rien de commun avec l'indépendance de sa classe prise en général.

Je parle de ceux qui ont intérêt à l'ordre social par la propriété d'un bien quelconque ou d'une utile industrie, rien sans doute de plus indépendant que l'homme qui n'a rien.

L'ouvrier, le manufacturier, le marchand, la plupart des capitalistes voient leur existence compromise si l'ordre public ou politique est troublé, mais nul autant que le créancier de l'état. Le gouvernement qui lui présente quelque sûreté est toujours sûr de son appui; il soutiendra tout ce qui peut en assurer la paix, la force et la durée.

En France, les créanciers de l'état abandonnèrent l'ancien gouvernement parce qu'ils n'en espéraient plus rien et se livrèrent au nouveau parce qu'ils en attendaient tout. Ils n'ont cessé depuis lors de l'appuyer. Comme c'est l'état entier qui leur doit, et non aucune de ses parties, ils doivent tenir à son indivisibilité comme à son existence. Les propriétaires de terres auront toujours des penchans à la fédération; elle diminuerait le poids des impôts et rendrait chacun pour ainsi dire maître chez soi. Le commerce doit apercevoir dans l'unité, plus de liberté, plus d'étendue et plus d'appui à ses opérations, quoique l'intérêt le plus prochain de telles villes et de tels individus, leur fît peut-être préférer l'autorité locale que leur assurerait leur opulence. Quant aux créanciers de l'état, il n'y a pas pour eux à choisir; ce sont eux qui peuvent dire littéralement l'unité de la république ou la mort.

Dans l'assemblée constituante, quelques personnes voulaient diviser la dette et la plus grande partie des charges publiques entre les départemens; c'était en quelque sorte décréter le gouvernement fédératif, c'était donner aux départemens la puissance pécuniaire qui, dans les gouvernemens modernes, est la principale et la base de toutes.

Sous la nouvelle forme de gouvernement, qui ne laisse presqu'aucune force aux liens de l'unité, il est heureux que les fonds qui devaient acquitter les dettes de l'état se trouvent en grande partie consommés. Car s'il n'y avait pas au moins la dette publique pour rallier au centre de l'état, on ne voit pas où serait la force centripète.

Cependant si ce lien n'était soutenu d'aucun autre, s'il se trouvait n'être plus puissant sur les peuples, si la prospérité publique diminuait de manière que le poids de l'impôt fût accablant, les capitalistes ruinés ou expatriés étant sans influence, la dette, loin d'être un moyen de maintenir l'unité, deviendrait une cause pour la rompre, car les propriétaires de terres, alors tout puissans, et n'étant pas contenus par un gouvernement assez vigoureux, joindraient à leurs propensions naturelles, l'intérêt de s'affranchir d'une charge désormais insupportable.

CHAPITRE XL.

Des gouvernemens qui thésaurisent.

Dans l'état actuel de l'Europe, il est absolument impossible de faire la guerre sur le revenu courant, il faut donc la faire ou par des anticipations sur le revenu futur, ou par des épargnes faites sur le revenu passé, c'est-à-dire par des emprunts ou par un trésor.

La France en ce moment fait la guerre sur un capital (les biens nationaux), c'est un cas unique mais au reste c'est aussi un trésor, formé à la vérité non par l'épargne, mais par des causes et des circonstances extraordinaires.

L'option entre ces deux moyens d'emprunter ou de thésauriser, tient beaucoup au caractère des princes, mais il tient d'une manière plus générale à leur situation, à l'étendue, à la richesse, à la force de leurs états, et à la forme du gouvernement qui est établi.

Là, où quelle que soit la richesse publique, la nature du gouvernement éloigne toute confiance; où il lui est possible de s'emparer de tout par violence, et impossible de rien obtenir par volonté, il doit thésauriser : c'est le sort de tous les gouvernemens d'Asie.

Les troubles publics et l'incertitude de la police produisent à peu près le même effet : Henri IV thésaurise, l'usage de tous les petits princes féodaux était autrefois de thésauriser autant que la pauvreté de leurs sujets et le faste de leurs dépenses pouvaient le leur permettre.

Un prince qui, par l'instabilité de son existence et le peu de consistance des hypothèques qu'il peut offrir, n'offre au crédit aucune base solide, doit thésauriser, si surtout ses entreprises, son ambition, ses dangers sont sans aucune proportion avec ses revenus comme avec son crédit; tel a été, tel est même encore le sort des rois de Prusse.

Les gouvernemens aristocratiques sont disposés à thésauriser à cause de la méfiance, de l'instabilité, de l'économie, de l'avarice qui les caractérisent.

Thésauriser est quelquefois une passion dans les princes, mais bien plus souvent un besoin ; peu de princes thésaurisent sans nécessité, et beaucoup qui en auraient le besoin ne le font pas ; tantôt les revenus, quelque sévérité qu'on y mette, ne peuvent passer les besoins ordinaires, et où il serait rigoureusement possible de les faire excéder, la résistance du peuple à l'impôt, la vanité, l'imprévoyance, le goût des plaisirs ont une influence de chaque jour, qui l'emporte presque toujours sur les conseils pénibles de la prudence.

Lorsque l'usage de thésauriser n'est pas nécessaire, il est non seulement repoussé par les penchans les plus naturels, mais par les calculs de la sagesse.

Dans un pays riche et industrieux, où le gouvernement est solide et régulier, il est contre toute raison de thésauriser ; ces capitaux, qui, dans la circulation, multiplient et reproduisent les ressources que le gouvernement trouve toujours à son secours, seraient morts dans la suite. Ce serait retenir les semences des moissons sur lesquelles il a droit de décimer. Dans un tel pays, on fait la guerre par emprunt, et les épargnes de la paix servent à l'amortissement ; ainsi, aucune portion des capitaux n'est soustraite que momentanément à son activité.

Il est des états trop pauvres pour que le gouvernement y puisse employer ni l'un ni l'autre de ces moyens, et où, quoique les dépenses y soient en général bien moindres, il lui est presque impossible de se soutenir, si ce n'est avec les subsides des puissances étrangères.

CHAPITRE XLI.

Maximes politiques.

§ 1er.

Les évènemens politiques viennent moins de la grandeur des efforts que de la faiblesse des résistances.

Les pouvoirs politiques ne commencent à diriger les affaires extérieures à l'avantage national que lorsqu'ils sont assez bien affermis pour n'avoir pas besoin de les faire servir à leur propre sûreté.

Tout gouvernement où la puissance est dans d'autres mains que celles auxquelles la nature des choses l'attribue ne peut durer.

Exemple. — Dans un état où le principe du

pouvoir doit être dans l'armée, si la constitution ne le donne aux officiers ou au général, l'armée renversera la constitution.

Il y a deux manières d'acquérir, gagner et prendre : le travail et la conquête ; l'une enrichit le peuple, et l'autre les principaux ; l'une conduit à la démocratie, et l'autre à l'empire de plusieurs ou d'un seul : celle-ci prend sur la masse et l'appauvrit, l'autre augmente la masse et fait le bien de tous : celle-ci accumule les biens, celle-là les distribue.

Ce ne sont pas les lois qui font la nature des choses ; mais bien plutôt la nature des choses qui fait les lois.

La nature des choses distribue le pouvoir, et ceux qui tiennent le pouvoir font les lois pour le maintenir ou l'augmenter.

Mais chacun y travaille suivant son caractère : le but se ressemble, les moyens diffèrent. L'aristocratie adopte des moyens lents et circonspects, la démocratie des moyens brusques qui, la plupart du temps, détruisent l'empire qu'elle veut soutenir.

§ II.

Chez un peuple neuf et pur, la liberté croît naturellement sans art et sans culture ; chez un peuple corrompu, elle est comme une plante étrangère qui ne peut se conserver que par de grands ménagemens et le secours des plus savantes combinaisons.

Un peuple corrompu se précipitera toujours de lui-même, ou dans l'esclavage, ou dans la licence, s'il n'est retenu, par la force de sa constitution, dans les limites d'une sage liberté.

La constitution doit l'étreindre de tous les côtés, car s'il lui reste une issue pour se porter vers les extrêmes, il y sera conduit par sa faiblesse et ses passions déréglées; la digue contre le despotisme n'empêchera pas qu'il se précipite dans l'anarchie; la digue contre l'anarchie n'empêchera pas qu'il ne retombe sous le despotisme.

CHAPITRE XLII.

Du Divorce.

Le divorce est utile là où les mœurs sont pures; chez un peuple corrompu, il n'est qu'un encouragement offert au libertinage.

La vertu des peuples corrompus, c'est la décence; ce qui serait franchise de mœurs chez un peuple neuf et pur, dégénère en scandale chez un peuple corrompu.

Depuis les danses des filles de Sparte jusqu'aux usages de notre temps, à mesure qu'on est devenu plus indulgent sur les mœurs, on est devenu plus sévère sur la décence. Aujourd'hui, renoncer à celle-ci, serait-ce rétablir celles-là?

Si nous admettons parmi nous le divorce, fera-t-il renaître les mœurs? Traiter un peuple comme corrompu, c'est le condamner à l'être toujours; mais lui donner hâtivement des remèdes qu'il ne peut supporter, c'est augmenter le mal au lieu de le guérir.

Le divorce assure la perfection d'un état de mœurs déjà fortes et vertueuses. L'indissolubilité est le frein à l'excès du débordement, dans une nation qui a perdu les siennes.

Quand les mariages se feront par choix, quand les mœurs seront jeunes, le divorce aura lieu entre des individus honnêtes et pour des raisons sérieuses.

Quand les mariages se feront par convenance, quand les mœurs seront frivoles, le divorce aura lieu par inconstance, par caprice entre des êtres corrompus qui ne se sépareront que pour aller pervertir le cœur et empoisonner l'existence de plusieurs autres.

Le divorce rend plus pressant le besoin de se

plaire ; mais l'indissolubilité impose la nécessité de se supporter. Le divorce entretient, entre les époux, une certaine coquetterie qui fait leur bonheur ; l'indissolubilité les force à des égards qui empêchent qu'ils ne soient malheureux.

Au milieu de nos caprices et de notre inconstance, le divorce interviendrait souvent au moment où l'amour se refroidit, parce que deux objets n'ont plus l'un pour l'autre le charme de la nouveauté ; l'indissolubilité amène une époque où l'habitude devient un nouveau lien et la source d'un bonheur possible et durable.

Si l'indissolubilité prévient ou tempère les mauvais procédés, le divorce les aigrirait. De deux êtres, le moins honnête et le plus inconstant accumulerait les outrages pour décider l'autre à consentir à la séparation.

Deux époux, qu'un certain honneur engage aujourd'hui à se cautionner mutuellement pour la considération publique, obligés de justifier leur inconstance, deviendraient les calomniateurs l'un de l'autre.

Voulez-vous savoir si le divorce est bon ? examinez s'il y a très peu d'époux qui désirent le divorce. Voulez-vous savoir si le divorce est pernicieux ? examinez si un grand nombre de personnes soupire après le moment d'en faire usage.

Quand les mœurs sont pures, l'idée du divorce engage les époux à se plaire; il concentre leurs regards, leurs soins et leur inquiétude; quand les mœurs sont frivoles et corrompues, le divorce ne présente aux époux que l'idée du changement; il porte au dehors leurs regards, leurs soins et leur inquiétude.

Ou l'on veut dissoudre les mœurs, dépraver l'opinion, briser tous les liens qui unissent les époux et les pères, et qui sont la source de la vraie morale et de la vraie félicité; ou l'on veut que l'inconstance continue à être un vice, et que, permise par la loi, elle soit, au moins, blâmée par l'opinion.

Mais si elle est blâmée par l'opinion, ceux-là seuls useront de la loi qui sont insensibles à l'opinion publique, ou à qui la mode et l'idée du moment tiennent lieu de l'estime de soi-même et de la véritable considération. Or, je demande quel spectacle présentera le divorce exercé par de pareilles gens?

Quant à ceux qui demanderont pourquoi l'opinion éclairée condamnerait l'inconstance, et, pourquoi ce qui nous rapproche de la nature contribuerait à nous dégrader? je dirai qu'il n'est pas vrai que la nature réprouve une union constante; que l'état de société et les usages qu'il entraîne ne sont, pour l'homme, qu'une suite même de sa nature et l'effet nécessaire de son organisation; que tout ce qui rend l'homme heureux et vertueux, c'est-à-dire heureux, par lui-même, en contribuant au bonheur des autres, est une conséquence de sa nature.

En général, un peuple corrompu a besoin d'une certaine force dans toutes les institutions qui servent de frein à la licence. Si vous voulez briser ces institutions avant que les mœurs du peuple se soient épurées, elles déborderont comme un torrent; elles entraîneront mille maux, et peut-être conduiront-elles à construire de nouvelles digues encore plus fortes que les premières.

Si l'on continuait à un enfant ses lisières, alors qu'il a la force de se soutenir et de se diriger, on pourrait retarder sa vigueur et son accroissement; mais, à coup sûr, si on les retranchait avant qu'il eût la force de marcher seul, on l'exposerait à périr.

CHAPITRE XLIII.

Du progrès des sociétés.

Il est des régions où la nature avare, loin de favoriser l'accumulation des richesses, suffit à peine à nourrir une faible population, et dont la situation, éloignant leurs habitans du commerce des autres peuples, ne leur permet pas d'acheter des autres nations, par le travail et l'industrie, ce que la terre ne leur accorde pas. Là, les richesses, le luxe, le raffinement des arts, n'arriveraient jamais, et la législation n'a pas besoin d'efforts pour conserver une simplicité de mœurs que la nature commande. Le vice de ces peuples sera bien plutôt la férocité, l'ignorance, etc.

Là où la nature se prête à l'accumulation des richesses, elle ne peut être arrêtée ou rachetée que par deux causes, l'indolence ou le génie guerrier.

L'indolence semble tenir plus au climat et au tempérament physique d'un peuple qu'à toute autre cause; elle est presque naturalisée dans les pays chauds et fertiles, où l'homme est porté à la paresse par son organisation, et encouragé à s'y ivrer par la facilité de pourvoir à ses besoins.

Cependant l'histoire de l'Espagne, de l'ancienne Grèce, de l'Italie, prouve que les circonstances politiques et la nature du gouvernement ont aussi une grande part à cette disposition mâle ou active du peuple. Combien de contrées, où le travail est découragé, et le génie public affaissé par le despotisme des Turcs, ont été autrefois le siége des arts, du commerce et de la plus active industrie.

Rien n'est plus difficile à déterminer que la proportion de bonheur que la nature accorde aux différentes habitudes des nations, comme à celles des individus. Les contemplatifs Orientaux, les peuples pasteurs et nomades, dont la vie entière semble se passer dans une continuelle et monotone ambulation, sont-ils plus ou moins heureux que nos inquiets Européens?

Lorsque, dans une région fertile et ouverte au commerce, l'activité naturelle du peuple sera plus ou moins favorisée par ses institutions, il n'y a que le génie guerrier qui puisse y prévenir l'annulation des richesses et toutes les circonstances politiques qui l'accompagnent.

L'activité, l'inquiétude naturelle des esprits, s'y porteront vers les arts de la guerre ou vers ceux de la paix.

Les querelles d'opinions politiques, religieuses, philosophiques, l'occupation du gouvernement civil, n'absorberont jamais l'activité que d'une partie des citoyens, la masse dirigera toujours la surabondance de ses forces vers des travaux plus à sa portée, dont l'avantage est plus sensible pour elle. Si elle n'est occupée par la guerre, par les exercices du corps, par la gloire militaire, choses qui ont toujours un grand attrait pour les hommes, elle tournera son génie vers l'acquisition des richesses.

Considérez que toute la politique des anciens portait sur cette vérité de fait; les politiques grecs avaient besoin que leur république courût toujours de grands dangers, pour qu'une défensive continuelle y retînt les citoyens dans l'esprit militaire, les exercices gymnastiques, la frugalité, etc. Il fallait même qu'ils bornassent leur population, afin que la totalité des citoyens fût toujours nécessaire à la défense de l'état. — Chez les Romains, dont la politique, avant qu'elle se corrompît, ressemblait plus à celle de Sparte qu'à celle d'Athènes, l'inquiétude publique était portée vers la conquête; Rome finit par s'enrichir au bout de plusieurs siècles, par la cause même qui jusquelà avait conservé sa pauvreté : elle eut alors un détestable génie, celui du luxe sans le travail. Rome entière ressembla à une cour où les richesses ne sont pas le fruit de l'industrie, mais des dépouilles des peuples. Elle ne créait pas de nouvelles richesses pour en jouir, mais elle appauvrissait la terre entière pour nourrir son luxe. Elle eut d'ailleurs l'inégalité de toutes les fortunes qui s'opèrent par la conquête. Le travail distribue les biens qu'il produit et conserve quelque proportion dans les fortunes; la conquête accumule les biens sur quelques-uns et laisse les autres dans leur pauvreté; elle ruine les vaincus, et parmi les vainqueurs, n'enrichit que les principaux, car à peine le soldat trouve-t-il dans son lot, à soutenir pendant quelques momens son orgueilleuse vanité.

Chez un peuple où les richesses s'accumulent par la cause naturelle, c'est-à-dire le travail et la culture des arts de la paix, leur accroissement peut-il ne pas entraîner le luxe, le raffinement des arts, la dégradation du caractère public, la corruption des mœurs?

Que l'accumulation des richesses ne crée pas le luxe, ne perfectionne pas les arts, n'influe pas sur le caractère et sur les mœurs publiques, cela n'est pas possible; mais jusqu'à quel point d'autres causes peuvent-elles modifier ces effets et leur donner une direction moins funeste et même avantageuse? C'est ce qui mérite d'être l'objet d'un très long examen, et qui doit être le plus important sujet de la politique moderne.

Un certain mélange d'esprit guerrier conserve

la générosité des caractères; les délibérations publiques entretiennent la noblesse dans les conseils, la hauteur des pensées, et l'amour du beau, qui doit succéder à la simplicité comme l'honneur à l'innocence.

CHAPITRE XLIV.

Aperçus et réflexions sur l'ordre social dans ses diverses périodes.

Les guerres féodales sont l'effet de l'indépendance des sections de l'état; les duels sont l'effet de l'indépendance des individus. Ces usages appartiennent à l'emploi naturel de la force, quand une force supérieure n'existe pas tout à la fois pour réprimer son usage et pour le suppléer. Le combat des individus indépendans est, en lui-même, aussi légitime que celui des villes indépendantes, et celui des villes que celui des nations. L'état de société qui admet cette indépendance est vicieux, voilà tout.

Dans cette période de la société où l'homme approche de l'indépendance, presque tous les rapports sont individuels; il en existe peu entre l'homme et la société; la vengeance des crimes n'appartient point au corps, mais à l'individu. C'est lui qui pardonne, c'est lui qui se venge, et lorsque l'ordre social est assez avancé pour que le corps du peuple lui prête son appui, c'est encore lui seul qui accuse. — Les compositions sont l'effet naturel de ce système, où l'on n'aperçoit de lésé par un crime que celui contre lequel il a été commis.

Quand la domination s'établit, le maître auquel appartiennent les personnes et les choses se plaint que le criminel a troublé son repos, a amoindri son fief, lui a insulté, en maltraitant les hommes qu'il protège, etc., etc., et il exerce sa vengeance particulière. De là, la partie publique, la justice publique, les amendes.

Dans l'ordre perfectionné, la société intervient pour assurer l'exécution générale des lois, et la sûreté commune. Les formes peuvent rester les mêmes que dans le période précédent; mais l'esprit diffère.

Il est des sortes de crimes qui, pour l'intérêt même de la société, doivent rester privés : tel est l'adultère.

Il est des situations où l'homme est disposé à certaines maladies, la cause la plus générale les détermine.

Il est, pour les nations, des temps de pléthore où le gouvernement qui existe ne peut plus les contenir, où la plénitude et la fermentation qui la suit préparent une explosion et la nécessitent.

Quand l'Europe fut parvenue à un degré de population et de richesse que l'étreinte du régime féodal ne pouvait plus contenir, arrivèrent les croisades. Peut-être cette explosion au dehors en prévint une dans l'intérieur, car elle fit que le gouvernement se dilata naturellement dans les parties, se resserra dans le centre, en un mot, prit, sans secousse, la nouvelle forme qui convenait à la nature des choses, et, en même temps, elle consuma une partie des hommes qui travaillaient le corps politique.

Une partie de ce que firent les croisades, une grande guerre le fait souvent : elle rend au pouvoir central son énergie et consume l'excédent des hommes. Aussi prévient-elle souvent l'explosion intérieure ; témoin toute l'histoire de Rome.

Trois choses, ordinairement liées, constituent cette pléthore : la population, les richesses, les nouvelles idées. Cette dernière est presque l'effet de la fermentation des deux autres.

Le gouvernement de l'église romaine, au point de dépravation et d'absurdité où il était parvenu, ne pouvait plus contenir les peuples arrivés à un certain degré de liberté, d'aisance et de lumière, quand, par les causes déterminantes les plus légères, s'opéra la réforme de Luther.

Là, ce ne fut ni l'humeur qui fut consumée, ni le gouvernement qui acquit une nouvelle rigidité pour la contenir. N'ayant pu non plus se dilater assez pour continuer d'envelopper l'opinion générale, il rompit. Une partie de l'Europe s'en détacha, et se fit un gouvernement religieux plus adapté à l'état où il était parvenu. L'église romaine conserva le reste, en relâchant son pouvoir et en corrigeant quelques abus.

Pour que la progression de la pléthore n'amène pas une violente explosion, il faut, ou que l'humeur se diminue par quelque autre cause, comme une guerre, la découverte de l'Amérique par les Espagnols, les croisades, les pestes de Constantinople; ou, par un grand accroissement de force dans le gouvernement, ce qui, d'abord, contient le principe de l'explosion, et, ensuite, consume lentement sa substance; ou enfin par une dilatation et un changement de forme du gouvernement, accompagné de beaucoup de prudence et de précautions.

A ces époques, les peuples sont fort disposés aux diversions; leur ingratitude est plutôt une disposition générale qu'une volonté, ou un désir fixe de tel évènement.

Il est des diversions qui ne font qu'occuper

ailleurs le principe de l'explosion : elles ne peuvent que la retarder. Il en est qui diminuent la substance : celles-ci la préviennent plus efficacement et pour plus long-temps.

Il paraît que les peuples du Nord étaient parvenus à l'état de pléthore relatif à leurs institutions et à leurs usages, quand ils inondèrent l'empire romain. Ils étaient trop nombreux pour continuer à vivre de chasse : le progrès de leurs forces et de leurs idées leur faisait un besoin impérieux de l'acquisition de nouveaux biens. Peut-être s'ils eussent été contenus sur leurs terres par des voisins plus puissans qu'eux, ils eussent agi sur eux-mêmes, changé leurs institutions, et de peuples chasseurs ou pasteurs, ils seraient devenus cultivateurs et bientôt manufacturiers. Mais les Romains avaient dépeuplé, désarmé, amolli l'Europe, et leurs armées s'étaient elles-mêmes dégradées. Il semble, dit Montesquieu, qu'ils n'eussent conquis l'univers que pour le livrer aux barbares. Ceux-ci, qui virent devant eux des terres fertiles, aimèrent mieux acquérir, par les armées que par le travail, ce qui leur était devenu nécessaire. Ils firent une révolution hors de chez eux et ne la firent pas chez eux.

Loin d'apporter de nouvelles richesses à l'Europe, ils les détruisirent ; loin de grossir la population, ils la diminuèrent. Les lumières suivirent la même marche rétrograde. Les institutions de l'Europe reculèrent, tandis que celles des conquérans s'accrurent par le mélange qui s'opéra de celles qu'ils y apportèrent avec celles qu'ils y trouvèrent établies.

Les choses les plus fragiles et les plus inalliables avec leurs mœurs et leur degré de civilisation, le commerce, les arts, et les lettres, disparurent par leurs incursions successives et l'établissement de leur domination. Ils reçurent des vaincus la culture des terres, la religion et quelque mélange de leurs langues et de leurs usages.

Le moment où ils eurent tout détruit avant d'avoir rien recréé, fut la concentration du régime féodal, qui était la domination combinée de ces trois choses, la propriété territoriale, les armes et l'autorité ecclésiastique.

Par la progression naturelle des choses, les arts, le commerce et les lumières reparurent, révolution hâtée, mais détériorée par ce qui était resté de leur ancienne existence. Les sciences et les arts comme les institutions, n'étant pas le produit naturel du progrès de la société, mais bien celui de l'imitation des peuples anciens, modifiée par les dispositions du peuple imitateur, furent hétérogènes et factices. La vraie science et la vraie philosophie n'ont paru que plus de cinquante ans après la renaissance des lettres, et les beaux-arts ont été obscurcis parce que l'âge de vigueur qui les élève au plus haut degré, fut égaré par les fausses connaissances : l'imagination avait déjà faibli, quand l'instruction et le goût nous ont ramenés à la nature.

Chose remarquable ! celui des beaux-arts, dans lequel les anciens n'avaient point laissé de modèles, est le premier et peut-être le seul où les modernes aient excellé, c'est-à-dire la peinture.

CHAPITRE XLV.

Des pouvoirs publics.

§ 1er.

Du passage de l'aristocratie de pouvoir à l'aristocratie d'honneur.

Quand les nobles cessent de gouverner par le pouvoir, ils gouvernent encore par le rang. Le respect dont ils jouissent obtient l'obéissance du peuple et force le prince à des ménagemens ; l'un et l'autre sont liés et contenus par le souvenir et l'opinion d'une chose qui n'existe plus. En progression politique, les honneurs arrivent plus tard que le pouvoir, et existent un peu après lui. Ils constituent un pouvoir d'opinion qui remplace quelquefois le pouvoir réel; c'est au période où l'aristocratie en est là qu'existe la monarchie de Montesquieu.

Le règne des fiefs a fait place à celui des offices; les nobles n'exercent que le pouvoir du prince; mais ils l'exercent en quelque sorte de droit. Le despotisme vient par derrière et chasse les offices par les commissions.

§ II.

Du caractère des trois pouvoirs.

Le pouvoir législatif doit être national; le pouvoir judiciaire doit être indépendant; le pouvoir exécutif doit être personnel.

Sous l'ancien régime, le pouvoir judiciaire s'exerçait par office, ce qui était bien si l'on n'y eût jamais dérogé; le pouvoir exécutif s'exerçait par commissaires, ce qui était bien si ces commissaires eussent été jugeables; mais le pouvoir législatif s'exerçait par le prince, en qui résidait la plénitude de l'exécution, ce qui était détestable.

§ III.

De la nécessité de la représentation.

Là où l'opinion publique a une grande force, ne faut-il pas qu'elle se résolve dans une assemblée représentative ? Si l'on ne veut point qu'elle fasse explosion, il faut ou l'étouffer ou la distraire, deux choses qui, à certaine époque, sont presque également impossibles, ou bien l'organiser.

Quand même un peuple très avancé supporterait qu'un maître absolu le gouvernât selon des règles, la chose n'irait pas sans une certaine étendue de pouvoir discrétionnaire, et la nation ne le souffrira qu'autant qu'elle le graduera elle-même suivant le besoin.

§ IV.

Effet des trois pouvoirs.

Le monarchique donne la force du dehors et l'ordre intérieur. L'aristocratique sert de lest, s'il est conservateur ; s'il est ambitieux, il trouble.

Le démocratique n'est autre chose que l'anarchie, s'il est déchaîné; mais s'il est organisé, il fait essentiellement la prospérité publique.

§ v.

Divers genres d'aristocratie.

1° Celle qui provient de l'opinion sacerdotale, sénatoriale, etc.; son origine est dans les sages, les prêtres, les devins, les vieillards qui, chez les peuples ignorans, acquirent toujours une grande prépondérance par la supériorité de leurs lumières : les druides, les bramines, le clergé romain.

2° Aristocratie des armes. — Celle des guerriers dans les pays où ils font une classe à part, et partout, celle des chefs et des officiers.

3° Aristocratie bourgeoise. — Celle qui s'établit dans les villes par la richesse que quelques familles acquièrent dans le commerce.

CHAPITRE XLVI.

Idées sur la politique.

§ 1ᵉʳ.

De l'esprit des lois.

L'esprit des lois est l'intelligence des diverses modifications qu'elles doivent subir pour tendre au plus grand bien commun, au milieu des circonstances qui influent sur la constitution des corps politiques : telles que le climat, le sol, la religion adoptée, le gouvernement établi, les coutumes invétérées, les préjugés régnans, les passions générales, les tempéramens locaux, etc.

Voilà l'esprit des lois spéculatives : celui des lois établies est l'intelligence de l'influence exercée sur elles par les diverses circonstances auxquelles sont assujéties les nations qui les ont reçues, et réciproquement l'intelligence de l'influence de ces lois établies sur les nations qu'elles régissent.

Les lois de Rome se ressentaient du caractère

d'une nation jalouse de l'indépendance et du pouvoir; les législateurs y étaient tout : la portion absente du conseil était immolée. De là cet excès de la puissance paternelle et de la domination des masses, qui ne fut jamais adoucie que lorsque le changement du gouvernement eut effacé le caractère national et mis la législation dans d'autres mains.

§ II.

Du papier et de l'argent.

Le papier est à l'argent ce que l'argent est aux richesses primitives. Mais le papier n'a qu'une valeur incertaine et précaire, au lieu que la valeur variable des métaux est dans l'ordre actuel des choses politiques, d'une existence aussi certaine que celle des richesses primitives qui leur est assurée par la nature.

L'argent peut changer de valeur, mais il ne peut cesser d'en avoir dans notre tourbillon politique que par les accidens les moins faciles à prévoir, et celui où le particulier possesseur ne pourrait user de ce moyen, éloigné de sa sphère d'efficacité, est au moins extrêmement rare.

Ainsi, la possession de l'argent doit être considérée comme une richesse variable, mais réelle; celle du papier au contraire est, dans presque tous les cas, précaire ou douteuse. Soit que les facultés du débiteur n'équivalent pas à leur représentation, soit que par la force ou l'astuce, il puisse éviter la conversion.

§ III.

Du Prince.

Le prince s'assure l'affection de l'aveugle multitude en infligeant les maux par des agens interposés, tandis que sa main distribue immédiatement les bienfaits, car sa tourbe hébétée n'attribue à sa volonté que ce qu'il exécute lui-même, et elle ne pénètre point la liaison d'un effet à une cause éloignée.

L'administration d'un seul ressemble à une vérité métaphysique. L'impulsion du prince meut toute la machine, mais comme le genre, elle se subdivise en espèces; celles-ci, de divisions en divisions, arrivent aux individus. Ainsi, dans une machine compliquée, un poids lourd fait mouvoir une grande roue, celle-ci imprime le mouvement à quelques autres qui le répercutent sur un plus grand nombre, et la gradation qui le prolonge parvient ainsi jusques aux plus petites pièces de l'organisation.

§ IV.

Des lois.

Les lois émanent du caractère des peuples, mais elles réagissent sur le caractère en modifiant les mœurs.

La loi qui reçoit l'approbation générale est nécessairement une bonne loi, car le penchant au propre bonheur dirigeant l'assentiment de chacun, elle est jugée utile à tous par la masse, dont l'opinion combinée est la moins faillible.

§ V.

De la richesse.

La richesse absolue des nations consiste dans la quantité des matières qui ont valeur dans le commerce, y compris la valeur de l'espèce monnayée et celle du papier sur l'étranger.

Cette richesse est relative à la population, à l'étendue, c'est-à-dire qu'on l'estime selon son rapport à ces choses.

On compare entre elles les richesses publiques des nations, des provinces, des villes, des temps, des années, etc.

Une nation peut être très riche sans denrées, avec des signes d'une valeur assurée.

La faculté de la richesse est une consommation plus forte, et comme elle en est l'effet, elle en est le signe.

Une nation se ruine, lorsqu'elle tire des autres des objets de consommation en échange des objets permanens; en général quand elle absorbe plus de choses qui se consomment qu'elle n'en recueille : j'y comprends les fruits de l'industrie.

Quand les productions et l'industrie de deux nations sont égales, la plus fournie d'espèces monnayées est la plus riche.

Le rapport des métaux aux richesses primitives est en raison de la disette de ceux-là et de la quantité de celles-ci.

De deux nations, celle chez qui les métaux ont le moins de représentation, peut être la plus riche ou la plus pauvre; riche par les richesses primitives, pauvre par les signes représentatifs.

Le prix des signes métalliques n'est pas en chaque lieu dans le rapport exact de leur disette locale, il participe du taux général de la représentation dans les lieux liés par le commerce, et cette influence du taux général de la sphère commerçante est en raison de l'activité du commerce.

L'augmentation du numéraire en France est telle par la seule fabrication, que pourvu que la nation n'en reverse pas sur l'étranger par une consommation trop forte, le possesseur d'immeubles gagne plus d'augmentation chaque année par les fruits de ses biens et leur plus forte valeur, que le capitaliste à cinq pour cent.

La nation s'appauvrirait si chaque année elle troquait à l'étranger, contre des objets qui se consomment, l'augmentation de monnaie qu'elle fabrique, car la masse universelle des signes s'étant augmentée, ils perdraient de leur valeur, et la nation avec la même quantité de signes, ne posséderait qu'une moindre représentation.

§ VI.

De l'amour du républicain pour sa constitution.

Le républicain désire la conservation de la constitution parce qu'il est libre, parce qu'il aime en elle son ouvrage, parce qu'il est déchargé de l'idée affligeante des supérieurs, et qu'il croit n'être que ce qu'il a voulu, admirant son pouvoir même dans son obéissance, parce qu'il croit à la bonté d'une volonté générale, etc. Il aime sa constitution; il combat pour l'entretenir, et ses efforts parviennent directement à ce but parce qu'ils y tendent sans cesse. Ainsi ses travaux sont grands parce qu'il a un grand objet, et ils sont utiles parce qu'ils sont bien dirigés.

§ VII.

Des parlemens.

Nos parlemens étaient au commencement, les tribunaux supérieurs que les rois de France établirent pour rendre justice dans leurs propres domaines. Leur durée était précaire et suivait les circonstances. Ils n'étaient ni fixés dans un lieu, ni continuellement séants, et les offices étaient amovibles.

Lorsque les princes, s'attribuant le pouvoir législatif, cessèrent de convoquer les états-généraux, ou, du moins, les convoquèrent plus rarement, ils affectèrent de consulter le parlement sur les grandes affaires et sur les nouvelles lois, parce que l'assentiment de ce corps respecté inspirait plus de confiance et de docilité au peuple. De là, l'enregistrement des édits, qui, d'une coutume simple et volontaire, et par l'ancienneté de son usage, et l'abolition des états que les parlemens étaient en quelque sorte, censés remplacer, était devenu une loi générale et fondamentale de notre constitution politique. Tous les parlemens successivement établis n'étaient qu'une addition au premier, nécessitée par l'augmentation de l'étendue des domaines du prince. Ils n'étaient séparés du trône que par la même raison de commodité, contre l'opinion du parlement de Paris qui, croyant seul représenter l'ancien parlement, ne regardait les autres que comme des tribunaux particuliers, nouvellement établis pour la simple fonction de rendre justice; cette prétention était contredite 1° par leur autorité semblable à la sienne dans la même partie de l'administration; 2° par la nécessité reconnue de l'enregistrement des édits dans chaque parlement, pour en autoriser l'exécution dans leur ressort, ce qui tendait à les faire considérer comme des corps d'une semblable nature, ou comme les parties divisées du même corps, qui avaient partagé entre elles l'administration d'une étendue trop considérable pour pouvoir être, sans inconvénient, régie d'un même lieu.

§ VIII.

Du prix des choses.

Il est pour les productions du luxe, des temps de prix élevé, d'autres de dépréciation.

Quand le peuple n'est pas assez amolli, quand il n'est pas assez habitué aux objets de luxe pour en sentir le besoin, quand, du moins, la portion de la société qui en use est encore peu considérable, leur utilité médiocre et peu étendue laisse leur prix dans le même état.

Lorsque leur nécessité est parvenue au plus haut degré, elle tend à produire leur abondance, et celle-ci arrive au point de ramener leur prix à la modicité qu'il avait eue avant leur entière adoption. Or, c'est dans ces circonstances où la valeur relative des objets de luxe est faible, que le propriétaire de sources des premiers besoins est riche; car ceux-ci ont une valeur permanente que l'abondance ou la disette momentanée peuvent ébranler, mais qu'elles ne dérangent jamais long-temps, parce que les révolutions de la population, suivant nécessairement celle de cette abondance, conservent toujours ces productions au même degré de quantité par rapport à l'homme, condition qui, jointe à leur invariable nécessité, entretient une stabilité presque imperturbable dans leur degré d'importance.

Il y a un rapport dans le prix des choses qui résulte de celui de leur utilité et de leur rareté. Ce rapport se mesure par les signes; mais il y a aussi un rapport général entre la masse des richesses réelles et celle des richesses représentatives, qui fait qu'une partie quelconque de celle-là est représentée par une quantité plus ou moins considérable de celle-ci.

Or, telle est actuellement la marche de l'art, que la richesse représentative augmente dans une progression beaucoup plus forte que la réelle, de manière qu'elle va en s'avilissant, et emploie toujours plus de masse à ne représenter que les mêmes choses. D'où il résulte que celui dont la richesse consiste en signes s'appauvrit, s'il n'en augmente la quantité, et que, l'impôt pécuniaire absolu s'avilissant chaque année, le prince, dont la richesse principale consiste en de telles impositions, ne peut la soutenir sans les augmenter sans cesse.

§ IX.

De la trop grande sévérité des lois.

Il y a danger à infliger des peines trop fortes : c'est guérir le mal par le pire, et on ne guérit rien.

Il ne faut pas imposer une loi dont l'exécution serait impossible ou trop difficile, parce que le citoyen s'accoutumerait, par une infraction nécessaire, à toutes les infractions.

§ X.

Ce qui a amené la division de la France en pays de droit écrit, et en pays de droit coutumier.

La monarchie française et les autres conquêtes des barbares sur les Romains, étaient régies, au commencement, par divers codes civils. Ces jurisprudences étaient personnelles, chacun choisissait la loi par laquelle il voulait se régler, et on jugeait les particuliers sur la loi de leur race, ou sur celle qu'ils y avaient substituée.

Mais les codes des barbares n'étaient pas également tyranniques. Il arriva que, dans les lieux occupés par celles de ces nations dont les lois étaient plus impartiales, tout le monde les adopta ; que, dans ceux où elles étaient égales, le Romain s'en tint à la loi romaine, et que le barbare s'y rangea lui-même, soit à cause de sa plus grande perfection, soit en vue d'être jugé par les tribunaux ecclésiastiques, qui l'avaient adoptée.

De là, la première division de nos provinces en pays de droit écrit et en pays de droit coutumier.

§ XI.

De la dépopulation des états.

La dépopulation qui résulte d'une cause politique est bien plus désastreuse, bien plus durable, que celle que produit une calamité de la nature. La première cause affecte la volonté ; l'homme s'éloigne, parce qu'il est mal, et, pour qu'il revienne, il faut des changemens dans les choses et dans les opinions : il fuit, et on ne le remplace pas ; il fuit, et transporte ailleurs, avec son industrie et son or, le concours d'hommes et de richesses qui ornaient sa patrie ; ce concours s'établit avec lui dans les lieux qu'il choisit pour asile. Ces causes politiques sont ordinairement durables ; elles donnent le temps au commerce de s'éloigner, à la culture de s'altérer, à tous les avantages du lieu de disparaître, à ses habitans expulsés de l'oublier. La nature frappe de grands coups, et puis s'arrête ; la volonté de l'homme est effrayée, mais non subjuguée. A peine est disparu le fléau, qu'une troupe ardente s'applique à réparer les ravages ; l'amour si puissant de la patrie s'exalte en raison de son malheur ; une augmentation de richesse pour les individus qui restent, les encourage aux douceurs de la propagation ; le siége de l'industrie demeure, et les places, vacantes, attirent d'autres hommes par la cupidité ; enfin, se rétablit, par une immigration nécessaire, cet équilibre de population qui doit résulter de celui des lieux et des besoins, quand les causes politiques ne contrarient pas.

CHAPITRE XLVII.[1]

Observations sur les villes.

La plupart des grandes villes politiques, des capitales des grands empires, sont construites dans l'intérieur des terres.

Les grandes villes intérieures ont ordinairement le rang d'ancienneté sur les grandes villes maritimes.

C'est dans les villes intérieures que se conserve et se retrouve, après des siècles, le caractère national, altéré, dans les villes frontières et maritimes, par le continuel mélange des étrangers. Mais, pour la conservation des anciennes mœurs, les capitales, même intérieures, sont bien éloignées des villes secondaires, qui sont plus isolées, et où il faut chercher les anciennes mœurs des nobles et des riches, comme il faut chercher dans les bourgades isolées, au sein des montagnes, celles des classes inférieures de la société.

Les grandes villes politiques sont intérieures, 1° parce qu'elles ont été fondées avant les temps de navigation et de commerce.

2° Parce qu'elles sont plus avantageuses pour le pays par la bonté des terres, qui est long-temps la seule et, presque toujours, la principale force des états.

Toutes les grandes capitales de l'Europe sont intérieures, excepté Stokholm et Copenhague, capitales de peuples qui long-temps vécurent de pirateries; Londres et Naples, villes créées par le commerce, qui n'appartinrent jamais à une grande puissance territoriale; Pétersbourg et Constantinople, fondées ou agrandies par la fantaisie de deux despotes, mais qui n'étaient pas contemporaines de la fondation des empires; Rome, fondée par le hasard dans un pays où il y a plus de côtes que de terres; Paris, Madrid, Vienne, Cracovie, Moscou, Prague, Presbourg, etc., villes réellement nationales, accrurent dans la juste proportion des états qu'elles commandent.

En Asie, où existe, et où ont toujours existé les grands empires territoriaux, toutes les capitales anciennes et modernes, existantes ou ruinées, sont des villes intérieures.

En Amérique, les Européens ont trouvé deux grands empires; l'un et l'autre étaient commandés par des villes intérieures, Mexico, Cusco, Quito. Comme ils ont conquis et dominé ce pays par les forces de mer, comme ils l'ont considéré plus en marchands qu'en cultivateurs, ils ont construit toutes leurs villes sur les bords de la mer.

En Afrique, toutes les villes de Barbarie ne méritent pas le nom de villes politiques (villes fondées pour être le centre de la cité, le siége du commandement et du gouvernement d'un empire). Elles furent fondées et se maintiennent encore comme des repaires de pirates.

Alexandre, qui devait être en tout extraordinaire, voulut fonder, sur le bord de la mer, la capitale de son empire, ce qui faisait qu'une république commerçante comme Carthage eût pu lui donner des lois dans son palais. Alexandrie a fleuri tant que l'Égypte a été, sous les Ptolomées, un pays riche sans puissance; quand, conquise par les califes, elle est redevenue un puissant empire, la capitale est rentrée dans l'intérieur des terres, comme les anciennes cités de Thèbes et de Memphis.

Si les grandes villes politiques sont fondées dans les lieux où il est facile de vivre, de commander et de se défendre, les villes manufacturières sont déterminées par le premier de ces motifs, et seront placées dans le voisinage des terres fertiles et sur le cours des rivières navigables, plus souvent que sur les bords de la mer, où il faut un état de civilisation très avancée, et où il arrive rarement que les vivres soient à aussi bon marché que dans l'intérieur.

Les villes religieuses, saintes, savantes, les chefs-lieux de tribunaux hors de la capitale, sont ordinairement des villes intérieures, parce qu'elles sont antiques; parce que celles-là sont naturellement des villes isolées, et celles-ci des villes politiques; parce que la classe togée qui les habite, son esprit et ses occupations s'accommodent mal avec ceux des commerçans. C'est toujours aussi dans les villes de l'intérieur que se retire la noblesse du pays; les propriétaires des terres y craignent moins le voisinage et la comparaison du luxe des commerçans. Il existe bien des villes intérieures qui, sans aucun établissement religieux, savant, industriel ou politique, n'existent que par ce rassemblement de propriétaires, occasionné par un site heureux, la bonté de l'air, des alimens, et le voisinage des terres qui font leur richesse : lieux où, pour l'ordinaire, on trouve dans une douce oisiveté la passion du plaisir, plus d'amabilité sociale, et un ton de société plus recherché que dans des villes très considérables.

C'est aussi, en général, dans les capitales intérieures qu'il faut chercher le raffinement du luxe, la perfection des arts et du goût, la politesse, toutes choses qui naissent de la galanterie chevaleresque d'une noblesse et d'une cour plutôt que du faste du négociant, toujours lourd, sans goût et sans grâce, et qui conserve un air d'avarice jusque dans sa prodigalité.

CHAPITRE XLVIII.

Colonies.

Je vais traiter en quelques pages un sujet qui demanderait plusieurs volumes pour être bien développé, un sujet qui tient aux notions les plus étendues et les plus compliquées du régime social.

La France a besoin de conserver long-temps encore ses colonies, elle en a besoin, non seulement pour sa richesse et pour sa prospérité, mais pour sa liberté même, et pour établir et fixer chez elle une forme de gouvernement propre à l'en faire jouir.

§ 1er.

La France, placée pour ainsi dire au milieu du monde civilisé, située sur deux mers, renfermant un territoire vaste et fertile, couvert d'une population immense, active et industrieuse, est appelée, par la nature, à tous les genres de prospérité, l'agriculture, les manufactures et le commerce, ces trois sources de richesses qui s'encouragent et se fertilisent l'une par l'autre.

Cependant plusieurs causes, presque toutes puisées dans l'imperfection du gouvernement, ont ralenti ses progrès, et ont empêché qu'elle ne parvînt, non seulement au plus haut degré de prospérité absolue, mais même à sa proportion naturelle avec plusieurs autres nations de l'Europe.

De ces causes, il est résulté que la France, inférieure au moins à la Grande-Bretagne, quant à son agriculture et à ses manufactures, s'est vue surpassée par plusieurs peuples d'Europe et d'Amérique, quant à l'importance et à l'économie de la navigation ; telle est, sous ces différens points de vue, sa situation actuelle, que, si aujourd'hui la France n'était pas en possession d'un grand marché exclusif où elle seule peut vendre et transporter les productions de son sol et de son industrie, une grande partie de ses objets manufacturés, ne pouvant soutenir le concours du commerce étranger, tant à l'égard du prix que de la qualité, resterait sans débit, et que tout ce qu'elle exporterait de ses productions naturelles et travaillées le serait par des navigateurs étrangers.

§ II.

Quoique ce soit un fort beau sujet de dissertation politique, que l'examen des avantages respectifs de la richesse et de la pauvreté des nations, la comparaison des principes d'Athènes à ceux de Sparte, de l'opulence de Carthage à la vertu de Rome, et des idées de Reynal à celles de Mably, on peut dire, je crois, avec assurance, qu'il est des peuples pour lesquels le problème étant résolu par le fait, devient inutile à discuter, et que nous sommes absolument dans ce cas.

Que nous pussions nous porter à la situation où sont actuellement les Anglo-Américains, ce serait, je pense, une chose aussi désirable et aussi impossible qu'il le serait à un homme de quarante ans de rétrograder à l'âge de vingt-cinq ; il n'est pas plus possible aux nations qu'aux hommes de se rajeunir, et quand vous nous enleveriez nos richesses, nos arts, notre population, vous nous ramèneriez à la débilité de l'enfance, mais vous ne nous rendriez ni son innocence, ni son bonheur, et voulussiez-vous nous renouveler en nous faisant repasser par plusieurs siècles de barbarie, vous n'en feriez sortir encore qu'un peuple factice.

L'on peut dire que pour une nation telle que la nôtre, les idées de richesse, d'industrie, de prospérité, de force, de vertu, ne présentent à peu près que la même idée.

J'y aurais joint aussi celle de liberté, si la question sous ce point de vue n'exigeait un peu plus de développement; mais pour être moins facilement aperçue, elle n'en est pas moins certaine.

Il faut encore ici laisser de côté tout ce qu'on a pu dire sur les petites républiques anciennes et modernes, et s'attacher exclusivement à ce que nous sommes, c'est-à-dire un grand empire territorial, couvert d'une immense population.

Or, dans un tel pays, la liberté, l'égalité, l'unité ne peuvent exister que par un très haut degré de prospérité, de richesse et d'industrie mercantile et manufacturière.

Un grand empire territorial tend toujours par sa nature, ou au despotisme militaire, ou à une fédération aristocratique.

Cette vérité, démontrée par l'expérience, est facile à appuyer par le raisonnement. Quelle que soit l'organisation d'un pays, on peut dire qu'en général, dans tout gouvernement, les deux principaux, les plus constants et les plus durables moyens de dominer, sont la force des hommes et celle des richesses, la milice et la propriété, de sorte que là où résideront ces deux moyens, ou celui des deux qui dominera l'autre, là sera le pouvoir.

Or, dans un pays purement territorial et agricole, toute la force est dans l'armée de terre, toute la richesse est dans la propriété territoriale ; le pouvoir y va donc naturellement ou à ceux qui disposeront de l'armée, ou à ceux qui sont en possession des terres.

Le pouvoir politique des propriétaires de terres, dès qu'un pays est parvenu à une certaine inégalité dans les fortunes, n'est autre que l'aristocratie.

Rien de plus soumis, rien de plus politiquement passif que le simple cultivateur, rien de plus indépendant, rien de plus dominateur que le grand propriétaire de terres. Dans les villes, dans les manufactures, les petits ont une force et une influence par leur réunion. Dans les campagnes, ils sont divisés, isolés et ne réunissent leurs forces qu'à la voix de leurs chefs. Le commerçant, le banquier quelque riche qu'il soit, tant qu'il demeure à sa profession, ne cesse pas de travailler ; il est tout à ses affaires particulières, il a besoin de paix, il est tout entier à l'autorité protectrice. Mais le grand propriétaire territorial est aussi oisif qu'indépendant ; ses plaisirs sont la chasse et l'équitation, son humeur est la domination, sa passion est la guerre, en un mot il est gentilhomme, et si son influence domine dans l'état, le gouvernement est aristocratique.

Quant à l'influence de l'armée, elle sera, dans un tel état, ou à ses officiers, ou à son général, ou à la noblesse, ou à la royauté. Si, semblable à celle des temps féodaux, ou sous quelques points de vue à nos bataillons volontaires, elle est levée par chaque canton, et en activité seulement pendant la durée du besoin, elle sera plus à son canton qu'à sa nation, plus à ses officiers qu'à son général. Ceux qui auront, dans chaque canton, une propriété territoriale, seront aussi ceux qui en commanderont la milice, qui fourniront à son entretien et réuniront ainsi les deux influences, et le gouvernement deviendra aristocratique et fédératif.

Si au contraire le prince parvient à se donner une armée réglée, permanente et soudoyée, dont les mouvemens sont à ses ordres et les chefs à sa nomination, il deviendra peu à peu le maître absolu, et le gouvernement, se retirant des mains de l'aristocratie, tendra vers le despotisme militaire.

On m'accordera facilement, je pense, que, soit que le gouvernement se porte à l'une de ces deux extrémités, soit qu'il s'établisse quelques tempéramens entre elles, il ne saurait être que vicieux, puisque dans tous les cas le peuple n'y sera rien, qu'on n'y pourra jouir d'une fausse liberté, qu'aux dépens de la force et de l'unité de l'empire, ou de ces deux derniers avantages, que par le despotisme le plus absolu.

Où sera le remède d'un gouvernement vicieux parce que le peuple n'y est rien ? Dans les moyens qui feront que le peuple y sera quelque chose, dans l'introduction d'un nouvel élément politique, d'un nouveau genre de richesse et par conséquent d'influence, dans l'accroissement de la propriété industrielle et mobilière, fruit du travail, et qui émancipe le peuple, elle qui par l'influence des villes parvient à tempérer d'abord, et ensuite à surmonter celle du prince et des nobles ; elle qui, dans les empires européens, est véritablement le principe et la base de la puissance démocratique, et qui commençant par les arts, s'accroît et se fortifie par le commerce et la navigation.

Par elle naît l'égalité, comme je l'ai dit ailleurs, à mesure que les fortunes se rapprochent et que les lumières se répandent ; par elle naît la véritable liberté qui, sous quelque forme qu'on l'organise, n'ayant pour objet que le bonheur du peuple, ne peut avoir de base solide que sa puissance.

Par elle, enfin, l'unité de l'empire trouve à se resserrer par d'autres liens que l'énergie du pouvoir absolu. Toutes les parties d'un grand empire s'amalgament et se pénètrent, pour ainsi dire, les unes les autres par l'activité du commerce. Les contributions peuvent, sans être ruineuses, devenir plus considérables; elles augmentent ainsi les rapports des parties avec le centre et l'empire du centre sur les parties. La nation acquiert de grandes propriétés communes, qui sont un nouveau principe d'unité, parce qu'elles appartiennent au tout, soit par leur puissance, soit par leurs produits; ces propriétés sont : une flotte, des colonies.

Si donc, dans un empire qui renferme une grande surface de terres, vous voulez établir une liberté raisonnable, une égalité civile, une connexion intime entre les parties, cherchez à y introduire de grandes propriétés communes.

Si quelqu'un de mes lecteurs croyait n'apercevoir qu'une vaine théorie dans cette doctrine fondée sur les faits, je lui en indiquerais la preuve dans l'histoire de toutes les nations de l'Europe.

Il y verra tous les grands empires intérieurs partagés entre le despotisme militaire et l'aristocratie fédérative ou féodale. L'empire germanique, la Pologne, la Russie et les divers états qui forment la monarchie prussienne, ont passé, sans intermédiaire, de l'anarchie féodale au régime militaire le plus absolu.

Comparez à la progression de ces monarchies celle qu'a suivie l'Angleterre. Elle a vu aussi le règne de la féodalité, l'esclavage du peuple, les combats entre la noblesse et le trône; mais, comme sa position l'isolait du reste du monde pour la guerre et l'en rapprochait pour le commerce; comme la milice y était moins nécessaire et, par conséquent, moins puissante; comme le peuple y était appelé, par la nature, au commerce et à la navigation, la richesse et la liberté y ont fait de grands progrès.

La monarchie espagnole, loin d'être une objection à ce système général, en fournit une nouvelle preuve; à peine eut-elle reconquis quelque repos par l'expulsion des Maures, qu'appelée, par sa position, au commerce, aux arts, l'indépendance du peuple, la puissance des villes et les principes de la véritable liberté, y firent aussi les plus rapides progrès; et elle eût devancé l'Angleterre, même dans l'acquisition d'une bonne organisation politique, si la découverte des mines du Nouveau-Monde n'eût interverti toute la marche de ses destinées: conquête fatale, qui, ouvrant à son prince de nouveaux revenus, lui acquit une funeste indépendance, qui, offrant des trésors à son avidité, lui fit oublier l'industrie, et la fit arriver à la vieillesse avant d'avoir passé par la virilité!

§ III.

Sans que la France puisse être classée parmi les empires intérieurs, elle était située moins avantageusement que ces deux états pour les progrès de la richesse mercantile et pour l'établissement d'une liberté fondée sur la puissance du peuple : l'étendue de ses frontières l'oblige à l'entretien d'une milice formidable; la surface de son territoire, comparée à l'étendue de ses côtes, y assure une grande supériorité à la propriété territoriale sur les richesses industrielles; en un mot, la nature l'a destinée à être l'empire de l'Europe le plus puissant; mais elle avait appelé plusieurs régions, avant elle, aux progrès du commerce et de l'industrie, qui, comme je crois l'avoir démontré, sont aujourd'hui, pour les grandes nations de l'Europe, le lien de l'unité, le principe du rapprochement des classes, celui de leur liberté civile et politique.

Par l'impulsion de cette cause générale, toutes les causes particulières ont agi, les capitaux se sont accumulés moins rapidement, les emprunts du gouvernement les ont ravis à l'industrie, et, soit à raison de leur rareté, soit à raison du défaut de confiance attachée à un gouvernement arbitraire, le taux de l'intérêt s'est soutenu plus haut qu'en plusieurs autres régions de l'Europe.

Les progrès de l'industrie, limités par la rareté et la cherté des fonds, ont encore été limités par les opérations du gouvernement, conduit quelquefois par l'ignorance, et souvent par l'intérêt direct qu'il trouvait à favoriser les monopoles ; enfin l'esprit national, attribuant toute la considération publique à la noblesse, aux professions qu'elle occupait ou qui pouvaient y conduire, a laissé le commerce dans l'humiliation, les talens distingués s'en sont éloignés, et ceux qui s'y sont livrés n'y ont aperçu qu'un moyen d'arriver par la fortune à quelque chose de plus honorable.

De tout cela, il est résulté qu'inférieurs au moins à l'Angleterre, quant à l'industrie manufacturière, nous le sommes à plusieurs nations, quant à l'économie de la navigation et au commerce de transport, et que, si au moment actuel la liberté universelle du commerce venait à être établie d'un commun accord sur tout le globe, une partie de nos objets manufacturés demeurerait sans débit, ne pouvant soutenir, ni par le prix, ni par la qualité, la concurrence de nos rivaux, et tout ce que nous aurions à acheter des étrangers, ou à leur vendre, serait, dans peu, transporté par des navigateurs étrangers.

§ IV.

Après cette excursion étendue, mais nécessaire, me voici rentré dans mon sujet. J'ai dit que c'est par nos colonies que nous nous soutenons au point où nous sommes parvenus; c'est avec leur secours que nous pouvons aller plus avant, et, si elles doivent nous échapper un jour, c'est en les conservant encore pendant un certain intervalle de temps, que nous pourrons arriver au point de les perdre sans secousses et sans un inconvénient notable pour notre existence politique.

Personne ne conteste aujourd'hui que par la possession de nos colonies, et la grande importance qu'elles ont acquise, toutes les branches de notre industrie ont pris, pour ainsi dire, leur direction de ce côté; que, non seulement elles entretiennent et mettent en activité nos manufactures, notre navigation, qu'elles soutiennent notre marine; mais que le commerce intérieur de la France et l'agriculture en reçoivent une grande activité. On avoue donc généralement que, si nous en étions subitement privés, nous éprouverions une secousse violente et une crise inévitable à passer, jusqu'à ce que nos moyens naturels se fussent frayé une autre route ; mais quelques personnes paraissent croire que ce mal ne serait que momentané, et que, forts de nos avantages naturels, aiguillonnés par la nécessité, nous sortirions bientôt de cet embarras. Or, voilà, je crois, ce qui est absolument faux.

Je dirai d'abord qu'aujourd'hui la plus riche portion du commerce du monde est soumise aux lois prohibitives de quelques nations ; que toutes les puissances commerçantes de l'Europe s'étant attribué le commerce exclusif avec leurs possessions éloignées, l'abandon volontaire ou forcé que nous ferions du même avantage avec les nôtres, ne nous ferait pas participer aux leurs ; qu'en cédant notre portion dans ce partage général des richesses du monde, les portions de nos rivaux ne nous deviendraient pas communes.

Mais je vais plus loin, et je pense que si, dans le moment actuel, la liberté du commerce pouvait, par un commun accord, s'établir sur tout le globe, nous n'y trouverions encore que notre ruine. Il en est de ce grand principe comme de beaucoup d'autres qui, vrais en eux-mêmes, utiles, lorsqu'ils sont accompagnés de tout ce qui doit diriger ou modifier leur application, destinés à triompher avec le temps, peuvent n'être que destructifs, lorsqu'un enthousiasme inconsidéré en exagère l'application.

Toutes les forces de la nature s'accroissent en luttant contre des forces rivales; tous les arts se perfectionnent par la liberté du concours; le commerce, en général, doit donc se perfectionner par le même principe, et la suppression des prohibitions, fatale seulement à quelques particuliers dont elles favorisent l'avarice, doit tourner au profit de l'art, à l'accroissement de la somme générale du commerce, à l'avantage de tous ceux qui traitent avec lui, soit pour lui vendre les productions qu'ils ont extraites de la terre, soit pour en acheter celles qui sont nécessaires à leur consommation.

Mais cette concurrence, heureuse en général, n'est pas moins destructive pour le particulier qui, soit par le défaut de moyens naturels, soit par une gêne momentanée dans ses affaires, est hors d'état de la soutenir avec égalité. Il est même possible que si elle avait à s'établir dans le moment où il n'existerait que par les avantages de son commerce exclusif, bien loin d'en recevoir l'émulation et les moyens de perfectionner son art, il en serait écrasé, et qu'un rival plus puissant, abusant de sa supériorité, le ruinerait et le détruirait en fort peu de temps.

Or, les nations sont entre elles, comme les individus. Si, la liberté du commerce s'établissant sur tout le globe, elles venaient à lutter librement les unes contre les autres, il n'est pas douteux que celles dont les moyens sont aujourd'hui les plus perfectionnés et les plus étendus, ne s'emparassent de presque toutes les affaires, et que les autres ne restassent réduites à la masse et à l'espèce de profits dont la nature, pour ainsi dire, sans le concours de l'art, les a mises en possession.

Que, dans cet état de choses, la liberté du commerce ne tournât encore à l'avantage général du globe, cela peut être vrai; mais qu'elle ne tournât à la ruine de quelques nations, cela n'est certainement pas douteux, et, malgré nos avantages naturels, nous serions infailliblement dans cette classe.

§ v.

Le gouvernement de Saint-Domingue, avant la révolution, était absolument despotique.

Le gouverneur et l'intendant réunis y exerçaient le pouvoir législatif, exécutif, et même judiciaire.

La défense de la colonie qui soumet tous les citoyens au service militaire, la nature de la population qui exige une police active et des moyens de répression très énergiques, l'éloignement de la métropole qui éloigne la surveillance et la responsabilité, et qui entraîne une sorte de dictature, avaient donné naissance à de grands abus.

Si l'on se pénètre de ces trois circonstances, on se fera facilement une idée juste des troubles de Saint-Domingue.

Les premiers élans de la France vers la liberté, firent une vive impression sur l'âme impétueuse des colons.

Leur premier sentiment, et celui qu'ils laissèrent surtout éclater, fut le désir de se soustraire à l'oppression que les agens du gouvernement avaient appesantie sur eux.

Leur seconde pensée fut l'espoir de voir adoucir le régime prohibitif du commerce auquel la métropole les tenait assujettis ; ils l'attaquèrent ouvertement sur l'objet des subsistances. Dès 1789, après s'être adressés au gouvernement, qui ne les satisfit sur aucun point, ils nommèrent spontanément des députés aux états généraux, ils formèrent des assemblées provinciales, dans chacune des trois provinces de Saint-Domingue, et peu après ils convoquèrent, toujours spontanément, une assemblée générale de la colonie qui se réunit à Saint-Marc, dans le mois de février 1790.

Tous ces mouvemens se passèrent entre les blancs; il fallait plusieurs années et des secousses répétées, pour qu'ils pussent pénétrer jusque dans les ateliers des esclaves. Les hommes de couleur libres, livrés à une profonde ignorance et absolument assujettis par leurs préjugés, demeurèrent spectateurs presque indifférens, bien plus disposés à prendre part aux querelles des colons et du gouvernement, comme serviteurs et comme soldats, qu'à former eux-mêmes un parti et à intervenir dans la discussion pour y défendre leur propre cause.

§ VI.

La partie française de Saint-Domingue renferme une population d'environ 520,000 individus, divisés en différentes classes;

La première est celle des blancs, qui sont les habitans venus d'Europe et leurs descendans; ils sont seuls ingénus, c'est-à-dire hommes de race libre; du reste ils sont composés, comme en France, de propriétaires plus ou moins opulens, de négocians, d'ouvriers, etc., etc. Ils n'ont jamais admis et reconnu aucune noblesse : quelques familles qui se disent issues des anciens habitans du pays, sont confondues parmi les blancs européens, sans aucune distinction.

2° Les noirs transportés d'Afrique à Saint-Domingue, pour y travailler à la culture : ils sont esclaves en arrivant dans la colonie, et leurs descendans continuent à l'être jusqu'à ce que leurs maîtres les aient affranchis.

Le nombre des nègres, presque tous esclaves, est de plus de 450,000.

3° Les hommes de couleur, nés du mélange des blancs et des noirs, et formant différentes teintes, suivant qu'ils sont plus ou moins rapprochés de de l'une ou de l'autre race.

Ceux qui sont nés d'une mère esclave demeurent esclaves jusqu'à ce que leurs maîtres les aient affranchis. Les hommes de couleur ou affranchis, sont au nombre de 28,000.

On ne peut pas dire que les blancs fussent seuls en possession des droits politiques, puisque l'exercice de ces droits n'existait alors pour aucun citoyen français; mais ils étaient seuls appelés aux fonctions publiques et occupaient seuls les emplois militaires, ecclésiastiques et civils.

Le sort des hommes de couleur libres, était diversement réglé par les ordonnances qui, tantôt les avaient assimilés aux blancs, tantôt les avaient soumis aux distinctions les plus rigoureuses et les plus humiliantes. Dans l'usage, ils n'étaient admis à aucune fonction publique, ils portaient respect aux blancs et l'opinion mettait entre eux une très grande distance.

Ce que les hommes de couleur étaient relativement aux blancs, les nègres l'étaient vis-à-vis des hommes de couleur.

Chaque classe mettait un grand soin à conserver sa prééminence. Deux raisons contribuaient à entretenir ces distinctions; l'une est l'amour-propre ou, si l'on veut, l'orgueil aristocratique qui, dans ces contrées, est l'élément dominant de la plupart des caractères.

L'autre est la raison politique qui faisait servir ces distinctions à maintenir la subordination de l'esclave envers le propriétaire.

Le nombre des esclaves, à Saint-Domingue, est à peu près décuple de celui des hommes libres, en y comprenant même trois ou quatre mille hommes, qui sont ordinairement de service dans la colonie.

Cette proportion est encore bien plus forte dans les habitations, où il est ordinaire que quatre ou cinq hommes libres servent à diriger cinq ou six cents esclaves.

Les blancs sans propriété, étant jaloux de l'aisance dont jouissaient quelques hommes de couleur, leur faisaient sentir avec dureté leur supériorité.

La force ne peut être le seul ressort qui soumette un si grand nombre d'hommes à recevoir la loi de si peu; il faut un moyen auxiliaire, et ce moyen était dans l'opinion qui faisait considérer au nègre le blanc comme un être très supérieur à lui, et l'homme de couleur comme une classe intermédiaire, aussi supérieure à celle des noirs qu'inférieure à celle des blancs.

Le nègre, conduit par ses habitudes, était soumis à un homme de couleur; il était prosterné devant un blanc : la tranquillité des colonies portait tout entière sur ce préjugé.

Il était si puissant, qu'un homme de couleur esclave n'aurait pas changé son sort contre celui d'un nègre libre; un blanc, quelque pauvre qu'il fût, préférait sa condition à celle de l'homme de couleur le plus aisé.

La force de ces habitudes enchaînait seule quatre cent cinquante mille esclaves toujours prêts à anéantir les blancs et à s'entredétruire eux-mêmes.

Comme elle donnait à la soumission une autre base que la force, elle donnait aussi les moyens d'adoucir la servitude.

Il fallait donc ou détruire l'esclavage, ce qui ne pouvait arriver sans la plus violente et la plus sanguinaire catastrophe, ou laisser subsister de ces préjugés tout ce qui était nécessaire au maintien du régime établi.

§ VII.

Combien on se laisse facilement entraîner à servir les vues des hommes qui ont la puissance du moment !

M. de Mirbell, en rendant compte de sa mission à Saint-Domingue, n'avait besoin, pour justifier sa conduite, que de prouver les torts de l'assemblée coloniale, et cela n'était pas difficile ; alors il aurait eu évidemment raison et n'aurait pas donné à son rapport une couleur de partialité, en outrepassant l'objet de sa mission.

Mais, en disant cela, il ne justifiait que lui : pour mettre à couvert le parti qui domine et qui a fait rendre le décret du 15 mai, il fallait ajouter que l'exécution de ce décret aurait prévenu les désastres de la colonie. M. de Mirbell l'a avancé, il a prononcé une chose absurde, il a donné à son rapport la couleur de la partialité, et s'est fait soupçonner lui-même de légèreté et d'irréflexion.

Lorsque le décret du 15 mai a été discuté, ceux qui l'ont combattu en attaquaient moins le fond que l'inopportunité ; ils annonçaient que, dans les circonstances, attendu la faiblesse ou l'impuissance du pouvoir exécutif à Saint-Domingue, ce décret ne serait pas exécuté, et porterait le trouble dans cette colonie, c'est-à-dire qu'ils annonçaient précisément ce qui est arrivé.

Si, au lieu d'envoyer des instructions à l'appui de ce décret, ceux qui l'avaient fait rendre l'eussent soutenu par une force redoutable, il n'est pas vrai, comme le croit M. de Mirbell, qu'on eût prévenu les désastres de cette colonie, car une force imposante n'eût pu arriver à Saint-Domingue, moins de trois mois après la nouvelle du décret, comme le savent tous ceux qui ont vu faire de pareils armemens, et comme la preuve en va résulter de celui qu'on destine à soutenir le décret du 24 mars. Or, un mois et demi après qu'on connut à Saint-Domingue celui du 15 mai, il y avait déjà 50,000 nègres révoltés dans la plaine du Cap, et une multitude d'habitations avaient été incendiées. Enfin, par la teneur même de ce décret, son exécution ne pouvait être que retardée, puisque les assemblées existantes devaient être maintenues jusqu'à leur terme, et que les hommes de couleur devaient entrer seulement dans les assemblées futures.

C'est donc une puérilité de dire que le malheur résulte de ce que ce décret n'a pas été exécuté, car son vice principal était de ne pouvoir pas l'être; son vice principal était d'enflammer toutes les passions là où il n'y avait aucune force pour les soumettre et pour appuyer la loi.

Que penser en général de toute cette affaire? Qu'il est plus facile de prévenir une imprudence que d'y remédier, qu'il ne faut qu'un peu de prévoyance pour ne pas approcher du feu un tas de matières combustibles, mais que lorsque l'incendie a commencé, il faut des efforts extraordinaires pour arrêter un mal qu'il eût été possible de prévenir par les plus simples précautions.

§ VIII.

M. Brissot accuse les colons de Saint-Domingue, d'avoir visé à l'indépendance.

Les colons repoussent ce reproche et attaquent à leur tour leur accusateur, comme la cause de tous leurs désastres.

On peut, en attendant les preuves respectives, se permettre quelques réflexions. Toutes les fois que les colons ont été, à tort ou à raison, accusés de songer à l'indépendance, on n'en a cité que deux causes, le désir de s'affranchir des lois prohibitives de commerce et la crainte de l'influence que les nouveaux principes de liberté pourraient exercer sur la subordination de leurs esclaves; mais cet espoir d'un commerce libre, mais ces craintes sur l'insurrection des nègres, étaient soutenus et excités par les écrits de M. Brissot, et de ceux qui adoptent ses opinions. Comment celui qui n'a cessé de travailler à provoquer les idées d'indépendance, en est-il aujourd'hui l'accusateur. Comment M. Brissot, redoute-t-il si fort l'indépendance de Saint-Domingue, lui qui, lors d'une adresse des amis des noirs, présentée l'année dernière à l'assemblée nationale, proposait d'accorder aux colonies la liberté illimitée du commerce, mesure pire que l'indépendance, puisque celle-ci en privant la France du profit des colonies, la soulageait au moins du poids de leurs dépenses, tandis que la conservation des colonies avec un commerce illimité, conserverait tout ce qu'il y a d'onéreux dans leur possession, en laissant échapper tout ce qu'il y a d'utile.

Au milieu de toutes ces querelles, la plus belle colonie du monde se dissout, et l'on raisonne pour savoir si l'on y enverra des forces, et l'on parle de donner aux troupes des espèces de mandats, comme si l'on craignait de leur part trop de subordination et d'obéissance, et l'on parle de faire de nouvelles lois, comme s'il n'était pas certain que la principale cause du mal est dans les lois imprudentes!

Tout le monde avait prédit que la première loi sur l'état des personnes dans les colonies, serait le signal des plus grands malheurs; l'évènement l'a justifié, et l'on parle de faire encore des lois sur l'état des personnes! Tout le monde avait annoncé que le jour où l'assemblée nationale dévierait de sa marche sur les colonies et manquerait à ses promesses, serait le signal des plus grands malheurs; l'évènement l'a justifié; et aujourd'hui que l'assemblée constituante est par son dernier décret rentrée dans son premier système, et qu'elle a converti ses premières promesses en décrets constitutionnels, on parle de varier encore et d'attaquer ce décret qui est devenu la loi fondamentale des colonies!

§ IX.

M. Gaudet a dit, à l'assemblée nationale, qu'en faisant imprimer mon rapport, du 24 septembre, sur les colonies, je l'avais autorisé à tout dire contre moi; je puis répondre, avec plus de justice, qu'en m'attaquant nominativement au milieu des représentans de la nation, il m'oblige lui-même à rompre le silence. Je n'ai jamais aimé à mêler à la discussion des intérêts généraux, des altercations personnelles; si aujourd'hui, pour la première fois, je prends la plume dans cet objet, je le ferai, du moins, sans manquer à ce que je dois à mes lecteurs et à moi-même.

Je n'ai point fait réimprimer et distribuer mon rapport du 24 septembre dernier; si j'avais voulu influencer l'assemblée, ce n'aurait pas été par ce rapport fondé, en partie, sur des raisons de circonstances qui ont changé depuis, tandis que les considérations générales sont toujours les mêmes. Je n'ai jamais été à l'hôtel de Massias, je n'ai jamais pris part à l'exécution du décret du 15 mai, pour la diriger ou l'entraver en aucune manière. Je me suis toujours rigoureusement borné à l'exercice de mes fonctions dans le comité colonial et dans l'assemblée nationale; je défie qui que ce soit de rien prouver de contraire à ces assertions. Voilà tout ce que j'ai à répondre à la malveillance; mais j'ajouterai quelques observations pour les hommes justes.

J'ai soutenu avec constance et sans calculer les désagrémens personnels, ce que j'ai cru l'intérêt de ma patrie et celui de l'humanité : dans un pays où il existe quatre cent cinquante mille esclaves, et moins de soixante-dix mille personnes libres; dans un pays où toutes les passions sont excessives, et où les lumières les plus communes sont concentrées dans un petit nombre d'individus, une révolution heureuse et paisible ne pouvait s'opérer aussi rapidement que parmi nous.

Il fallait tenter la réforme du régime colonial,

ou par une marche brusque et violente dont les effets désastreux effrayaient l'humanité comme la politique, ou graduellement par l'influence des lumières et de la persuasion, sans ensanglanter les colonies, et sans porter un coup funeste à la prospérité de la métropole. Ce dernier système est celui que j'ai toujours professé ; j'ai dû l'appliquer à la question des droits politiques des nègres libres et des hommes de couleur, parce que toutes les questions du régime colonial sont indivisibles. Je n'ai dit, dans aucun temps, que les hommes de couleur dussent être exclus de l'exercice des droits politiques, j'ai soutenu que la réforme sur cet objet devait être préparée dans les colonies ; au 15 mai, j'ai demandé avec le comité colonial de l'assemblée constituante, qu'il fût formé un comité de toutes les îles françaises d'Amérique pour délibérer sur cet objet ; cette proposition fut rejetée, elle vient d'être exécutée spontanément par les îles du Vent, et les castes s'y réunissent sans qu'il ait été versé une goutte de sang. Le préjugé de la couleur était, je l'avoue, moins exalté dans ces îles ; il n'était cependant pas invincible à Saint-Domingue, si on eût rassuré les esprits, si on eût adopté des tempéramens.

Le parti que les évènemens ont conduit à adopter, a fait faire sans doute un grand pas à la philosophie, mais combien il s'en faut qu'elle puisse s'arrêter au point où elle est arrivée; le système des amis des noirs est indivisible, ils ont su conduire à l'alternative qui leur est la plus favorable : il faut aujourd'hui ou leur tout accorder, ou faire disparaître des colonies toute organisation populaire, en concentrant la représentation de leurs hommes libres dans le corps législatif. C'est cette question que la nation sera réduite à traiter dans très peu de temps.

§ x.

La proposition en fut rejetée, le décret du 15 mai fut rendu, il a été suivi à Saint-Domingue, immédiatement après son arrivée, d'une violente fermentation, et six semaines après des plus horribles désastres; parmi les causes multipliées qui ont concouru à ce malheur, il en est certainement d'étrangères à ce décret, mais jamais on ne persuadera à des juges non prévenus, que celui du 24 septembre, arrivé dans la colonie lorsque les brigandages et la guerre civile y régnaient sans interruption depuis près de trois mois, ait été la cause de ces fléaux, et si depuis son arrivée les esprits ne se sont pas encore rapprochés, peut-on se dissimuler que toutes les horreurs qui venaient d'être commises rendaient presqu'impossible, dans les premiers momens, une sincère réunion.

Dans les opinions que j'ai soutenues pendant le cours de cette malheureuse affaire, j'avais pour moi l'exemple des États-Unis d'Amérique qui ont fondé, sous les auspices d'une sage philosophie, la constitution la plus libre qui soit sur le globe; j'avais l'exemple des colonies anglaises et de toutes les colonies où il existe un système représentatif; j'avais l'opinion presqu'unanime des hommes qui, sans intérêt et sans préjugés, avaient la connaissance locale de nos îles, et rien ne m'empêchera de penser que leur opinion eût été couronnée par le succès, si l'on n'eût pas employé tous les moyens pour bannir la paix de ces malheureuses contrées, pour alarmer les blancs, pour exalter les hommes de couleur, pour irriter toutes leurs passions en sens contraire, et pour établir une méfiance et une haine presque indélébiles entre deux races d'hommes destinés à vivre sous le même ciel.

Au reste, il ne faut pas se le dissimuler, le parti qu'on vient d'adopter entraîne d'immenses conséquences : on échauffe, on hâte, on précipite une grande crise de la nature; le plus grand danger aujourd'hui serait de ne pas la prévoir, soit qu'on veuille ou la ralentir ou la favoriser. Tous ceux qui ont réfléchi sur ces objets doivent donc, quelle que soit leur opinion, faire connaître, en partant du point donné, leurs idées et leurs conjectures; car au point où nous sommes arrivés, l'erreur la plus funeste serait d'imaginer qu'on a fondé un ordre durable, et de fermer les yeux sur l'avenir. Soit qu'on veuille ou presser ou ralentir l'effet de cette grande impulsion, il est indispensable de le prévoir, car si dans peu de temps on ne prend un parti décisif, soit dans un sens, soit dans l'autre, les choses arriveront d'elles-mêmes à un résultat qui fera frémir la nature, et qui ruinera tous les intérêts.

§ XI.

Une grande question reste à résoudre, l'article 4 de notre décret la laisse subsister.

Les colonies auront-elles la totalité de leur régime intérieur sous la sanction immédiate du roi, ou auront-elles seulement sur les lois étrangères à l'état des personnes, l'initiative et l'exécution provisoire sous l'autorité définitive du corps législatif français, dans lequel, en ce dernier cas, elles auraient des députés?

On sait que je suis pour le dernier parti, je ne

crois pas que sur ce point rien puisse changer mon opinion.

Je crois qu'il est démontré, pour tout esprit raisonnable, que l'union des colonies à la métropole ne peut subsister si, avec des juges et des administrateurs nommés par le peuple, elles ont encore, *avec une chambre unique et élective*, la totalité de leur législation intérieure.

Je nie qu'un tel arrangement dût être considéré comme avantageux pour les colonies.

Je ne vois presque aucun inconvénient pour elles dans une suprématie de pouvoir qui ne portera que sur un petit nombre d'objets, et qui s'exercera rarement lorsqu'elles seront d'ailleurs toujours défendues, non seulement par leurs députés, mais par le *veto* du roi.

L'inconvénient de soumettre à l'assemblée nationale quelques parties du régime intérieur purement législatives, telles que les lois sur les mutations de propriétés, etc., ne pourra être considérable, si l'on se rappelle que les colonies, ayant l'initiative, sépareront elles-mêmes des lois qu'elles présenteront au corps législatif, toute disposition qui, étant relative à l'état des personnes, ne doit pas lui être soumise.

Et combien les légères difficultés de cette division ne seront-elles pas surpassées par les avantages résultant de la présence des députés des colonies dans le corps législatif!

Ils y veilleront à ce qu'aucune atteinte ne soit portée à leurs prérogatives.

Ils y défendront les colonies dans les questions de commerce.

Ils auront sur des commissaires extérieurs l'avantage d'être toujours présens et toujours entendus, et surtout celui d'acquérir un puissant appui par leur union à la majorité de l'assemblée ; ayant servi cette majorité par leur nombre, leur talent, leur influence, ils en recevront le prix lorsque les questions coloniales seront traitées ; ainsi ils balanceront au moins l'influence des députés des villes de commerce, tandis que, s'ils étaient absens, le commerce ayant seul sur ces objets l'intérêt actif et les connaissances positives, deviendrait trop facilement maître des délibérations.

Il importe au bien des colonies et au bien de notre gouvernement, qu'il s'établisse une réciprocité de secours entre elles et le parti de la majorité dans nos législatures.

Ce mode sera aussi utile pour introduire dans les affaires générales les colons qui, en général, reçoivent de la nature les qualités propres à y réussir.

Je mets une grande importance à l'admission de ce système, parce que j'y vois avantage pour les colonies, et pour la France un lien puissant pour les unir, et un moyen de donner de la solidité à leurs constitutions, en les liant l'une à l'autre, en les défendant l'une par l'autre.

§ XII.

En résumé :
Voici, dans le plus court espace possible, ma doctrine sur les colonies; ceux qui connaissent ces matières jugeront si elle est un crime envers la France ou envers l'humanité.

1° La France pendant long-temps encore ne peut se passer de ses colonies.

2° La France peut conserver encore long-temps ses colonies.

3° Le moment où la France perdra nécessairement ses colonies, est celui où elle pourra s'en passer.

4° L'affranchissement civil des nègres ne peut avoir lieu que dans une progression lente, sans ensanglanter les colonies.

5° L'affranchissement civil ne peut se préparer que sous un régime politique très sévère.

6° Il n'est que deux moyens de maintenir l'ordre dans les colonies, et d'y préparer l'affranchissement civil, c'est le préjugé de la couleur, ou un gouvernement absolu.

7° Le préjugé de la couleur devant être regardé comme anéanti, il ne reste que l'autre moyen.

8° Il faut considérer les colonies, non comme cités ou sections politiques de l'état, mais comme de simples manufactures non municipalisées, de sorte que tout blanc, homme de couleur, ou nègre, soit citoyen dès qu'il met les pieds en France, mais que dans les colonies, il ne soit que sujet.

9° Si l'on suit cette marche, on peut réparer promptement les malheurs de Saint-Domingue.

10° Il restera à gémir sur beaucoup de malheurs particuliers, mais la perte pour la nation sera faible ou nulle.

CHAPITRE LIX.

Sources et progrès historiques du gouvernement anglais.

(A consulter pour la révolution française.)

Avant la conquête de l'Angleterre par Guillaume, duc de Normandie, elle était, comme tous les états fondés par les peuples du Nord, gouvernée par un roi et un corps de noblesse; le surplus de sa constitution est ignoré.

Guillaume changea le gouvernement; il établit le régime féodal, mais cette forme qui, en France et ailleurs, était un chaos anarchique où des seigneurs indépendans du souverain, isolés entre eux, opprimaient des peuples esclaves, fut un gouvernement lié et resserré. Guillaume, muni d'une armée forte et docile, commanda. Il fondit sa constitution tout à la fois; tous les rebelles furent écrasés, les conditions féodales furent rigidement exécutées, et l'empire royal fut également supporté par les nobles et par le peuple; mais leur liaison, leur rapprochement, la communauté de leur sort les unirent; la forme régulière et générale du gouvernement donna à toute la nation le même esprit et elle se réunit de concert contre le pouvoir du roi. En France, au contraire, point de concert, chaque partie du royaume, séparée, les nobles et le peuple divisés, les membres furent subjugués les uns par les autres. Quand les nobles furent tyrans, le peuple désira le pouvoir du roi et le favorisa; quand les nobles furent détruits, le peuple, accoutumé à l'esclavage, demeura soumis. En Angleterre, les deux ordres se défendaient, et les nobles, ayant été affaiblis, le peuple conserva toute son énergie.

Voilà comment la liaison du gouvernement et la généralité du pouvoir au commencement, devinrent le principe de la liberté.

Une seconde cause fut la réunion de la nation en un seul corps, qui, n'étant point partagé par lui-même ou ses représentans, devint plus hardi, plus ferme, plus uni et constant dans sa marche, plus nécessaire à son roi, à l'opposé de ce qui arrive en France par la division des provinces et des états qui les représentaient.

De ces deux principes, combinés avec les évènemens, est née cette suite de progrès qui ont porté la constitution anglaise à cette forme heureuse et solide où nous la voyons aujourd'hui.

Henri Ier, environ quarante ans après la conquête, commença à adoucir les rigueurs du droit féodal en faveur de tous les ordres de la nation.

Sous Henri II, nouvelles faveurs.

Ces progrès, amenés par la douce politique de ces deux princes, étaient lents; l'absurde rigueur de Jean-sans-Terre en amena de plus rapides: abandonné de tout le monde, il fut obligé de consentir la charte des forêts et la grande charte. La grande charte était seule un contrat politique: il lui manquait, pour être exécutée, un ordre et des lois accessoires. Elle servit toujours de base aux prétentions de ralliement, aux volontés, et de nouveau principe aux progrès qui suivirent.

Sous Henri III, nouveaux succès du peuple, à la faveur des divisions du roi et des nobles.

Sous Édouard Ier, les grandes lumières du

prince perfectionnent la législation ; ses grands besoins de secours lui font appeler les députés du peuple au parlement. Ils y sont d'abord petits ; mais quand la grande force peut agir avec sûreté et légalité, elle doit tôt ou tard dominer.

Toujours le peuple s'avance et d'une manière solide, parce qu'elle est légale.

Sous Édouard II, il joint des pétitions aux bills des subsides, aurore de son pouvoir législatif ; sous Édouard III, il ne reconnaît plus de lois que d'après son consentement donné ; peu après, il commence à accuser et poursuivre les ministres ; sous Henri IV, il refuse les subsides, jusqu'à ce qu'il soit répondu sur ses pétitions, et la lenteur de cette marche la rend plus sûre.

Divisions des Yorck et des Lancastre, règne de Tudor, les nobles exterminés, le peuple abattu, découragé ; les rois redeviennent tyrans ; la nation est encore unie en un seul corps, et elle a conservé l'exercice du droit de n'accorder de subsides que d'après le consentement de ses représentans : tout cela la relèvera.

Cependant, la langueur de la constitution se prolongea. Édouard VI abolit les lois de trahison inventées sous Henri VIII ; mais ce bon prince vécut peu. Sous Marie, le fanatisme d'une partie de la nation favorisa l'arbitraire et les persécutions. Sous Élisabeth, plus de justice et de douceur ; les talens de la reine, les intérêts extérieurs, firent encore supporter au peuple l'excès de la puissance royale.

L'énergie se réveilla sous les Stuarts. Jacques I*er* voulut étaler un pouvoir que ses prédécesseurs avaient seulement exercé. La force nationale était relevée, échauffée par les passions religieuses ; les plus fortes oppositions se montrèrent. Tout s'exalta sous Charles I*er* : l'enthousiasme de la liberté et de la religion se réunirent contre le prince ; il ne tint pas un moment l'acte de la pétition des droits, et un autre, postérieur, auquel il fut obligé de consentir, abolit les bénévolences, les emprisonnemens arbitraires, l'exercice de la loi martiale, la cour de haute commission et la chambre étoilée, ouvrages des Tudor.

Mais le peuple continua d'être animé par les chefs ; le prince céda de mauvaise foi ; la mésintelligence ne cessa jamais, elle recommença bientôt à éclater, et Charles I*er* perdit la tête ; le long parlement, le protecteur, les chefs de l'armée, dominèrent successivement ; le trouble des têtes, l'exaltation religieuse, la politique de quelques hommes, la force armée, conduisirent tout. On sentit les inconvéniens ou l'impossibilité de la démocratie qu'on désirait. Les esprits se rassirent, on profita des épreuves, on rappela Charles II, en limitant son pouvoir ; il conservait le ressentiment des évènemens passés et les idées de ses pères ; il pactisa de mauvaise foi et voulut éluder. La nation vit le danger, et elle mit au pouvoir royal les dernières bornes.

Les services militaires féodaux, dus à la couronne, furent abolis, les lois d'intolérance abrogées, l'acte d'*habeas corpus* établi, les parlemens rendus triennaux par sanction.

Jacques II, frère de Charles, plus rigide, moins éclairé, moins adroit, suivit les mêmes idées avec plus de chaleur et d'imprudence ; toute la nation l'abandonna, il fut détrôné sans bruit, légalement, sans violence, perfection marquée des principes, des lumières, etc., depuis la révolution si différente en son exécution de Charles Ier.

La nation s'assembla pour élire ses représentans, le trône fut déclaré vacant, un nouveau prince appelé ; un contrat formel et primitif de société fut passé entre ses sujets et lui.

Le serment d'avènement au trône fut changé et fixé ; les impositions sans consentement du parlement, et l'armée, en temps de paix, furent proscrites. La couronne ne put plus dispenser de l'effet des lois ; tout citoyen eut le droit de lui présenter des pétitions, et la liberté de la presse fut définitivement établie, puissant appui de tout le reste.

Ainsi, la constitution se consomma, et le peuple anglais marqua, par cette dernière conduite, qu'il avait adopté la résistance au prince violateur comme un droit compétent aux sujets, et que les principes politiques n'étaient plus fondés sur les préjugés anciens; mais sur la justice naturelle.

CHAPITRE L.

Portrait d'Élisabeth, reine d'Angleterre.

Aucun règne plus absolu dans l'histoire d'Angleterre que celui d'Élisabeth : elle régna quarante-cinq ans, et jamais son autorité absolue ne fut compromise, ni même sérieusement menacée. Voici les principaux traits de ce règne.

La reine était extrêmement économe : elle maintint, par ce moyen, son indépendance, et, quoiqu'elle soutînt la guerre avec gloire contre la première puissance de l'Europe, elle ne demanda que rarement de l'argent à son parlement.

Elle était populaire et généreuse; mais elle montra toujours une humeur extrêmement dominatrice et une inébranlable fermeté : elle était chérie et redoutée.

Elle régnait aussi par l'admiration à cause de la grande renommée de sa capacité, des circonstances critiques où elle s'était vue par les efforts de l'Espagne, de la prudence et du courage qu'elle avait développés.

Elle accordait une grande faveur à ses favoris, mais ne s'en laissait point subjuguer : elle était jalouse de l'autorité qu'ils avaient su acquérir dans la nation et sur elle; elle voulait être leur bienfaitrice et non leur esclave. Dans les partis qui luttaient à la cour et se disputaient sa faveur, elle n'en abattait aucun, à moins qu'il ne fût séditieux ; mais elle les tenait dans le devoir, les balançait les uns par les autres, et savait choisir dans tous, les hommes capables de la servir. De sorte qu'aucun ne devenait maître par une faveur exclusive, ou ennemi par le désespoir; mais tous plaçaient leur crainte et leur espérance en elle.

Elle était à la tête du parti protestant qui dominait dans son royaume, et le véritable chef de tous les protestans de l'Europe. De là, l'affection et l'admiration; le souvenir des persécutions des catholiques, la crainte de leur voir reprendre l'empire, le mouvement des esprits vers la réforme, concouraient à soutenir son autorité. Mais, quoique protestante, elle arrêta avec fermeté toutes les entreprises des puritains, se tint fortement attachée à la religion anglicane, et son autorité était telle, que ce torrent d'opinions religieuses et politiques qui, s'étayant les unes par les autres, fondirent sur ses successeurs, et conduisirent le deuxième à l'échaffaud, ne lui donnèrent pas un moment d'ombrage, et furent toujours contenues et réprimées par les premiers témoignages de son mécontentement.

En résumé, cette princesse était économe, ferme jusqu'à la dureté, habile à discerner les hommes, à récompenser et à punir; jalouse du pouvoir, grâcieuse et coquette avec noblesse, amoureuse de la gloire et des applaudissemens; attachée à la réforme par politique, mais plus ennemie de l'excès en ce genre, qu'elle ne l'eût été de la religion catholique même.

CHAPITRE LI.

Charles II.

Peu de règnes sont plus instructifs que celui de Charles II, roi d'Angleterre.

La sagesse de Monck, l'horreur qui était restée du règne de Charles Ier, l'excessive sévérité du protecteur, l'avilissement du parlement, la lassitude de tant d'épreuves, sans arriver à cette perfection politique pour laquelle on avait sacrifié le bonheur réel de l'Angleterre, rappelèrent Charles II au trône, au milieu d'un enthousiasme et d'une joie aussi vive et peut-être plus générale, qu'elle ne s'est vue dans aucune révolution pour la liberté.

Cette bonne intelligence dura quelques années et parut cimentée par des actes réciproques d'égards et de bienveillance entre le roi et les parlemens.

Mais au milieu de cette apparente paix, le roi était prodigue et le parlement avare. Le roi penchait vers le catholicisme, il épousa une catholique. Le duc d'Yorck, son frère, qui, avec moins de capacité d'esprit, avait sur lui l'ascendant du caractère, était aussi catholique. La nation était décidément protestante et penchait au presbytérianisme. Enfin, le roi avait conservé un sentiment de méfiance et de crainte, par le souvenir des malheurs de son père; sa paresse naturelle et sa prodigalité lui faisaient haïr une manière de gouverner avec des parlemens, pleine de difficultés et de parcimonie. Les principes de pouvoir arbitraire tellement naturels aux rois, qu'on peut dire qu'ils forment toujours le fond de leurs opinions, étaient en lui fortifiés par son penchant au catholicisme. La nation, au contraire, tenait toujours fortement à la liberté, et la racine de ces principes excessifs, qui avaient remué le peuple vers le règne précédent, existait encore dans plusieurs esprits et n'attendait pour se produire en dehors, que des évènemens qui eussent favorablement disposé l'opinion publique.

Des deux côtés, des esprits ambitieux et turbulens s'emparèrent de ces dispositions pour mettre aux prises le prince et le peuple, et pour entraîner l'un et l'autre à des entreprises factieuses.

La première fut de la part du roi et fut l'ouvrage de ce ministère, que les opérations et les lettres initiales des noms de ceux qui le composaient ont fait nommer la cabale.

Depuis cette première guerre, que la vengeance

royaliste et la jalousie de commerce avaient fait déclarer à la Hollande, le roi, guidé par le vœu et les véritables intérêts de la nation, avait contracté avec cette république, le traité connu sous le nom de triple alliance, dont l'objet principal était d'opposer une limite à la puissance menaçante de la France, et à l'ambition plus menaçante encore de son monarque.

Charles ne reçut pas du parlement, que des jalousies de religion irritaient contre lui, les marques de reconnaissance qu'il attendait de cette négociation habilement conduite et réellement nationale. Cette raison put contribuer à le décider pour la conduite tout opposée qu'il adopta bientôt.

Fatigué de la gêne et de l'incertitude au milieu de laquelle il vivait, sous la tutelle de son parlement, il adopta le plan que ses ministres lui proposèrent pour l'en affranchir.

Il changea de système politique, et renonçant à la triple alliance, il en forma une secrète avec Louis XIV, dont l'objet apparent fut de tourner en commun leurs armes contre la Hollande. Mais si le roi de France avait véritablement pour objet de faire servir les armes anglaises à son agrandissement au-dehors, Charles ne songeait qu'à obtenir de Louis, en échange de ses secours, de l'argent d'abord, pour se passer de son parlement, et par la suite des soldats pour achever de renverser la constitution.

Ces vues perfides furent conduites d'abord avec une dissimulation proportionnée. Non seulement Charles cacha, aussi long-temps qu'il le put, son infidélité à la Hollande, mais il eut même l'art et la hardiesse d'en imposer à la nation anglaise, et il obtint de puissans secours du parlement sous des prétextes tout opposés.

Enfin, la guerre éclata. Les effets qu'elle produisit sur la Hollande, quoique étrangers à ce sujet, méritent d'être remarqués. Elle la mit à deux doigts de sa perte : elle changea sa constitution, elle honora et immortalisa son courage.

Lorsque les Hollandais se virent menacés de leur ruine, toute leur indignation se tourna contre leur gouvernement, et surtout contre le grand pensionnaire *Jean de Wit*, dont les talens avaient relevé leur liberté, accru leur prospérité et leur puissance, et que l'Angleterre avait trompé moins encore par ses artifices que par l'incroyable absurdité du système qu'elle embrassait. *Jean de Wit* et son frère furent massacrés; la plupart des magistrats furent chassés par la populace qui rappela à grands cris le jeune prince d'Orange, et fit rétablir le stathoudérat proscrit par un acte solennel. Il est à remarquer que l'élévation du prince d'Orange, qui fut l'ouvrage de la perfidie de Charles II, devint aussi, dans la suite, une des causes de la révolution par laquelle la famille des Stuarts a été chassée du trône de l'Angleterre.

Charles fut bientôt forcé par son peuple de faire la paix, mais jamais il ne renonça entièrement à ses liaisons. D'abord médiateur partial entre la France et ses adversaires, ensuite ennemi lent et indécis de cette puissance, il continua toujours de la servir autant que le vœu fortement prononcé de toute l'Angleterre et les embarras de sa situation pouvaient le lui permettre.

CHAPITRE LII.

Origine de la guerre qui a amené la séparation de l'Amérique anglaise.

L'origine de cette guerre date du règne de Georges III.

Sa maison fut placée sur le trône par les whigs et fut sous leur tutelle.

Le dernier de ceux qui gouvernèrent fut M. Pitt, ministre du précédent roi. Déjà les principes des torys avaient séduit ce prince, et il avait confié à l'un d'eux, mylord Bute, l'éducation de son petit-fils, l'héritier présomptif de la couronne, et à présent roi; mais ce prince conserva toujours de grands égards pour les whigs, et M. Pitt, nécessaire à la guerre qu'il soutenait (celle de 1756), et par ses talens, et par l'amour du peuple, conserva le ministère jusqu'à la mort de ce prince.

A cette époque, tout changea, les torys eurent tout crédit. Mylord Bute fut mis à la tête des affaires, et tous les whigs s'en éloignèrent et formèrent le parti de l'opposition.

Le peuple était contre le nouveau gouvernement. Sa faiblesse à soutenir la guerre, et la paix de Paris de 1763, qu'on ne trouva pas assez avantageuse, acheva de le décréditer; le peuple marqua son indignation avec la plus grande énergie.

Le roi fut obligé de renvoyer mylord Bute, mylord North le remplaça; mais le premier, gouvernant toujours quoique sans titre, a continué à être l'âme du parti.

L'opposition des whigs, toujours très ardente, a d'abord été impuissante par deux raisons : la première, c'est que le prince achetait la majorité dans le parlement, tellement que, quoique la majorité de la nation fût presque toujours pour l'opposition, celle du parlement était constamment pour le ministère.

Une autre raison affaiblit ce parti : Milord Bute était Écossais ; la plupart des torys en place le furent aussi. Les whigs anglais, en criant contre les ministres, les attaquèrent dans leur qualité d'Écossais, et injurièrent cette nation. Cette conduite détacha de leur parti tous les whigs écossais.

Le caractère écossais, ferme, décidé, audacieux, inébranlable, peut être considéré comme une des causes de l'opiniâtreté tyrannique des opérations du gouvernement, aussi long-temps qu'il y a présidé.

Cela, comme l'esprit du ministère qui a amené la révolution d'Amérique, est facile à concevoir.

Ce continent est tout whig ; il l'est d'origine, il l'est de système.

Toute puissance politique en lui, était donc contraire au parti tory et au despotisme royal.

Cette immense partie de l'état, déjà trop influente dans la situation même où elle était, tendait évidemment ou à obtenir la forme anglaise, ou à s'en détacher.

Survint l'acte du timbre de 1765, qu'on fut obligé de révoquer l'année d'après.

Il fallut, dès lors, suivre un plan qui nécessitait ou l'assujettissement de l'Amérique anglaise, ou la séparation absolue du corps politique, et c'est l'origine de la guerre.

CHAPITRE LIII.

Idées sur la politique anglaise.

Un gouvernement qui, chez lui, ne gouverne pas par la force, mais par l'adresse et la corruption, doit naturellement appliquer les mêmes moyens à la politique extérieure; et rien n'est plus actif, plus machiavélique, que ses moyens secrets, tandis que, par son caractère national, et peut-être aussi par l'habitude des discussions politiques, il met dans ses formes extérieures une fierté qui va jusqu'à l'insolence. La politique extérieure des despotes est souvent plus franche.

L'influence populaire sur la politique, en Angleterre, affranchit le gouvernement de fidélité. Les choses devant toujours s'y faire pour le peuple, et quelquefois s'y faisant en effet ou paraissant s'y faire pour lui, l'intérêt du peuple ou son influence couvre tout; de là, une politique en apparence versatile, mais bien réellement systématique en ce qu'elle est toujours égoïste, toujours tendant à l'agrandissement commercial. Il n'y a aucune constance dans les engagemens, mais une grande constance vers le but. Les Anglais semblent avoir pour principe que, de même que la bonne foi fait prospérer le commerce, la foi politique perd tout, ne pouvant pas y avoir de système suivi dans une chose où les circonstances varient sans cesse, et où il n'y a d'habileté qu'à vivre au jour le jour, et à profiter adroitement de l'occasion.

Il semble que l'Angleterre soit parvenue, sur la morale politique, au point où l'Italie en est sur la religion.

Cette politique tient aussi à la disproportion de sa puissance factice et de ses forces réelles. Un grand empire se maintient par la modération, s'agrandit par la force; un état dont la base est médiocre et l'ambition illimitée, ne peut conserver ce qu'il a acquis, et ne peut acquérir encore que par l'artifice; aussi son insolence est extrême, et sa politique d'une insigne mauvaise foi.

Les moyens extérieurs de l'Angleterre sont des flottes, l'or et l'intrigue.

Comme l'armement des flottes est non seulement très coûteux, mais bien plus ruineux pour le commerce que le recrutement d'une armée ne peut l'être pour l'agriculture, on réalise cet armement le moins qu'on peut, et on cherche à opérer par la terreur plus que par l'emploi de ses forces. Un grand nombre de vaisseaux construits, un grand nombre de matelots prêts à passer de la marine marchande à la marine militaire, des menaces fréquentes, des expéditions rares, un grand soin de subjuguer et d'abattre toute puissance maritime, avant qu'elle puisse donner quelque inquiétude, en un mot, le système de dominer par l'appareil de la force et de combattre le moins souvent qu'on peut.

La puissance maritime a cela de particulier, qu'en temps de paix elle enrichit l'état sans cesser de menacer l'étranger, tandis qu'une armée de terre disproportionnée comme celle de Prusse, ruine son prince et l'état, si elle ne conquiert pas.

L'or sert aux Anglais : 1° à corrompre les cabinets étrangers ; 2° à payer des subsides aux puissances qu'ils veulent soutenir ou faire agir suivant leurs intérêts ; 3° à soudoyer des troupes étrangères.

Je m'arrête à ce troisième point qui présente quelques réflexions de politique intérieure.

Les républiques marchandes ont toujours craint les armées et surtout les armées nationales. Le principe de ces gouvernemens, c'est que la puissance doit y venir de l'or : elles semblent même préférer des armées mercenaires, qui ne peuvent guère être que des brigands ou des esclaves, à des armées civiques, qui mettraient le pouvoir dans les mains d'une noblesse militaire, et changeraient la nature du gouvernement ; mais les armées mercenaires même, les font frémir, à cause de leurs généraux ; il n'y a rien qu'elles ne fassent pour subordonner ceux-ci jusqu'à les avilir, comme la république de Venise ; jusqu'à contrarier leurs succès, comme la république de Carthage.

En Angleterre, qui n'est pas une république, mais une monarchie limitée, et où l'on a quelque chose des principes de la noblesse, quelque chose des principes marchands, et quelque chose des principes monarchiques ; on craint aussi les armées, mais il semble que dans l'intérieur on doit craindre plutôt les troupes étrangères que les domestiques, et, parmi celles-ci, les troupes réglées que les milices. En effet, là ce n'est pas l'officier que l'on craint, mais le général. Comme on ne peut ni on ne veut avilir le général, qui est le roi, il faut le balancer, lui donner le moins d'armes qu'on peut, et une armée qui soit plus à l'intérêt de la république qu'au sien.

Mais l'Angleterre, qui est une île, aura encore un autre principe, elle aura une armée défensive, qui sera nationale et se fera au besoin une armée offensive, mercenaire et étrangère : comme elle ne l'introduira jamais chez elle, elle n'en craindra pas la réaction, et non seulement elle lui épargnera des hommes, mais elle lui évitera la nécessité d'entretenir dans son sein un trop grand nombre de citoyens dans l'esprit militaire, et la crainte de les voir oublier totalement leurs principes de liberté dans ses expéditions étrangères. — Ainsi elle pourra favoriser les conquêtes d'Annibal sans craindre son retour à Carthage. — C'est un trait des plus remarquables de cet ensemble miraculeux de circonstances, qui soutiennent tout à la fois la puissance et la liberté de l'Angleterre.

Quant à l'intrigue, il serait difficile d'y suivre ses formes, elles varient comme Protée.

CHAPITRE LIV.

Comment les Anglais ont toujours favorisé, chez nous, les idées qui pouvaient leur être utiles.

Les Anglais qui, avec un caractère audacieux, extrême et très susceptible d'enthousiasme, s'arrêtent cependant aux limites de la raison, parce qu'ils apportent à toutes les choses qu'ils font une grande recherche de réflexions, d'observations et de notions positives, ont toujours favorisé en nous l'élan des idées philosophiques, sur l'art de gouverner et sur l'économie politique. Persuadés que notre impétuosité, notre imprévoyance, notre ignorance, notre irréflexion, nous pousseraient toujours au-delà de l'utile, et nous feraient trouver notre ruine, dans l'abus des principes les plus séduisans et les plus généreux, ils ont favorisé les idées modernes, sur l'inutilité de favoriser le commerce, sur la liberté générale du commerce, sur le néant du système de balance, sur l'avantage supérieur du commerce avec les nations industrieuses, sur la liberté des nègres, sur l'inutilité des colonies.

Usant de l'ascendant du caractère, ils se sont étudiés à faire nos opinions comme nos étoffes, nos bijoux, une immense portion de notre consommation de luxe. Ils ont tourné nos opinions comme nos goûts à ce qui pouvait leur être utile.

CHAPITRE LV.

Droit public de l'Europe.

§ I*er*

Paix de Westphalie.

La paix de Westphalie est la grande époque qui a établi et, pour ainsi dire, fixé la politique moderne.

Le pouvoir de la maison d'Autriche, devenu gigantesque sous Henri V, et ensuite divisé, sans être affaibli, entre Philippe II, son fils, et Ferdinand, son frère, fut réprimé par la guerre de trente ans, dont la paix de Westphalie fixa les résultats. — La monarchie universelle, qu'on croit avoir été le roman de cette famille, devait commencer par l'asservissement de l'Allemagne; Charles V, indépendamment de ses moyens naturels, avait cherché à y faire servir la scission qu'opéra la réforme entre les états de l'empire; chef des catholiques, il devait les employer à écraser les protestans; de là, la ligue de Smalcade entre ceux-ci. Charles V, d'abord triomphant, fut ensuite réprimé; quand les luthériens et les catholiques furent en paix, parurent les calvinistes; les catholiques renouvelèrent contre eux la chaleur de leur zèle, et l'empereur Ferdinand, la politique de son frère; mais les luthériens sentirent qu'il était de leur intérêt de défendre la liberté des nouveaux sectaires, qui ne saurait être opprimée sans mettre la leur en péril, et de là l'union évangélique et la guerre de trente ans; les protestans furent d'abord malheureux, Ferdinand fut prêt à tout dominer; mais la liberté du culte et de l'empire fut soutenue par le génie de Richelieu, par les trésors de la France et la valeur de Gustave-Adolphe; la mort de celui-ci obligea la France à prendre une part active à la guerre où l'Espagne s'engagea également, et qui fut terminée d'abord, pour le foyer d'Allemagne, par les traités de Munster et d'Osnabruk, ou paix de Westphalie; pour le foyer d'Espagne, quelques années après, par le traité des Pyrénées.

Les grands résultats de la paix de Westphalie furent pour l'Allemagne, les droits réciproques et la liberté des diverses religions fixés, la constitution de l'empire éclaircie en plusieurs points, affermie et garantie par la France et la Suède : — pour la France, l'acquisition de l'Alsace et de quelques portions de la Lorraine; — pour la Suède, l'acquisition de la Poméranie suédoise, et autres petites contrées en Allemagne; — pour le Brandebourg, l'acquisition de l'autre partie de la Poméranie, — et pour quelques autres états protestans, d'autres acquisitions propres à maintenir l'équilibre des états de l'empire.

La paix des Pyrénées acquit à la France l'Artois, partie de la Flandre, du Hainaut, du Luxembourg, en un mot, la plus grande partie de ce qu'elle possède dans les Pays-Bas; fixa au Midi les limites de France et d'Espagne par les Pyrénées, et prépara le mariage de Louis XIV avec l'infante Marie-Thérèse, qui devint l'origine d'une autre grande révolution dans la politique de l'Europe.

Le traité des Pyrénées fut discuté et arrêté dans l'île des Faisans, par don Louis de Haro, pour l'Espagne, et par Mazarin, pour la France : le premier, mal instruit et aussi vain que faible et indécis dans ses résolutions; le second, informé à fond des intérêts qu'il traitait et du but qu'il se proposait, et aussi habile à ménager la vanité de son adversaire qu'à le ramener avec adresse au point qu'il fallait résoudre et à déterminer son indécision.

§ II.

Paix de Nimègue.

1678-1679.

La paix de Nimègue est l'époque du premier changement important dans la politique de l'Europe. Depuis celle de Westphalie jusqu'à celle-ci, la maison d'Autriche avait joui d'une supériorité alarmante : la paix de Westphalie rétablit l'équilibre ; les acquisitions que fit la France, par le traité d'Aix-la-Chapelle et ensuite par celui de Nimègue, et plus encore l'ambition que son gouvernement manifesta, la rendirent, à son tour, inquiétante pour l'Europe, et les reproches de prétendre à la monarchie universelle qu'elle avait faits, avant 1648, à la maison d'Autriche, commencèrent à lui être adressés. Louis XIV, loin d'user avec modération des avantages qu'il avait acquis, ayant voulu, après la paix, les pousser avec hauteur et sans mesure, produisit cette réaction qui jeta les états d'Allemagne, ses alliés, entre les bras de l'empereur, amena *la ligue d'Augsbourg* et ensuite *l'alliance générale* de presque tous les états de l'Europe contre la France.

Voici les faits qui conduisirent à la paix de Nimègue.

A la mort de Philippe IV, roi d'Espagne, Louis XIV réclama les Pays-Bas espagnols, comme devant appartenir à la reine, son épouse, dont les renonciations ne pouvaient pas y être appliquées; il entra à main armée dans ce pays et y fit des progrès rapides. L'Angleterre et les Provinces-Unies s'en inquiétèrent, et, ayant mis dans leurs intérêts le roi de Suède, formèrent avec lui la ligue connue sous le nom de triple alliance, qui détermina Louis XIV à passer le traité d'Aix-la-Chapelle, par lequel l'Espagne lui abandonna à peu près toute la portion des Pays-Bas dont il s'était mis en possession.

Ce prince, ayant fait la paix, chercha à rompre la triple alliance; il attira à lui l'Angleterre, par une suite des vues de ce ministère qu'on a nommé la *cabale*, et qui, en s'unissant à la France, espérait en obtenir des moyens pour soumettre les Anglais à la monarchie absolue. Il gagna ensuite la Suède, et, en 1672, il attaqua la Hollande, qui fut soutenue par l'Espagne et l'Empereur, tandis que la Suède avait sur les bras le Danemarck et le Brandebourg.

Les armes de Louis XIV furent heureuses; la Hollande se vit au moment de sa perte : cette crise causa une commotion violente qui changea sa constitution. Jean Dewit et son frère, chef du parti républicain, qui, trompés sur les vues de l'Angleterre, avaient entretenu parmi leurs compatriotes une sécurité funeste, furent sacrifiés à la vengeance populaire; le stathoudérat fut rétabli; la maison d'Orange obtint, en Hollande, cette confiance et, en Europe, cette importance qui contribuèrent à l'élever bientôt après sur le trône d'Angleterre.

Les armes françaises, qui avaient d'abord attaqué la Hollande, se portèrent ensuite sur ses auxiliaires, et, un congrès ayant été formé à Nimègue, pour la pacification de l'Europe, la Hollande, rapprochée de l'Angleterre, fit d'abord sa paix séparée, ensuite l'Espagne, ensuite l'empereur, tous avec la France, enfin, la Suède avec le Danemarck et le Brandebourg. Tous ces traités sont compris sous le nom de paix de Nimègue.

La France acquit un grand nombre de places sur les frontières de Flandre, le Hainaut, la Lorraine, l'Alsace, Nancy, Besançon, et le pays compris sous le nom de comté de Bourgogne. — La Suède, au contraire, qui avait fait la guerre malheureusement, fit quelques cessions, ce qui prouve que Louis XIV avait une politique plus avide que haute et généreuse. Ce sont les principaux résultats de ce traité.

Nota. Le détail des affaires intérieures d'Angleterre et de Hollande relatives à cette guerre, affaires qui ont rendu cette époque une des plus intéressantes et des plus instructives pour la politique intérieure, est parfaitement développé dans l'*Histoire d'Angleterre* de M. Hume.

§ III.

Paix de Riswick.

1697.

La paix de Riswick, qui termina, en 1697, la guerre commencée entre Louis XIV et les alliés en 1688, est la première époque de la décadence et de la puissance française, toujours croissante depuis Henri IV et Richelieu.

On ne peut assigner à cette guerre d'autre cause sérieuse, que l'ambition de Louis XIV, qui voulait continuer d'acquérir, et la résolution de la ligue d'Augsbourg et de la grande alliance de la réprimer.

Les armes françaises furent heureuses, mais les succès même épuisaient un empire fatigué par des efforts trop continus; le nombre et la dépense des armées s'étaient tellement accrus depuis la paix de Westphalie, que l'état le plus florissant devait s'épuiser par quelques campagnes; les inclinations de Louis XIV devenaient aussi plus pacifiques, à mesure que les années et la dévotion tempéraient son humeur ambitieuse: ce furent là les causes de la paix et de l'extrême modération que le gouvernement français y apporta.

Les résultats furent de fixer les limites de la France, du côté de l'Allemagne et des Pays-Bas, à peu près comme à la paix de Nimègue, les acquisitions postérieures de Louis XIV ayant été restituées; mais (ce qui forme une époque importante dans notre droit public), celle de l'Alsace jusque là contestée, fut implicitement reconnue.

Louis XIV remit à la maison de Savoie le Pignerol, et au duc de Lorraine, Nancy.

Enfin, il reconnut le roi Guillaume, qui, au commencement de cette guerre, avait chassé et remplacé Jacques II.

On ne prit dans ce traité aucune mesure relativement à la succession de Charles II, roi d'Espagne, dont la mort devait bientôt embraser l'Europe.

La paix de Riswick est la troisième paix générale, en comptant celle de Westphalie, qui a commencé à asseoir le système politique de l'Europe.

Je dis la troisième paix générale, parce que

dans la politique de l'Europe, les états de l'occident et l'empire qui forment le centre, sont pour ainsi dire la base et le tronc, dont le nord et l'orient forment deux branches.

Depuis le traité de 1756, l'occident pouvant être en guerre sans que le centre y prenne part, (ainsi qu'on l'a vu dans la guerre qui a affranchi les colonies anglaises), a commencé à former comme le nord et l'orient, une branche particulière de système politique, avec cette circonstance que ses guerres séparées du reste de l'Europe ne pouvaient être que des guerres de mer.

L'effet du traité de 1756, c'est qu'il ne pouvait pour ainsi dire plus y avoir de système central, les forces de la maison d'Autriche se portaient vers l'orient, et celles de la France vers l'occident. Ces deux puissances s'adossaient l'une contre l'autre, pour porter leurs efforts aux deux extrémités de l'Europe. Cette paix du centre n'a été troublée que par l'invasion de la Bavière, entreprise absolument contraire à l'esprit du traité de 1756, qui expliqué même dans son sens ambitieux, supposait toujours le maintien des états du milieu et du système de l'Allemagne.

La guerre actuelle a tout brouillé, tout confondu, il est encore impossible de prévoir quel nouvel arrangement en sortira. On peut seulement annoncer que par le nouveau partage de la Pologne, l'influence des forces orientales de la chrétienté, acquerra une proportion plus forte relativement à celles de l'occident.

Les puissances de l'occident, si intéressées à soutenir l'indépendance de la Pologne, soit pour conserver leur importance politique, soit pour retenir dans leurs mains avec le commerce de l'orient, le privilége exclusif du commerce du monde, distraites par les affaires de France, ont laissé consommer ces usurpations, dont l'effet, en compromettant la sûreté de l'empire turc, peut être de changer toutes les proportions de force et de richesse entre les puissances européennes.

Admettant que le roi de Prusse, réuni à la Suède, puisse assurer l'indépendance du nord, que pourront ces deux puissances pour celle des Turcs, en supposant la France long-temps encore agitée de troubles ou retenue dans l'impuissance par son épuisement?

Si l'échange de la Bavière a lieu à la suite de la guerre contre la France, où sera la sûreté de l'Italie? Et faudrait-il autre chose qu'une grande audace et un accord soutenu dans les deux cours impériales, pour, en très peu de temps, rétablir à Rome et à Constantinople, les trônes des anciens empereurs de l'orient et de l'occident.

§ IV.

Traité d'Utrecht.

1714.

La paix d'Utrecht, qui termina la guerre de la succession d'Espagne, est la quatrième pacification générale et la plus importante depuis celle de Westphalie ; c'est la dernière grande époque politique du règne de Louis XIV, elle unit la France et l'Espagne, jusque-là toujours divisées, et quoique la branche allemande de la maison d'Autriche y ait gagné les Pays-Bas, et les états d'Italie auparavant réunis à l'Espagne, M. de Mably pense cependant qu'elle y perdit le rang de seconde puissance de l'Europe, qui passa et a toujours appartenu depuis à la Grande-Bretagne.

On avait conclu la paix de Riswick, sans prendre aucune mesure relativement à la succession du roi d'Espagne Charles II, qui eût appartenu aux enfans de Louis XIV, sans la renonciation de leur mère, et à laquelle l'ordre du sang appelait ensuite : 1° un prince de Bavière ; 2° l'archiduc, fils de l'empereur Joseph. — Louis XIV, ne voulant point abandonner la totalité de cette possession, et cherchant à prévenir la guerre, passa avec l'Angleterre et la Hollande dirigées l'une et l'autre par Guillaume III, les traités connus sous le nom de traités de partage, suivant lesquels les états d'Italie seulement, devaient appartenir au Dauphin; mais Charles II, ayant par son testament institué le duc d'Anjou, petit-fils du roi, pour héritier de ses états indivisibles, le conseil de France ne voulut plus renoncer à cette succession; on négocia cependant encore avec les Provinces-Unies et la Grande-Bretagne, pour obtenir leur adhésion en détachant quelques parties, mais on crut voir peu de bonne foi dans leurs propositions, et les négociations étaient déjà rompues, lorsque l'empereur, qui craignait ces rapprochemens, se hâta de commencer la guerre.

Elle fut désastreuse pour Louis XIV; réduit à plusieurs reprises à demander la paix, il essuya toutes les humiliations dans ces fameuses conférences de Gertruidemberg, où le cardinal de Polignac et le maréchal d'Uxelles, virent augmenter les demandes, à mesure qu'ils avançaient leurs offres, et où on finissait par exiger du roi qu'il détrônât lui-même, avec ses seules forces, le roi d'Espagne son petit-fils, et où on ne lui accordait pour l'exécution, qu'une trève de deux mois.

On avait attendu la paix des Provinces-Unies, elle vint de l'Angleterre; la duchesse de Marlborough, favorite de la reine Anne, fut disgrâciée, et tout le ministère qui tenait au parti des whigs succomba; les torys qui leur succédèrent, soit seulement pour changer de système, soit pour préparer, en se rapprochant de la France, la succession de la reine Anne, à la race des Stuarts, décrièrent la guerre. La mort de l'empereur Joseph, qui survint, appuya leur système, en menaçant l'Europe de voir l'Allemagne et l'Espagne réunies dans les mains de l'Archiduc. Les efforts des alliés pour rétablir le crédit de Marlborough, ne firent qu'aliéner l'Angleterre d'eux; un congrès ayant été formé à Utrecht au commencement de 1712, la paix de la France et de l'Angleterre fut faite la même année : les alliés ayant été ensuite battus à Denain, toutes les parties firent successivement leur paix avec la France et l'Espagne, pendant les années 1713 et 1714.

La paix était faite sans que toutes les prétentions réciproques fussent réglées, lorsque Louis XIV mourut; l'Espagne et l'empereur mécontens l'un et l'autre, la première de ces puissances était excitée par la reine de la maison Farnèze, deuxième épouse de Philippe V, qui voulait faire des établissemens à ses fils, et le cardinal Alberoni qui la servait par ses intrigues; le duc d'Orléans, régent, dont la cour d'Espagne était disposée à contester les droits, si le jeune Louis XV venait à mourir, et Georges Ier, roi d'Angleterre, que l'Espagne se proposait de remplacer par un Stuart, se réunirent pour se garantir leurs droits et forcer l'Espagne et toutes les parties, à accepter des conditions qu'ils réglèrent (1).

Les Hollandais s'étant unis à eux dans les mêmes vues, il en résulta la triple alliance appelée ensuite quadruple alliance, par l'accession de l'empereur. Alberoni ayant fait sans succès l'essai des armes d'Espagne fut disgracié; Philippe V accéda à la quadruple alliance, et un congrès se réunit à Cambrai, pour régler tous les droits; les négociations y languissaient lorsqu'il fut entièrement rompu par le renvoi de l'Infante, qui avait été destinée au lit de Louis XV. Alors vint à la place d'Alberoni, le marquis de Riperou, qui allia l'Espagne à l'empereur, par des traités où l'Espagne admettait les conditions de la quadruple alliance, et suivant lesquels l'empereur devait la soutenir, pour reprendre sur les Anglais Gibraltar et l'île de Minorque, qui leur avaient

(1) Jamais les intérêts de l'Europe n'ont été plus brouillés qu'à cette époque : mort de Louis XIV, enfance de Louis XV, prétentions opposées du duc d'Orléans et de l'Espagne, regrets de celle-ci et de l'empereur sur le partage, nouvelle succession mal affermie en Angleterre, Charles XII, Alberoni, la reine d'Espagne, etc., de là dans l'impuissance de faire la guerre, les intrigues et les négociations qui ont caractérisé cette époque.

été cédés à Utrecht ; de là des préparatifs hostiles de tous les côtés, et le siége de Gibraltar entrepris ; mais, excepté l'Espagne, personne ne voulait la guerre : les parties rapprochées par la médiation du Saint-Père, formèrent un nouveau congrès à Soissons.

Il fallait à l'Espagne l'expectative de Parme, de Plaisance, et la Toscane pour l'infant don Carlos ; aux puissances maritimes, la suppression de la compagnie des Indes orientales, que l'empereur avait établie à Ostende contre les anciens traités passés par l'Espagne ; enfin, l'empereur eût consenti à ces deux conditions pourvu que les puissances eussent garanti la pragmatique-sanction qu'il avait publiée pour assurer l'indivisibilité, et régler la succession de ses états.

Tout eût été bientôt conclu si la France, fidèle au système de démembrer la maison d'Autriche, n'eût constamment éludé la pragmatique-sanction ; elle voulut donc assurer les autres conditions par le traité de Séville, passé entre elle, l'Angleterre, la Hollande et l'Espagne ; le cardinal de Fleury espérait que l'empereur, privé de ses alliés, serait obligé de consentir à ces conditions, sans faire garantir sa pragmatique-sanction ; mais celui-ci, jugeant que, hors la France, aucune des parties n'avait intérêt de s'y refuser, tint ferme, parut prêt même à la guerre, et, en effet, l'Angleterre, laissant la France de côté, passa avec lui le traité de Vienne, où la suppression de la compagnie d'Ostende, les intérêts de don Carlos et la garantie de la pragmatique, furent réunis, et auquel accédèrent ensuite l'Espagne et les Provinces-Unies.

Ainsi finirent, pour lors, toutes les contestations.

Voici les grands résultats qui, pour la plupart, furent arrêtés par les divers traités de la pacification d'Utrecht et confirmés par les suivantes.

Philippe V conserva toute la succession de Charles II, hors les Pays-Bas, les états d'Italie, la Sardaigne, Gibraltar et Minorque, Parme, Plaisance et la Toscane, déclarés fiefs masculins de l'empire, l'expectative à don Carlos en cas d'extinction des mâles de la race régnante.

L'Angleterre eut Minorque, Gibraltar, la démolition des forts de Dunkerque, la cession par la France de l'Acadie, et de quelques autres cantons de l'Amérique septentrionale ; on garantit la succession de la Grande-Bretagne à la maison d'Hanovre.

L'empereur eut les Pays-Bas, le royaume de Naples, et, d'abord, la Sardaigne, qui, par la quadruple alliance, fut changée contre la Sicile ; il céda au roi de Prusse la Haute-Gueldre.

Le duc de Savoie eut d'abord la Sicile, et définitivement la Sardaigne.

La Hollande confirma diverses mesures pour assurer sa barrière (elles sont développées ailleurs.)

La France n'eut que de légers changemens dans ses limites d'Europe.

Philippe V et le duc d'Orléans renoncèrent réciproquement, pour eux et les leurs, le premier, à la succession de France, et l'autre, à celle d'Espagne; celle-ci, au défaut des descendans de Philippe V, fut assurée à la maison de Savoie : ses états actuels passèrent à une branche latérale.

§ V.

Traité de Vienne.

1738.

La guerre de 1733, terminée par le traité de Vienne, est la première des trois grandes guerres où les Français ont été engagés pendant le règne de Louis XV; la mort d'Auguste II, électeur de Saxe et roi de Pologne, en fut l'occasion. Le roi de France ayant voulu remettre sur le trône Stanislas, son beau-père, qui, en effet, fut légalement élu, Auguste III, fils du dernier roi, soutenu par une cabale, fut appuyé par l'empereur et la Russie; le roi d'Espagne, espérant reprendre encore quelque chose de ce que la maison d'Autriche avait séparé de cette monarchie à l'avènement de Philippe V, se joignit à la France; le roi de Sardaigne voulut aussi tirer parti des circonstances, et adopta le même parti dans l'espoir d'enlever quelque portion de la Lombardie à l'empereur, qui fut soutenu par l'empire; les puissances maritimes demeurèrent neutres, la Hollande, entre autres à la condition que le roi de France ne porterait point la guerre dans les Pays-Bas.

Le succès des armes fut partagé, Stanislas, mal soutenu, fut le plus faible en Pologne; partout ailleurs les Français et leurs alliés triomphèrent.

Comme il n'y avait, ni une grande chaleur, ni de puissans motifs de continuer la guerre, on en vint bientôt à des propositions de paix par la médiation des puissances maritimes; mais, commencée en 1735, elle ne fut entièrement conclue qu'en 1738.

Les principaux résultats furent ceux-ci :

Le roi de Pologne, Auguste III, reconnu, l'indépendance de la Pologne et son droit d'élire ses rois, garantis par les puissances contractantes, et notamment par la France; le roi Stanislas eut, pendant sa vie, les duchés de Lorraine et de Bade, qui devaient passer après lui à la France, à la condition de former un gouvernement séparé; le duc de Lorraine eut la Toscane en dédommagement; l'infant don Carlos céda Parme et Plaisance à l'empereur pour les royaumes de Naples et de Sicile; le roi de France garantit la pragmatique-sanction; le roi de Sardaigne obtint quelques nouvelles terres cédées par l'empereur.

Trois de ces résultats très importans subsistent encore : la Lorraine unie à la France, la maison de Bourbon à Naples, la Toscane à la maison de Lorraine, qui représente aujourd'hui la maison d'Autriche.

§ VI.

Traité d'Aix-la-Chapelle.

1748.

La guerre de 1740, la seconde du règne de Louis XV, et la dernière que la France ait soutenue contre la maison d'Autriche jusqu'à l'alliance de 1756, se termina par la paix d'Aix-la-Chapelle, qui est la sixième paix générale depuis celle de Westphalie.

Cette époque peut être considérée comme le dernier degré du déclin de la maison d'Autriche, qui, depuis, n'a cessé de reprendre de l'ascendant.

Une guerre maritime, allumée entre l'Espagne et l'Angleterre, par la contrebande ouverte, que les commerçans de celle-ci se permettaient dans les colonies de l'autre, qu'on avait dissimulée aussi long-temps que l'Espagne fut occupée de l'établissement de don Carlos à Parme et dans les Deux-Siciles, et qu'on voulut réprimer après la paix de 1738, allait être pacifiée, lorsque la mort de Charles VI mit la discorde dans toute l'Europe.

Les maisons de Bavière et de Saxe alléguaient des droits sur la succession; la France persistait dans le système d'abaisser la maison d'Autriche; l'Espagne avait un nouvel infant à établir en Italie; le roi de Prusse, héritier d'un grand trésor et d'une bonne armée avec des états disproportionnés, avait le plus grand intérêt et les plus grands moyens de les agrandir; ce fut lui qui commença la guerre en s'emparant de la Silésie; on le vit alors offrant tout à la fois par sa conduite, à Marie-Thérèse, de défendre le reste de ses états, en lui abandonnant ce qu'il avait conquis, et, aux ennemis de cette princesse, de soutenir leurs prétentions en lui garantissant la sienne.

Marie-Thérèse, environnée d'ennemis qui se liguaient pour la dépouiller, abandonnée de ses alliés fidèles, l'Angleterre et la Hollande, qui voulurent, l'un sauver le Hanovre, et l'autre éloigner la guerre des Pays-Bas, en refusant d'embrasser une cause qui paraissait désespérée, Marie-Thérèse trouva dans son propre courage, dans le dévouement de ses sujets, dans les fautes de ses ennemis, ces ressources qui ne manquent presque jamais à ceux qui savent ne pas désespérer. — Elle refusa d'acheter les secours du roi de Prusse par l'abandon de la Silésie.

La France, la Prusse, la Bavière, réunies pour démembrer les états de Marie-Thérèse, et pour porter l'électeur de Bavière à l'empire, celui-ci, impatient d'occuper la Bohême, laisse Marie-Thérèse respirer en Autriche et en Hongrie; la France sans plan arrêté, entre le cardinal de Fleury, qui était opposé à la guerre, et le maréchal de Belle-Isle, tête exaltée, sans expérience et sans véritable talent, laisse son armée en Allemagne sans chefs; puis lui donne tout à la fois Belle-Isle et Broglie dont les divisions achèvent de la perdre; le roi de Prusse, faisant une paix qui lui assure la Silésie, achève de ruiner le parti des ennemis de Marie-Thérèse, qui, réduite, en 1741, à se voir sans couronne, voit, en 1744, ses ennemis réduits à lui demander la paix.

Fleury acheva, par sa faiblesse à demander la paix, de ruiner les affaires de France : ses lettres au ministre de Marie-Thérèse, publiées par celui-ci, devinrent la fable de l'Europe. Cherchant à obtenir la paix par les Hollandais, par le corps germanique, il ne fit que dévoiler et grossir même dans l'opinion, la détresse où la France était parvenue. Les anciens alliés de l'Autriche s'en rapprochèrent ; les Hollandais, le duc de Saxe, roi de Pologne, la secoururent ; le roi de Sardaigne, que la France, pour prouver sa modération, s'était réduite à vouloir rendre neutre, mais qui, pour gagner quelque chose à la querelle, avait besoin de prendre un parti, s'unit à la reine de Hongrie.

La France se serait vue seule avec quelques secours de l'Espagne contre toute l'Europe, si le roi de Prusse n'eût senti que, la reine de Hongrie étant devenue assez forte pour ne plus avoir besoin de lui, l'acquisition de la Silésie n'était plus en sûreté, s'il laissait accabler la France ; il s'unit donc de nouveau avec cette puissance et l'électeur de Bavière, empereur ; et le gouvernement, de son côté, voyant bien qu'il n'y avait de moyen d'avoir la paix que de faire sérieusement la guerre, s'y détermina avec vigueur.

La mort de l'empereur et le raccommodement de son fils avec la reine de Hongrie changèrent de nouveau la face des choses ; le roi de Prusse profita de l'intérêt qu'avaient les Anglais de concentrer toutes les forces contre la France, pour leur faire consentir, par le traité d'Hanovre, l'acquisition de la Silésie ; ensuite, entrant à main armée dans les états de l'électeur de Saxe et y commettant les plus grands ravages, il détermina ce prince et la reine de Hongrie, son alliée, à accéder au traité d'Hanovre.

La France usa, à son tour, du même moyen envers les Hollandais ; maîtresse des Pays-Bas et menaçant les Provinces-Unies, elle les força de travailler sérieusement à la paix qui, après de longues conférences à Breda, fut enfin conclue dans celles qui eurent lieu, à la Chapelle, entre la France, l'Angleterre et les Provinces-Unies, auxquelles accédèrent bientôt tous les autres belligérans.

Cette guerre, qui avait épuisé toutes les parties, offert un grand spectacle par ses vicissitudes, menacé plusieurs fois de changer la face de l'Europe, développé la grandeur d'âme de Marie-Thérèse, l'habileté politique et militaire du roi de Prusse, l'incertitude et la faiblesse du gouvernement français, se termina par les résultats suivans :

Le roi de Prusse eut la Silésie ;

L'infant don Philippe eut les duchés de Parme, Plaisance, et Guastala ;

Le roi de Sardaigne, quelques cantons du Milanais ;

Le duc de Lorraine, époux de la reine de Hongrie, fut empereur ; la pragmatique-sanction fut reconnue et garantie par toutes les parties ;

Le stathoudérat fut rétabli en Hollande et rendu héréditaire.

Des expressions obscures et vagues, employées dans ce traité sur les limites des possessions anglaises et françaises en Amérique, contribuèrent à amener la guerre qui éclata entre ces puissances en 1755.

§ VII.

Paix de Paris.

1763.

La guerre de sept ans, terminée par la paix de Paris et de Hubertsbourg, septième pacification générale depuis celle de Westphalie, est une des époques les plus importantes de ce siècle, en ce qu'elle a changé tous les rapports de la politique européenne.

L'Angleterre s'était conservé un prétexte de querelle par les articles obscurs du traité d'Aix-la-Chapelle, concernant les limites d'Amérique ; son but était d'anéantir la marine française ou plutôt d'empêcher qu'elle ne se relevât; de s'emparer de nos possessions en Amérique, et d'achever, s'il était possible, de détruire notre commerce maritime : après plusieurs années de négociations simulées et d'hostilités réelles en Amérique, elle tomba, en 1755, sur les vaisseaux du commerce français avant que la guerre fût déclarée.

Dégoûtée des frais immenses et peu utiles que lui avaient coûtés ses guerres sur le continent, et surtout de la nécessité où elle se trouvait toujours de restituer ses conquêtes sur mer, en échange de celles que nous faisions, sur terre, sur ses alliés, elle voulut n'avoir qu'une guerre maritime; en conséquence, elle négligea ses liaisons avec l'Autriche, dont les possessions, dans les Pays-Bas, étaient d'un trop facile accès pour nos armées, et, s'alliant avec le roi de Prusse, crut que le secours de ce prince, joint à l'éloignement des lieux, suffirait pour mettre en sûreté l'électorat d'Hanovre.

La France, de son côté, ayant trouvé le roi de Prusse allié avec ses ennemis, et, d'ailleurs, assez refroidie par la politique égoïste et presque perfide que ce prince avait eue envers elle dans la guerre de 1740, s'allia à la maison d'Autriche.

Celle-ci, ayant, de concert avec la Russie et l'électeur de Saxe, roi de Pologne, projeté le démembrement des états du roi de Prusse, que sa séparation d'avec la France laissait sans appui sur le continent, ce prince les prévint en entrant en Saxe, et, la guerre continentale s'unissant à la guerre de mer engagée entre la France et l'Angleterre, l'Europe se trouva livrée à un embrasement presque général, où la France, l'Autriche, l'Empire, la Russie et la Suède, luttaient contre l'Angleterre et la Prusse, tandis que la Hollande et le roi d'Espagne gardaient, au milieu de ces débats, une neutralité que ce dernier fut cependant, à la fin, obligé de rompre.

La France se trouvant unie à la Russie, la Suède, toujours influencée par l'un et l'autre de ces deux états, ne pouvait que les suivre, et, la France étant unie à la maison d'Autriche, les deux partis opposés de l'empire, attachés à ces deux puissances, étaient entraînés à ne faire qu'un.

Les Français furent d'abord heureux, et ensuite battus en Amérique et sur la mer; la guerre continentale fut plus long-temps heureuse pour l'Autriche et ses alliés; mais elle finit aussi par des revers.

En 1761, les négociations pour la paix commencèrent entre la France et l'Angleterre; il faut voir l'insolence du gouvernement anglais dans ses réponses aux propositions de notre ministère.

En négociant la paix avec la France, il cherchait querelle à l'Espagne, et ne souffrait pas que le roi de France s'interposât et marquât le désir de terminer en même temps les différens des trois états; la révoltante tyrannie contribua à faire signer le pacte de famille; l'Espagne qui, depuis la mort de Philippe V, alliée au Portugal par l'épouse de Ferdinand VI, s'était, par l'influence britannique, éloignée de la France, s'y réunit par les liens les plus forts, pour ne plus s'en séparer.

Afin de forcer l'Angleterre à la paix, il fallait l'alarmer par l'existence d'un allié du continent; on exigea du Portugal qu'il se joignît à l'Espagne et à la France, pour assurer contre les Anglais l'indépendance des mers, et, sur son refus, l'Espagne l'attaqua.

Les changemens survenus en Russie, où la mort de la czarine Élisabeth, appela d'abord Pierre III, qui s'allia avec la Prusse, et, peu de temps après, son épouse Catherine, qui resta neutre; les affaires du continent, qui avaient été un des principaux obstacles à la pacification des puissances maritimes, s'acheminèrent vers un accommodement.

Les traités de Paris et de Hubertsbourg furent conclus. En voici les principaux résultats :

Sur le continent, rien ne fut changé, le roi de Prusse conserva la Silésie, etc.

La France céda à l'Angleterre le Canada, et tout ce qu'elle possédait sur le continent de l'Amérique, à l'exception d'une portion de la Louisiane, l'île de Grenade, ses établissemens dans le Sénégal, en Afrique, la démolition des fortifications de Dunkerque.

L'Angleterre lui céda les petites îles de Saint-Pierre et Miquelon, pour servir à la pêche de Terre-Neuve, dont le droit lui était conservé.

L'Espagne céda à l'Angleterre la Floride, et obtint la démolition des fortifications qu'elle avait construites sur la baie de Honduras.

Du reste, les conquêtes respectives furent restituées : la France avait pris Minorque, l'Angleterre la Guadeloupe.

Des quatre îles, Tabago, la Dominique, Saint-Vincent et Sainte-Lucie, jusque là considérées comme neutres, les trois premières furent reconnues à l'Angleterre, et la quatrième, à la France.

§ VIII.

Abaissement de la France après la paix de Paris.

Depuis la paix de 1763 jusqu'à la guerre de 1792, la France n'a point eu de guerre de terre, mais cette paix, qui a été l'effet de ses liaisons avec la maison d'Autriche, a été achetée par d'humiliantes et ruineuses condescendances. — Il a fallu voir la maison d'Autriche, qui n'avait cessé de décroître jusqu'à cette alliance, commencer à acquérir, et la Russie, la Prusse, s'agrandissant comme elle, aguerrissant leurs armées, tandis que la France n'acquérait rien en territoire, et voyait ses troupes déchoir du premier rang que nous occupions parmi les puissances continentales, reculer jusqu'au troisième.

Unis par notre alliance avec l'Autriche, nous avons d'abord favorisé son établissement en Italie par le mariage d'un archiduc avec l'héritière de Modène.

Retenus par cette même alliance avec les deux cours impériales, nous avons laissé les Turcs, nos anciens amis, accablés par la Russie dans la guerre de 1768, terminée en 1774 par le traité de Kaiarddjik, et, depuis, par les deux cours impériales réunies.

Nous avons, après de vaines espérances et de ridicules secours accordés aux Polonais, laissé effectuer le partage en 1773.

En 1778, l'empereur Joseph II, ayant envahi la Bavière à la mort de l'électeur Maximilien, décédé sans enfans, nous avons laissé le roi de Prusse opposer la résistance la plus active, et nous nous sommes bornés à consommer, par notre médiation jointe à celle de la Russie, les effets des armes de ce prince (1) ; l'empereur a conservé une petite portion de la Bavière, qu'il n'eût point eue si notre politique eût su prévenir ces différens avant la mort de l'électeur, ou opposer à l'ambition de Joseph une résistance armée.

Nous avons pu, cependant, au moyen de la paix du continent, concentrer toutes nos forces dans la guerre de mer que nous faisions en même temps pour l'indépendance des États-Unis.

En 1785, l'empereur Joseph, ayant cherché querelle aux Hollandais, relativement à la lisière qui leur était accordée et aux garnisons qu'ils tenaient dans les places fortes des Pays-Bas, afin de les conduire à lui accorder la libre navigation de l'Escaut, notre médiation engagea les Hollandais, nos alliés, à faire à l'empereur quelques sacrifices.

Enfin, quoique la maison d'Autriche ne nous fût point opposée dans les débats des Hollandais et de leur stathouder, on peut dire que l'inertie dont son alliance nous avait fait contracter l'habitude, a été l'une des causes de la conduite aussi lâche qu'impolitique de notre gouvernement dans cette occurrence.

Les Hollandais nos alliés, veulent réprimer le pouvoir de leur stathouder entièrement voué à l'Angleterre, éclairer et venger les complots qui

---

(1) Traité de Teschen.

ont paralysé leurs forces pendant la guerre qu'ils soutenaient avec nous ; nous leurs promettons secours, nous annonçons le rassemblement d'un camp, et nous laissons nos amis opprimés, enchaînés par le roi de Prusse, sans faire le moindre mouvement ; en les trahissant, nous voyons l'alliance de la république, qui nous eût assuré la supériorité sur la mer, passer à nos rivaux, nous exclure de la navigation de l'Inde, et préparer l'empire absolu de la mer à une nation qui ne s'allie à elle que pour l'asservir.

En 1789, la Pologne paraît vouloir assurer son indépendance et améliorer son régime intérieur ; cet allié antique et naturel devait surtout compter sur nous, au moment où il nous devenait nécessaire pour maintenir l'équilibre de l'Orient, et arrêter le progrès de deux puissances qui ne cessaient de s'aggrandir au grand détriment de notre importance politique ; entraînés par nos liaisons avec la Russie, nous lui faisons, au lieu de lui envoyer des secours, la recommandation d'éviter le ressentiment de cette puissance.

Otez la guerre d'Amérique, depuis la paix de 1763, l'histoire de notre politique n'est que celle de nos humiliations. Une paix de trente ans sur le continent a-t-elle pu les compenser ? au moins n'est-ce pas en rétablissant nos finances.

L'Autriche n'en a pas moins continué de nous

marquer son animosité; non seulement elle a dépouillé loin de les soutenir nos alliés, mais elle n'a cessé de chercher à nous ôter tout crédit en Allemagne. Dans la guerre d'Amérique, elle a proposé à l'Espagne, de la part des Anglais, la place de Gibraltar pour faire sa paix particulière.

Notre force anéantie, notre volonté subordonnée à l'Autriche, notre état militaire négligé, notre pusillanime modération, nous ont rendus l'objet du mépris de l'Europe; parmi nos anciens alliés, le roi de Prusse est notre ennemi, la Suède et la Porte sont refroidies, la Pologne n'est presque plus.

La maison d'Autriche ne pouvait nous servir directement, l'alliance devait donc avoir pour objet la défense de nos alliés, qu'a-t-elle fait? Elle a rançonné le plus riche (le Turc), et s'est réunie au plus fort (la Prusse), pour dépouiller le plus faible (la Pologne).

§ IX.

Suède et Pologne.

La fortune et les talens de Gustave-Vasa ayant affranchi la Suède du joug des Danois, établi dans ce pays la religion luthérienne, rétabli la royauté et rendu la couronne héréditaire, voici ce qui suivit :

Ses fils, Éric et Jean, lui ayant, l'un après l'autre, succédé, sous le règne de celui-ci, il s'éleva une dispute entre la Suède et la Pologne pour une portion de la Livonie ; l'ordre teutonique fut affaibli : ne pouvant défendre les états qui lui restaient sur les bords de la mer Baltique et du golfe de Finlande, il arriva, d'une part, qu'une partie de la Livonie et Revel, sa capitale, se donnèrent aux Suédois pour en être protégés ; d'autre part, que Kettel, grand-maître de l'ordre teutonique, se réduisant à la Courlande sous la suprématie des Polonais, consentit à leur abandonner le reste de ses états, à condition d'être maintenu et protégé par eux, contre les Moscovites, dans le pays qu'il se retenait. — De là, querelles entre la Suède et la Pologne pour Revel et la Livonie, dont il résulta une nouvelle révolution dans la monarchie suédoise.

Les Polonais, après la mort de leur roi, élurent, pour éteindre les différens, Sigismond, fils et héritier présomptif de Jean, roi de Suède, et de son épouse, de la race des rois Jagellons. Sigismond, installé en Pologne, voulut, à la mort de son père, aller se faire reconnaître en Suède ; mais, étant revenu hâtivement dans son premier royaume, son imprudence, la religion catholique qu'il professait, la cession qu'il fit à la république de Pologne des droits qu'il avait sur la Livonie, comme roi de Suède, donnèrent à Charles, duc de Sudermanie, son oncle et fils de Gustave-Vasa, les moyens d'indisposer contre lui les Suédois; de lui fermer l'entrée du royaume, quand il voulut y revenir; de le faire déclarer, lui et son fils, Uladislas, déchus de leurs droits au trône, et d'y prendre sa place.

De là, les guerres soutenues par Charles et son fils, Gustave-Adolphe, contre les Polonais et aussi contre les Danois, qui, pendant le règne du premier, cherchèrent à profiter de ses querelles avec la Pologne pour faire valoir les anciennes prétentions.

Gustave-Adolphe, après de grands succès en Pologne, leur accorde une trêve pour venir au secours des protestans d'Allemagne opprimés par Ferdinand; la trêve avec les Polonais est successivement prorogée par lui et sa fille Christine. Une paix solide allait succéder, lorsqu'à l'abdication de celle-ci l'ambassadeur polonais, à Stockholm, proteste contre le couronnement de Charles-Gustave, son successeur; nouvelle guerre portée en Pologne par Charles-Gustave; nouveaux succès qui rappellent ceux de Gustave-Adolphe; Charles-Gustave est obligé de courir pour repousser les Danois, qui profitent du moment; il est attaqué par les Moscovites en Livonie ; menacé par les Hollandais ; abandonné par l'électeur de Brandebourg, qui s'était lié à lui, craignant les Polonais, et qui se lie aux Polonais, lorsqu'après ses succès il le redoute lui-même davantage ; enfin, tout se termine par le traité de Copenhague (1) entre la Suède et le Danemark, et par celui d'Oliva (2) entre la Suède, la Pologne, le Brandebourg et l'empereur Ferdinand ; le premier, considéré comme faisant partie de la paix d'Oliva garantie dans toutes ses clauses, indépendamment des parties contractantes, par la France, l'Angleterre et les Provinces-Unies.

Les principaux résultats de cette paix sont l'indépendance de la Suède et le droit des princes régnans reconnus par la Pologne, et reconnus de nouveau par le Danemarck ; l'acquisition de la Livonie confirmée à cette puissance, ainsi que celle de quelques îles et cantons de terre ferme sur les limites de la Norwège, ayant appartenu au Danemarck ; et quelques conventions entre ces deux états, relatives à la navigation de la mer Baltique.

La Prusse (alors duché, depuis royaume), re-

---

(1) 6 juin 1660.
(2) 3 mai 1660.

connue indépendante de la Pologne dont elle avait été un fief.

La Courlande demeure sous le gouvernement de son duc et la suzeraineté de la Pologne. Mais depuis que la Livonie a été acquise par les Russes sur les Suédois, cette suzeraineté de droit a presque disparu devant la suzeraineté de fait, que les czars ont exercée sur la Courlande.

A l'occasion de ces évènemens, le traité de Velau, fut passé entre l'électeur de Brandebourg et la Pologne. Indépendamment de la franchise du duché de Prusse, il stipule une alliance entre les deux états, et les secours réciproques qu'ils doivent se fournir.

Après la paix d'Oliva, la Pologne demeura en guerre contre les Moscovites; cette guerre, long-temps suspendue par plusieurs trèves successives, se termina par le traité de Moscou, lors duquel ces deux puissances se réunirent contre les Turcs.

§ X.

SUÈDE.

Paix de Stockholm et Neustadt.

La Suède affranchie, organisée, constituée par Gustave Wasa, s'éleva, par l'effet des victoires de Gustave-Adolphe, à un degré de prééminence trop disproportionnée avec ses forces réelles, pour pouvoir être durable. La valeur de ses peuples et une suite non interrompue de rois habiles et belliqueux, depuis Gustave Wasa, l'y avait élevée; ce fut l'abus des mêmes choses par l'imprudent Charles XII, qui l'en précipita.

Le gouvernement était devenu absolu sous Charles XI, père de Charles XII : c'était une de ces révolutions qu'on a vues plusieurs fois en Suède; la nation fatiguée des dissentions, les trois autres ordres irrités de la domination de la noblesse, avaient d'abord rendu le roi, suprême exécuteur des lois et avaient réduit le sénat à n'être que son conseil; deux ans après, ils l'avaient mis au-dessus des lois mêmes; il en avait abusé et déjà le mécontentement se faisait sentir, lorsque Charles XII monta sur le trône à l'âge de quinze ans, avec une grande autorité et un plus grand royaume, mais qu'il était presque impossible de défendre contre l'inquiétude du dedans et les ennemis qui se préparaient à l'attaquer au dehors.

Ceux-ci le sauvèrent de celle-là, Charles XII vit le Danemarck, le roi de Pologne, électeur de Saxe, et le Czar se réunir contre lui; il châtie d'abord le Danemarck et l'oblige à rendre justice à la maison de Holstein Gottorp, qui, possédant et gouvernant en commun avec le roi Danois, les duchés de Holstein et de Slesvick, éprouvait sans cesse des usurpations de la part de cet associé plus fort que lui ; ensuite, en quelques années, Charles bat les Russes à Nerva, l'une des plus brillantes victoires de l'histoire moderne, détrône le roi de Pologne, met à sa place Stanislas Leczinsky, oblige l'empereur à renouveler et augmenter les dispositions de la paix de Westphalie en faveur des protestans d'Allemagne, marche en Russie pour détrôner le Czar, et après des victoires et des fatigues inutiles, est enfin détruit à Pultawa. Réduit à demander asile au Grand-Turc, il passe quelques années à Bender, revient en Suède en 1714, trouve le pays épuisé, et les Suédois presque chassés de leurs possessions d'Allemagne. Il allie son humeur guerrière aux intrigues diplomatiques de son ministre le baron de Goltz, uni de projets avec Alberoni ; puis, après avoir vainement tenté de remuer l'Europe, il meurt au siége de Frédérichshald en Norwége, à l'âge de trente-six ans.

A la mort de Charles XII, les Suédois, que son caractère impérieux et une sorte d'admiration pour ce qu'il y avait en lui d'héroïque, avaient contenus, désirèrent également la paix et le changement du gouvernement ; ils appelèrent au trône la princesse Ubrique-Éléonor, épouse du landgrave de Hesse, et rétablirent à peu près l'ancien gouvernement, mais avec des droits encore plus étendus pour la diète et le sénat, au grand détriment du pouvoir royal qui fut presque anéanti.

La reine, qui considérait le Czar comme son principal ennemi, chercha d'abord à faire la paix avec les autres, et les ayant successivement détachés, se rapprocha enfin du Czar, et par d'immenses sacrifices termina une guerre, dont le grand résultat a été d'enlever à la Suède le rang de première puissance du nord pour le faire passer à la Russie.

Voici les principales cessions des traités de Stockholm et de Neustadt, qui terminèrent cette guerre.

La Suède de tous ses états en Allemagne, ne conserva qu'une petite partie de la Poméranie; l'électeur d'Hanovre, roi d'Angleterre, eut les duchés de Bremen et de Verden; le roi de Prusse eut une partie de la Poméranie et possessions limitrophes; les droits du duc de Holstein Gottorp, sur le Slesvick, furent sacrifiés au Danemarck; le Czar eut la Livonie et toutes les terres et îles voisines.

La Suède reçut, en dédommagement de ces immenses cessions, quelques sommes d'argent de la part de chacune des puissances contractantes.

Tels furent, avec le changement du gouvernement, les effets du règne de Charles XII; il est vrai, cependant, que la puissance suédoise avait commencé avant lui à languir, par la grande raison, sans doute, que sa force réelle n'avait pas de proportion avec la masse de ses ennemis et la jalousie qu'elle excitait, et, selon M. de Mably, pour avoir négligé son alliance avec la France, et trop recherché la paix. Elle entra, en 1668, dans la triple alliance contre la France, elle s'unit ensuite à celle-ci dans la guerre de 1672, et la quitta encore après; mais, quelle qu'eût été sa conduite, les progrès inévitables de l'empire de Russie devaient parvenir bientôt à la placer dans une position subalterne.

La Suède, depuis lors, est de plus en plus déchue de son rang en Europe; le roi de Prusse, dont le gouvernement est non contesté, qui a une base de pouvoir beaucoup plus solide en argent, et l'acquiert chaque jour en soldats, placé de manière que ses conquêtes lui sont utiles, tandis qu'elles n'ont jamais servi qu'à épuiser les Suédois, s'est agrandi et est aujourd'hui un nouvel obstacle au retour de leur grandeur. Protecteur de la liberté politique et religieuse en Allemagne, barrière de la Russie, allié naturel de la France sur le continent, le roi de Prusse a pris, presqu'en tout point, la place de la Suède, qui, cernée par trois puissances dont deux au moins lui sont devenues supérieures, ne peut avoir d'autre espoir que celui de se maintenir par l'effet de leur rivalité.

Le partage de la Pologne a la même influence

sur la Suède que sur les Turcs : il fortifie deux voisins dangereux aux dépens d'un troisième qui ne pouvait nuire.

Quant à l'état intérieur de la Suède, on voit, par ce qui précède, qu'il fut toujours abattu par sa pauvreté, et soutenu par la vaillance héroïque du peuple qui l'habite.

C'est à cela, je pense, qu'il faut principalement attribuer les variations de son gouvernement; le pouvoir monarchique ne peut y prendre des racines profondes parce qu'il manque de revenus; le roi y est chef, mais ne peut y devenir maître : s'il l'est un moment, c'est un état violent qui ne subsiste que par une énergie tyrannique et les extorsions pécuniaires. Comme l'ordre des bourgeois, qui est l'appui du trône et l'adversaire de la noblesse, y est très faible; la noblesse puissante y est rivale du trône, et, ne possédant le pouvoir que pour déchirer l'état par ses dissensions et vendre aux étrangers une pauvreté orgueilleuse, l'excès de ses désordres repousse le peuple vers la monarchie, comme l'abus du pouvoir royal, dans un pays qui ne peut le comporter, le pousse vers l'aristocratie, l'élément démocratique ne pouvant que faire triompher momentanément l'un des deux autres, et n'ayant pas assez de force pour les unir et les tempérer.

§ XI.

SUÈDE.

Paix d'Abo.

La Suède, libre et jouissant de la paix depuis la mort de Charles XII et le traité de Neustadt, évita long-temps de recommencer la guerre; elle refusa de prendre part à celle qui s'éleva, en 1733, pour l'élection du roi de Pologne; elle s'allia même avec la Russie pour entretenir la bonne intelligence, et, à cette occasion, la France, qui avait consenti à renouveler son traité de subsides, se rétracta. Cette espèce de rupture excita l'attention des Suédois, qui, dans la diète de 1738, disgrâcièrent les sénateurs qui avaient contracté le traité avec la Russie; la France, qui, en 1740, commença la guerre contre l'impératrice Marie-Thérèse, profita de ces dispositions pour entraîner les Suédois à déclarer la guerre à la Russie, alliée de l'Autriche.

Cette guerre dont les motifs paraissaient assez vagues (insultes, usurpation de limites, assassinat de l'ambassadeur suédois), cette guerre était cependant juste, puisque toutes les cessions du traité de Neustadt avaient été l'effet d'une heureuse usurpation ; mais c'était la guerre de la faiblesse contre la force : elle fut malheureuse, et, loin de regagner ce qu'on avait perdu, la Suède, dont l'armée, après plusieurs mauvais succès, se trouva entièrement enveloppée dans la seconde campagne, fut contrainte à passer, en 1743, le traité d'Abo, par lequel, outre la confirmation de toutes les dispositions de celui de Neustadt, elle abandonna à la Russie quelque portion de la Finlande.

M. de Mably, qui admire toujours la liberté, sans examiner la bonté et la convenance des lois qui l'établissent, remarque cependant que les malheurs de cette guerre furent causés par la perfidie du parti ennemi du nouveau gouvernement, croyant que les mauvais succès seraient attribués à l'administration actuelle, et détermineraient les Suédois à rendre à la couronne son autorité ; mais il ne dit point que, dans ces temps malheureux, les Suédois, ballottés entre la France et la Russie, qui soudoyaient chacune un parti dans l'état, flottaient entre des résolutions opposées, dont aucune n'avait pour objet le bien de la patrie, et que, sous le nom de liberté, la plupart cherchaient à profiter du crédit qu'ils pouvaient s'acquérir, en le vendant à l'étranger.

M. de Mably s'étonne que la Russie exigeât que

cette forme de gouvernement ne fût point changée. « Le cardinal Mazarin, dit-il, redoutait l'Angleterre constituée en république.... » Le cardinal Mazarin eût pensé comme les Russes sur la Suède. L'Angleterre est une puissance maritime, et le gouvernement républicain favorise le développement des forces de mer; l'Angleterre passait d'un gouvernement mixte à un gouvernement plus énergique; mais, en Suède, c'était, sous les deux points de vue, l'opposé.

Aussi les grandes prospérités que M. de Mably promettait à la Suède, comme résultat de son gouvernement absurde, n'ont-elles eu aucune réalité; ce pays n'a repris aucune force, et a continué de courir de révolutions en révolutions, toujours ballotté entre la puissance royale et une noblesse remuante et factieuse, et, de plus, toujours vendue à la Russie et à la France.

§ XII.

SUISSE.

Les cantons suisses ne sont unis entre eux par aucun lien constitutionnel, ils sont pleinement souverains et indépendans les uns des autres; leur fédération est, si on peut s'exprimer ainsi, purement diplomatique; il n'y a même que les trois plus anciens cantons qui soient liés *directement* avec chacun des douze autres; mais tous se tiennent comme alliés ou alliés de leurs alliés.

La paix n'avait jamais été troublée dans l'union helvétique, lorsque les querelles religieuses vinrent y porter la discorde. Zuingle y prêcha ses dogmes en 1716, les cantons se divisèrent, et bientôt après la chaleur des prêtres des deux partis alluma des querelles; le canton d'Underwald, catholique, plus faible que ses adversaires, eut l'imprudence d'appeler à son secours Ferdinand, frère de Charles-Quint; mais à peine les hostilités étaient-elles commencées, que les parties, apercevant tout le danger auquel leur division les exposait, se rapprochèrent.

Avant la division des dogmes, il n'y avait, en Suisse, qu'une seule diète générale, où se traitaient toutes les affaires de la confédération; depuis la naissance des sectes, la diète générale n'existe, pour ainsi dire, que pour la forme, et tout se décide dans la diète particulière des protestans, à Arau, canton de Zurich, et dans celle des catholiques à Lucerne.

En 1655, de nouvelles querelles s'élevèrent, au sujet de la religion, entre les principaux cantons protestans et catholiques; la guerre fut terminée à la médiation de la France et des cantons demeurés neutres par la paix de Bade. La liberté, à chaque canton, de professer sa religion ; la convention de terminer par arbitres tous les différens qui pourraient s'élever dans la ligue helvétique ; la liberté de professer les deux cultes dans les provinces sujettes de différens cantons, telles furent les clauses du traité ; quant au changement de religion et au transport de domicile et de biens, d'un canton dans un autre, on s'en rapporta aux anciens usages.

En 1712, l'abbé de Saint-Gall, ne cessant d'attenter à la liberté politique et religieuse des habitans du comté de Toggembourg, dont il était seigneur, ceux-ci furent soutenus par les cantons protestans, et l'évêque, par les catholiques ; cette guerre fut terminée entre les cantons par les deux traités d'Arau ; et les droits de l'Abbé et des Toggembourgeois furent réglés définitivement par le traité de Bade.

Les principales dispositions du traité d'Arau, qui est le dernier état des Suisses, règle les possessions respectives des cantons, et le mode de concilier les religions et le pouvoir politique dans les pays sujets de plusieurs cantons de secte différente.

Les Suisses ont alliance défensive avec les Provinces-Unies.

De même avec la France. Leurs liaisons avec

cette nation sont censées les plus anciennes et préférées à toutes.

Ils ont, de plus, traités d'amitié et capitations pour fournir des troupes, avec la maison d'Autriche, le Saint-Siége, etc.

§ XIII.

TURCS.

La religion fait aux Turcs une loi de conquérir pour étendre l'empire de la vérité. Tant que cette maxime fut soutenue par la vaillance, la discipline et l'enthousiasme militaire, l'Europe fut menacée d'être envahie; mais les institutions militaires et civiles d'Europe se sont perfectionnées et celles des Turcs corrompues, de sorte que cet empire, autrefois agressif, se réduisit à la fin du siècle dernier à balancer la réaction de ses ennemis, et depuis il a été mis de plus en plus sur la défensive.

Leur marine se perdit au siége de Candie contre les Vénitiens, et la paix de Carlowitz, abattant le parti des mécontens en Hongrie, et fixant le pouvoir monarchique dans ce royaume, opposa une digue insurmontable à leur puissance continentale.

Le despotisme se ruine par les moyens qui l'établissent : la milice des janissaires avait porté au plus haut point le pouvoir intérieur et extérieur des sultans; sentant sa force, elle devint peu à peu indocile et insolente; la discipline, la valeur, les maximes d'honneur s'y relâchèrent à la fois; chaque jour elle devint plus redoutable au sultan et moins à l'ennemi. Comme la religion turque attache le droit de régner à tout ce qui est de la race des Ottomans, les empereurs, pour ôter des chefs à leurs soldats, renfermèrent dans le sérail leurs parens et leurs successeurs; là, ils devinrent incapables de commander quand ils parvenaient au trône, et les liens du pouvoir se relâchèrent d'autant plus. Enfin, tremblans devant les janissaires, les sultans et leurs ministres prirent pour système de les affaiblir et de les dégrader pour les rendre moins redoutables; et loin de tempérer les abus, ils les encouragèrent. On conduisit la milice au combat pour l'y faire périr; l'indolence et l'argent devinrent de plus en plus la passion des janissaires, et si les sultans acquirent quelque sûreté, ce ne fut qu'aux dépens de leur puissance. C'est surtout le siége de Candie, où les Turcs perdirent plus de deux cent mille hommes, qui acheva de consumer cette révolution dans la milice.

La conduite des Turcs envers les étrangers n'est

pas moins vicieuse et impolitique : premièrement, ils sont sans foi, et se croient dispensés de tenir leur promesse envers les ennemis de Dieu. La puissance du Grand-Turc serait bornée s'il s'assujettissait à sa parole ; ses traités ne sont que de pures grâces qui ne sauraient durer qu'autant que son bon plaisir.

Deuxièmement, le Grand-Turc ne commence jamais la guerre avec combinaison, mais par caprice ou par colère ; souvent il laisse passer le moment où ses ennemis sont occupés d'un autre côté, et les attaque en suite, lorsqu'ayant fait la paix ils peuvent lui résister avec toutes leurs forces.

Les Turcs se considérant dans un état de guerre permanent avec la chrétienté, ne faisaient autrefois que des trèves ; mais depuis que cet état de guerre leur est devenu de plus en plus fatal, ils ont adopté l'usage de signer comme toutes les autres puissances des paix perpétuelles.

Les obstacles qui ferment aux Turcs l'invasion de l'Europe, sont les Russes, les Polonais, la maison d'Autriche et la république de Venise.

Aujourd'hui deux de ces puissances ont pour ainsi dire disparu, mais l'Autriche et surtout la Russie menacent de plus en plus l'empire turc ; non seulement ils ne lui permettent pas de conquérir en Europe, mais ils lui ravissent chaque jour une partie de ce qu'il y possède, et, forts de leurs nouvelles acquisitions en Pologne, ils finiront par l'en chasser, à moins que l'empereur, redoutant l'agrandissement d'un voisin aussi redoutable que la Russie, ne l'abandonne pour garantir, de concert avec les puissances de l'Occident, les limites actuelles de l'empire turc. Mais dans le cas où ce prince préférerait son agrandissement à sa sûreté, il est douteux que, dans l'état de faiblesse auquel la France sera réduite pour quelque temps, toutes les forces de l'Occident, depuis la Suède jusqu'à l'Espagne, puissent suffire pour sauver le Grand-Turc de l'expulsion totale de ses états d'Europe.

Quoique la Pologne soit au nombre des états limitrophes de l'empire turc, il s'en faut de beaucoup qu'il en ait toujours été l'ennemi; comme ces deux états ont des ennemis communs, surtout la Russie, ils se sont souvent réunis, et le Turc n'a pas moins été le protecteur de l'indépendance des Polonais que le soutien des mécontens de Hongrie.

Les alliés naturels du Turc sont la France (ennemi commun, l'Autriche); la Suède (ennemi commun, la Russie); le roi de Prusse (ennemis communs, l'Autriche et la Russie); aussi ont-ils formé des traités d'alliance avec ces trois puissances : avec la France, dès François Ier; avec la Suède et la Prusse, lors de la guerre de 1756.

Quant aux traités de commerce, ils en ont avec toutes les nations de l'Europe. Les Français étant les anciens amis de la Porte, long-temps les autres nations de l'Europe n'ont pu faire le commerce du Levant que sous leur pavillon; l'Angleterre, sous Élisabeth, commença à traiter avec la Porte, et les autres nations commerçantes ont suivi; elles y sont aujourd'hui à peu près toutes sur le même pied. — Commerce de toutes marchandises, hors l'exportation de munitions de guerre. — Protection promise par le Turc contre les Barbaresques. — Exemption de certains droits pour les commerçans; ils doivent être jugés par leur consul dans les contestations entre eux, et assistés de lui dans les procès contre les Turcs. — Droit des gens assuré aux ambassadeurs et consuls. — Droit de religion, etc.

Les Turcs ayant pour ennemis les puissances de la chrétienté qui leur servent de limites, et que j'ai nommées plus haut, ont eu avec elles une longue succession de guerres terminées par des traités de paix, fixant le droit et les limites réciproques. Ils gagnèrent presque toujours du terrain jusque vers la fin du siècle dernier; ensuite se soutinrent quelque temps, et dans ce siècle-ci, ils n'ont cessé de reculer.

FIN DE BARNAVE (*).

1.

ASSEMBLÉE LÉGISLATIVE.

Séance du 15 Août 1792.

MONITEUR N° 230, PAGE 968.

M. Larivière. — La pièce que je vais vous lire est de M. Delessart; le titre qui s'y trouve est écrit, en marge de l'original, de la propre main du roi.

Projet du comité des ministres, concerté avec MM. Alexandre Lameth et Barnave.

« 1° Refuser la sanction.
» 2° Écrire une nouvelle lettre aux princes,
» d'un ton fraternel et royal.

(*) On a placé sous ce titre divers documents relatifs à la mise en accusation de Barnave, à sa détention, à sa translation à Paris, à son jugement et à sa mort.

» 3° Nouvelle proclamation sur les émigrans,
» d'un style ferme, et marquant bien l'intention
» de maintenir la constitution.

» 4° Réquisition motivée aux puissances, de ne
» souffrir sur leur territoire aucun rassemble-
» ment, armement, ni préparatifs hostiles.

» 5° Établir trois cours martiales, et faire, s'il
» est nécessaire, de nouvelles dispositions relati-
» vement aux démissions, désertions, remplace-
» mens, etc.

» Le ministre de la justice portera à l'assem-
» blée et remettra lui-même au président le dé-
» cret revêtu de la formule : *le roi avisera*.

» Il exposera ensuite, en parlant en son propre
» nom, que le roi aurait accueilli quelques dis-
» positions de la loi ; mais que la sanction étant
» indivisible, etc., il rappellera d'une manière
» générale ce qui a été fait, tel que la procla-
» mation sur les émigrations, la lettre que le roi
» a déjà écrite aux princes ses frères ; il lira
» la nouvelle lettre qui sera écrite : il annoncera
» les dispositions tant anciennes que nouvelles,
» dont chaque ministre rendra *immédiatement*
» *compte*.

» Le ministre des affaires étrangères rappellera
» les précédentes dispositions, et fera valoir le
» bon effet qu'elles ont produit auprès de l'em-
» pereur, en faisant connaître les ordres qu'il a

» donnés dans les Pays-Bas. Il fera *part* de la nou-
» velle réquisition.

» Le ministre de la guerre rendra *compte* de ce
» qui le concerne.

» Le ministre de l'intérieur dira que les décrets
» déjà rendus, relativement aux paiemens des
» pensions, traitemens, etc., sont soigneusement
» exécutés.

» On estime qu'ensuite le roi ferait une chose
» extrêmement utile, en demandant à chaque
» département, un certain nombre d'hommes
» pour être placés dans sa garde. »

M. Cambon.—Cette pièce convaincra sans doute les plus incrédules de l'existence du foyer de conjuration qu'on vous a déjà dénoncé sous le nom de comité autrichien. La cour croyait que le jour des vengeances était arrivé pour elle. Ces jours doivent au contraire être ceux de la justice du peuple. Je demande que les deux ex-constituans soient décrétés d'accusation.

L'assemblée décide unanimement qu'il y a lieu à accusation contre MM. Alexandre Lameth et Barnave.

M. Fauchet.—L'assemblée ne serait pas conséquente à elle-même, si elle décrétait d'accusation MM. Barnave et Lameth, sans rendre le même décret contre le comité entier des ministres.

L'assemblée décrète qu'il y a lieu à accusation contre MM. Duportail, Duport-Dutertre, Bertrand, Montmorin et Tarbé.

II.

Séance du 26 Août 1792.

MONITEUR N° 241, PAGE 1021.

M. Beignoux présente la rédaction de l'acte d'accusation contre MM. Barnave et Alexandre Lameth.

M. Larivière. — Je ne m'oppose point au projet de décret qui vous est présenté par votre comité; mais je demande à rectifier un fait que quelques journalistes n'ont pas rapporté avec assez d'exactitude.

Lorsque j'eus l'honneur de vous donner lecture de la pièce qui sert de base à l'accusation sur laquelle vous allez prononcer, et que j'avais trouvée dans le secrétaire de Louis XVI, en ma qualité de commissaire de l'assemblée nationale, au château des Tuileries, je vous observai, qu'après avoir confronté avec l'écriture du roi la note portant ces mots: *Projet du comité des ministres concerté avec MM. Barnave et Alexandre Lameth*, je vous observai, dis-je, que cette note nous avait paru écrite de la main du roi; mais je ne l'assurai point, n'étant pas assez expert en écritures, et connaissant d'ailleurs jusqu'à quel point cette sorte de vraisemblance peut être défectueuse.

Je demande donc que l'assemblée nationale veuille bien peser dans sa sagesse l'observation que j'ai l'honneur de lui soumettre, et que je devais à la vérité, à la justice et à ma conscience.

M. Goupillau. — J'adhère à cette déclaration, et j'en ajoute une autre : Nous vous avons dit, en vous présentant la pièce, que nous croyions qu'elle était tout entière de la main de M. Delessart; mais nous ne l'avons point assuré.

M. Goyer fait lecture de plusieurs autres pièces, parmi lesquelles on remarque les deux suivantes :

Billet des princes, enfermé dans un portefeuille trouvé dans les appartemens du roi.

« Je vous ai écrit, mais c'était par la poste. Je
» n'ai rien pu dire. Nous sommes ici deux qui
» n'en font qu'un; mêmes sentimens, mêmes
» principes, même ardeur pour vous servir. Nous
» gardons le silence; mais c'est qu'en le rompant
» trop tôt, nous vous compromettrions; mais
» nous parlerons dès que nous serons sûrs de
» l'appui général, et ce moment est proche. Si

» l'on nous parle de la part de ces gens-là, nous
» n'écouterons rien ; si c'est de la vôtre, nous
» écouterons ; mais nous irons droit notre che-
» min. Ainsi, si l'on veut que vous nous fassiez
» dire quelque chose, ne vous gênez pas. Soyez
» tranquille sur votre sûreté. Nous n'existons que
» pour vous servir ; nous y travaillons avec ar-
» deur, et tout va bien. Nos ennemis mêmes, ont
» trop d'intérêt à votre conservation pour com-
» mettre un crime inutile, et qui achèverait de
» les perdre. Adieu. *Signé* : L. S. X., Ch. P. »

Note trouvée avec des lettres adressées à M. de Montmorin, ex-ministre, dans son appartement, aux Tuileries.

1° Si l'on fait partir les gardes suisses ; il y a lieu de le craindre.

2° La déchéance doit avoir lieu, ce que l'on pourra savoir à l'avance.

3° Si un mouvement populaire fait craindre pour les jours du roi, que son inviolabilité ne serait plus autant respectée par le peuple.

4° Si la garde nationale, toujours insouciante et timide, ne laissait espérer aucun secours réel.

Voilà quatre questions probables sur l'affirmative, et qui déterminent la nécessité d'aviser à un parti.

Le roi continuerait-il à demeurer exposé à tant de dangers, ou bien profiterait-il de l'assistance encore possible des gardes suisses, qui, une fois partis, ne pourraient être remplacés par aucun corps d'armée?

On peut croire que, dans le cas où le roi se déterminerait à quitter Paris, pour ne pas dépasser la distance prescrite par la constitution, il serait suivi par la minorité de l'assemblée. Les proclamations nécessaires pour la sûreté du roi et de sa famille, et de l'ordre public, pourraient être faites par cette section de l'assemblée, de concert avec le roi.

Les constitutionnels désirent que le roi se conduise par eux. Il ne faut cependant pas les confondre tous ensemble. Une conversation que j'ai eue ce matin avec deux députés ne m'a pas rendu plus tranquille sur la suite des évènemens.

Les questions ci-contre ont été le principal objet de cette conversation; ils sont disposés à quitter l'assemblée, mais ils veulent attendre les derniers évènemens, afin d'être utiles jusqu'aux derniers momens. Un des deux, avec qui j'ai eu conversation, désirerait que le roi partît avec un détachement de gardes nationales de Paris, dans l'arrondissement fixé par la constitution. Il n'a pas pu cependant disconvenir qu'il y avait de grands inconvéniens et de grands dangers à partir ou à rester.

On prétend qu'une grande partie de la garde nationale suivrait le roi. Je ne le pense pas; et on croit, en effet difficilement, que les mêmes personnes qui ont laissé entrer dans le château à main armée, puissent quitter leurs foyers, qu'ils livrent au pillage, pour suivre le roi.

Je serai instruit à l'avance du parti que prendra l'assemblée sur le projet de déchéance, parce qu'on est maintenant à recenser les opinions pour le oui ou pour le non; on cherche même à faire prendre engagement par écrit à ceux qui sont pour s'y opposer, afin de les forcer à tenir à leur opinion.

III.

Acte du Corps législatif, contenant l'acte d'accusation contre les sieurs DUPORTAIL, DUPORT, TARBÉ, BERTRAND, BARNAVE et Alexandre LAMETH.

Du 29 Août 1792, l'an IV de la liberté.

Acte d'accusation contre :

1° Le sieur *Duportail*, ex-ministre de la guerre ;

2° Le sieur *Duport*, ex-ministre de la justice ;

3° Le sieur *Tarbé*, ex-ministre des contributions publiques ;

4° Le sieur *Bertrand*, ex-ministre de la marine ;

5° Le sieur *Barnave*, ci-devant député à l'assemblé constituante ;

6° Le sieur *Alexandre Lameth*, aussi député à l'assemblée constituante.

Dans la séance du 15 de ce mois, d'après la lecture d'un acte trouvé dans un des secrétaires du cabinet du roi, par les commissaires de l'assemblée nationale, intitulé : *Projet des ministres, concerté avec MM. Lameth et Barnave*, des dispositions duquel il paraît résulter un concert entre les ministres du roi et les conseillers secrets désignés en tête de cet acte, pour prendre des mesures d'une activité apparente, et dont le véritable but semble avoir été d'entraver l'exécution des décrets de l'assemblée nationale, de détruire ainsi le pouvoir législatif, par la résistance sous divers rapports, et sous d'autres rapports, par l'inertie du pouvoir exécutif, l'assemblée nationale a, par son décret dudit jour 15 de ce mois, décrété qu'il y avait lieu à accusation contre :

1° Le sieur *Duportail*, ex-ministre de la guerre;

2° Le sieur *Duport*, ex-ministre de la justice;

3° Le sieur *Tarbé*, ex-ministre des contributions publiques;

4° Le sieur *Bertrand*, ex-ministre de la marine;

5° Le sieur *Barnave*, ci-devant député à l'assemblée nationale constituante;

6° Le sieur *Alexandre Lameth*, aussi député à l'assemblée constituante.

En conséquence, elle les accuse par le présent acte devant la haute cour nationale, comme prévenus d'avoir conspiré contre la constitution, la sûreté générale de l'état, la liberté et la souveraineté de la nation française.

Au nom de la nation, etc.

Signé Servan. *Contresigné* Danton.

Suivent les pièces trouvées dans un des secrétaires du cabinet du roi. (Ce sont celles dont Larivière et Goyer avaient donné lecture dans les séances des 15 et 26 août rapportées n° I et II.)

IV.

Département de l'Isère.

Lecture faite des pièces déposées sur le bureau (*celles ci-dessus*), par MM. G***, S. M*** et R***, commissaires, envoyés par l'Assemblée nationale à l'armée du Midi

Ouï le suppléant du procureur-général-syndic.

Le conseil du département a arrêté que les pièces ci-dessus seraient lues, publiées et affichées dans toutes les villes, bourgs et communes du département.

Fait en conseil du département de l'Isère, séant à Grenoble, en surveillance permanente, le 22 août 1792, et le quatrième de la liberté.

Certifié conforme à l'original.

Signés, P**, président; T**, secrétaire-commis.

V.

Lettre écrite des prisons de Grenoble, à Alquier, Membre de la convention nationale.

Janvier 1793 (1).

J'ai su, par une lettre de M. Blancard (2), mon cher collègue, qu'à votre passage à Loriol, avec M. Boissy-Danglas, vous lui avez témoigné, l'un et l'autre, vos dispositions à mon égard, et qu'elles étaient telles que je crois pouvoir les attendre de tous ceux qui, ayant vu de près ma conduite politique, ont la force de ne pas subordonner leur propre conviction à toutes les fables populaires dont ils connaissent la source impure. Vous savez que je suis accusé et détenu depuis environ cinq mois, et vous en appréciez les motifs. La haute cour, qui devait me juger, ayant été cassée, j'ai vu, après avoir échappé par une heureuse étoile aux massacres de Paris et de Versailles, la pers-

---

(1) Cette lettre et les suivantes, ainsi que le projet de pétition au corps législatif, démontrent combien était futile l'accusation contre Barnave; on n'a pas cru devoir en faire disparaître les répétitions, afin de ne pas affaiblir ses explications.

(2) Ancien constituant, ami de Barnave, et père du lieutenant-général de ce nom.

pective d'être traduit devant le mémorable tribunal du 10, et, ensuite, devant le non moins illustre tribunal, dont le citoyen Lhuillier désigne les jurés, et dont le corps électoral de Paris a nommé les juges. Quoique vous me connaissiez pour affronter assez facilement tous les genres de dangers, je vous avoue que le combat le moins glorieux dont je me fasse une idée est d'avoir à lutter, devant un pareil tribunal, contre le zèle accusateur des tribunes, aux yeux desquelles je serais probablement un bien faible, mais bien juste dédommagement de tout ce que l'évasion de Lafayette, Lameth, etc., et la très probable conservation de Louis, leur aurait ravi de jouissances ; de ne voir peut-être de ressource pour échapper à la plus injuste condamnation, que de descendre à des moyens faibles, évasifs, négatifs, aussi contraires à mon caractère qu'à ma conscience qui s'honore de toutes les choses dont on chercherait à me faire des crimes. Tout cela en supposant même qu'avant mon jugement je ne me trouvasse point enveloppé dans quelque orage populaire.

Quoique le tableau de ces probabilités n'ait rien de flatteur pour un homme dont tout le crime est d'avoir été soupçonné de ne pas croire qu'une constitution, jurée en 1791, dût être renversée en 1792, je me résoudrais cependant à les affronter beaucoup plus facilement qu'à demeurer perpétuellement ici, ou à n'en sortir que par des moyens ambigus.

Mais n'en existe-t-il aucun autre? La convention, qui déjà a rapporté plusieurs décrets d'accusation, ne rapporterait-elle pas le mien? Ne sent-on pas qu'on a excédé la mesure des persécutions? Si, comme on paraît s'y disposer, on révoque le décret rendu contre l'ancien évêque d'Autun, n'y a-t-il pas une partialité évidente à maintenir le mien parce qu'il est, comme chacun sait, l'ami, et moi l'ennemi des hommes qui dominent. Enfin, si ce moyen ne peut avoir lieu, ne peut-on me renvoyer devant tout autre tribunal que celui d'une ville où la convention même croit avoir besoin de s'environner d'une garde, et où l'on ne peut ignorer que, grâce aux libellistes, mon nom seul est un titre de proscription.

Je ne sais quel est le degré d'authenticité de la pièce sur laquelle on m'accuse, mais voici le fait dans son intégrité. J'ai toujours été assez lié avec l'ancien ministre de la justice, et, pendant le temps de ma plus grande popularité, comme depuis, j'ai été dans l'habitude d'aller le voir. Pendant le temps que j'ai passé à Paris depuis la clôture de l'assemblée constituante, j'y ai été peut-être cinq ou six fois: quelquefois il était seul; d'autres jours il avait du monde. Je me rappelle qu'un soir, y étant allé avec Alexandre Lameth, j'y trouvai deux ou trois de ses collègues et quelques autres personnes. On parla du décret que l'assemblée venait de rendre contre les émigrés. Le ministre de la justice annonça, probablement d'après ce qu'il connaissait de l'intention du roi, qu'on allait refuser la sanction à l'article 4. Sur cela, je me rappelle très bien que je lui dis qu'on ne pouvait rejeter un article et adopter le reste, et que la sanction était indivisible; ensuite on parla assez long-temps des moyens qu'il y aurait de faire tourner à l'avantage de la chose publique ce premier acte de la liberté du roi, et il parut à tout le monde fort désirable qu'au moment où il prouverait avec éclat à toute l'Europe qu'il était libre, il prononçât avec force son intention de maintenir la constitution, et agît avec vigueur auprès des émigrés pour les déterminer à rentrer dans le royaume, et auprès des puissances pour les engager à les repousser de leur sein et à dissoudre leurs rassemblemens. Tout cela était une conversation qui n'avait absolument rien de mystérieux, ni de concerté, où il ne se manifesta d'autre sentiment que le désir de servir la constitution. J'y mettais si peu de mystère, qu'étant allé le même soir souper chez madame de Broglie, j'en parlai à plusieurs des personnes qui s'y trouvaient. Si le ministre ayant arrêté avec ses collègues les principaux points qui avaient été traités dans cette conversation, en a envoyé le résumé au roi en ajoutant qu'il les avait concertés avec Alexandre Lameth et moi, c'est ce que j'ignore absolument. Il est possible qu'il ait cru que le nom de deux députés qui avaient contribué, peu de temps auparavant, à défendre sa personne et la monarchie, donnerait plus de poids, auprès de lui, aux mesures constitutionnelles qu'on lui proposait; mais personne ne savait mieux que ce ministre que nous n'avions avec le roi aucune relation particulière.

Ainsi donc, mon cher collègue, tout se réduit de ma part à avoir, moi qui alors n'étais chargé d'aucune fonction publique, parlé en faveur de la constitution chez un ministre jouissant de l'estime universelle, et avec lequel j'étais lié, très longtemps avant que personne m'eût accusé de soutenir le gouvernement. Depuis mon départ de Paris dans les premiers jours de janvier 92, je n'ai eu aucune relation ni avec lui, ni avec aucune personne tenant au gouvernement. Je n'ai appris que par les journaux tous les évènemens qui ont précédé et accompagné la journée du 10 : toutes choses au reste absolument étrangères et à moi et à mon accusation.

Ajoutez à ce qui concerne cette accusation, que lorsque le *veto* et les mesures accessoires furent annoncés à l'assemblée, M. Cambon dit qu'on devait se réjouir que le roi eût prouvé sa liberté à toute l'Europe, *et fut unanimement applaudi.*

J'userai de la même franchise sur mes opinions; vous êtes bien persuadé, je pense, que les évènemens ne m'en ont pas fait changer, et vous ne croyez pas plus à l'efficacité des persécutions politiques que religieuses. Mais vous me rendez sûrement aussi assez de justice pour croire que le premier vœu de mon cœur et le dernier de mes soupirs, sera pour l'indépendance de mon pays, et que j'aimerais mieux voir nos affaires encore beaucoup plus brouillées qu'elles ne me paraissent l'être, que raccommodées par les étrangers. Rien certainement ne serait capable de me rendre l'ami de certaines gens, mais je suis bien convaincu qu'aujourd'hui tout doit céder à la nécessité pressante d'arracher ce malheureux pays à la domination étrangère et aux derniers excès de l'anarchie.

Voyez, d'après ce que je vous dis, si vous croyez pouvoir faire quelque chose pour moi; vous pouvez connaître quelles sont les dispositions et de nos anciens collègues et des autres membres de votre assemblée : les députés de ce département sont certainement très bien pour moi, si ce n'est tous, au moins presque tous, notamment M. Prunelle de Lierre, s'il y avait quelque motion à faire en ma faveur, je pense qu'ils s'en chargeraient volontiers. Quoique j'aimasse beaucoup mieux que le décret fût rapporté sans ma participation, cependant si vous croyez qu'une explication publique et franche de ma part fût nécessaire, je la ferai, soit sur les papiers publics, soit en forme d'adresse. Tout ce pays-ci, quoique bien républicain, est unanimement pour moi ; s'ils croyaient que quelque démarche de leur part pût m'être utile, ils la feraient certainement, mais l'exemple de Dietrick (1) semble prouver le contraire. Au reste, si on me renvoyait promptement devant tout tribunal autre que celui de Paris, j'aimerais autant cela que le rapport du décret, et c'est un acte si évidemment juste, qu'il serait peut-être plus facile à faire prononcer, surtout sans que je m'en mêlasse. Mais si, lorsqu'on rapportera le décret de l'évêque d'Autun, quelqu'un demandait pour moi la même justice, si les esprits y étaient préparés d'avance, cela ne pourrait-il pas réussir? Je laisse ces idées à votre sagacité, et dans cette occasion-ci je ne redoute pas votre paresse. Adieu, mon cher collègue.   B.

(1) Savant minéralogiste et premier maire de Strasbourg. Après la journée du 10 août, il avait rédigé, au nom de son conseil municipal, une adresse pour demander la condamnation des coupables de cette journée. Jugé par le tribunal de Besançon pour ce fait, il fut acquitté ; mais, plus tard, traduit pour un autre prétexte devant le tribunal révolutionnaire, à Paris, il fut condamné à mort, et exécuté.

VI.

A Boissy d'Anglas.

Janvier 1793.

J'ai su par un de nos amis communs (1), mon cher collègue, qu'en passant à Loriol, vous lui aviez témoigné l'intérêt que vous vouliez bien prendre à moi, et le désir de voir mettre un terme à l'état où me retient la persécution la plus injuste et la plus cruelle.

Je ne demande qu'à être jugé et à l'être par un tribunal et sur un théâtre où mon nom, le souvenir de mes amis, et tout ce que j'ai fait pour la liberté de ma patrie, ne soient pas autant de titres de proscription. En un mot, le tribunal de Paris excepté, le choix qu'on pourra faire entre tous les autres m'est indifférent. J'ai écrit à Alquier pour le prier de faire valoir les motifs de ce renvoi auprès du comité de législation, de qui cette proposition m'a paru devoir venir plutôt que de moi.

Quant à vous, mon cher collègue, je crois que la connaissance que vous avez de l'état des choses suffit pour justifier ma répugnance, et vous enga-

(1) M. Blancard. Voir la lettre précédente.

ger à faire ce qui dépendra de vous pour m'obtenir des juges impartiaux ou du moins libres.

Je vais vous parler avec franchise sur le fond de mon affaire. Je n'ai aucune connaissance de la pièce sur laquelle j'ai été accusé ; mais voici un fait : j'ai toujours été lié avec l'ancien ministre de la justice et fort long-temps même avant que personne m'ait accusé de défendre le gouvernement; j'ai continué à le voir, quoique assez rarement, pendant le temps que j'ai passé à Paris après la clôture de l'assemblée, et je me rappelle qu'un soir étant allé chez lui avec Alexandre Lameth, j'y trouvai quelques-uns de ses amis, que je ne nomme point, pour ne pas les envelopper dans un crime d'état, mais très connus pour être attachés à la révolution, et, autant que je puis me le rappeler, deux de ses collègues. On parlait du décret que l'assemblée avait rendu contre les émigrés, je ne saurais retrouver dans ma mémoire tout ce que j'ai pu dire et entendre, mais je me souviens parfaitement que, quant au *veto*, le ministre de la justice dit (probablement d'après ce qui lui était connu de l'intention du roi), que la sanction serait refusée à l'article 4, et que je lui fis observer qu'on ne pouvait diviser la sanction, rejeter une partie du décret et adopter le reste : c'est là tout ce que je me rappelle avoir dit sur ce point. Sa conversation ensuite roula sur les moyens qu'il pourrait y avoir de faire tourner à l'avantage de la chose publique ce premier acte éclatant de la liberté du roi, et il parut à tout le monde que le moment où il effacerait tous les doutes sur la libre émission de sa volonté, serait celui où il pourrait agir le plus efficacement, soit auprès des émigrés pour les faire rentrer dans le royaume, soit auprès des puissances pour les engager à refuser aux émigrés tout secours et à dissoudre leurs rassemblemens ; enfin pour prouver de la manière la moins ambiguë son attachement à la constitution. Ce fut là l'esprit qui ne cessa de régner dans cette conversation qui n'avait rien, ni de mystérieux, ni de concerté. Je ne saurais rien dire de plus clair à cet égard, que la note même sur laquelle j'ai été accusé. Je mettais à cette conversation si peu de mystère, que sortant de là, je fus dans une société nombreuse, où j'en parlai librement à plusieurs personnes. Si ensuite, ce que j'ignore, les ministres ayant arrêté entre eux les mesures dont il avait été question, en ont envoyé le résumé au roi, en ajoutant qu'elles avaient été concertées avec Alexandre Lameth et moi, il est très possible qu'ils aient cru que l'opinion de deux anciens députés qui avaient contribué à la conservation de la monarchie et de la personne du roi, ajouterait quelque poids à leur propre avis en faveur des mesures qu'ils lui proposaient.

VII.

Autre lettre à Alquier.

Le..... Janvier 1793.

Vous avez dû recevoir, mon cher collègue, une lettre de moi, que je vous ai adressée, il y a trois jours. J'ai réfléchi, depuis, que peut-être, pour me servir, auriez-vous besoin de la faire voir à quelques personnes; et comme il peut s'y trouver des phrases dont l'esprit de parti serait effarouché, j'ai eu soin, en écrivant par le courrier d'aujourd'hui à M. Boissy, que ma lettre fût parfaitement ostensible.

J'ai su hier, par les papiers publics, que le décret rendu contre Duquesnoi avait été rapporté. Convenez, mon cher Alquier, que c'est une circonstance propre à caractériser ce moment-ci, que, tandis que cet individu qui, de notoriété publique et au su de nous tous, n'a cessé d'être le bas-valet et peut-être le proxénète de tous les ministres, se trouve élargi aussitôt qu'accusé, je sois renfermé depuis cinq mois, moi, que la plus active calomnie n'a jamais du moins accusé d'une bassesse, contre qui il n'existe qu'une pièce sans authenticité, et qui, en l'admettant même pour authentique, porte avec elle ma justification. Mais il est inutile de s'indigner de tout cela; il vaut beaucoup mieux s'en honorer, et c'est ce que je fais.

On révoquera probablement aussi le décret contre l'évêque d'Autun ; mais il est l'ami secret des hommes du moment, et moi leur public ennemi ; il a découvert qu'il était républicain au mois d'avril 1791, et moi, je n'ai point de semblable souvenir. J'avoue qu'il n'y a pas entre nous de parité.

Toujours ces exemples peuvent-ils servir à ne pas me refuser la justice rigoureuse d'un tribunal *libre*.

Les commissaires envoyés pour examiner la conduite de Montesquiou, L***, St-M** et G***, témoignèrent à des membres de notre administration qu'on avait bien fait de ne pas me faire transférer, et leur laissèrent entendre que mon décret était une affaire de circonstance; il est donc probable qu'ils me seront favorables : or, à ce qu'il me paraît, ce dernier est de la Montagne, et c'est un quartier où il est bon d'avoir des amis. Quoique la conduite de ce parti me paraisse tout-à-fait désordonnée, je vous avoue que je ne les crois pas plus méchans et infiniment moins hypocrites que certains hommes qui font les vertueux. Je ne connais dans la députation de Paris que Legendre et Danton; quoique je n'aie eu aucun rapport avec eux depuis près de deux ans, et jamais aucun que je rougisse de publier, je ne pense pas qu'ils voulussent me desservir.

Je ne puis me persuader que parmi nos anciens collègues il n'y en ait pas plusieurs qui soient indignés de l'état où on me retient. Quant aux Brissotins, Girondins, etc., parmi ceux que je connais, il n'y a que Buzot que je croie capable d'écouter la justice au milieu même de l'esprit de parti; et comme, malgré les différences d'opinions, j'ai toujours eu une estime sincère pour sa personne, comme il est en position de s'apercevoir qu'on peut très bien, sans manquer à sa conscience, être dépopularisé, je n'ai nulle répugnance à ce que vous lui parliez de moi.

VIII.

Lettre à . . . .

Grenoble, février 1793.

Je viens d'apprendre, mon cher collègue, que vous étiez à Paris, et disposé à me servir; celui de mes amis qui m'en instruit n'étant pas, comme vous, retenu par ses fonctions dans la capitale, et pouvant quelquefois s'en absenter, j'accepte très volontiers l'offre que vous voulez bien me faire. Je crois vous connaître assez pour ne commettre aucune indiscrétion lorsque je vous expose à lutter contre des préventions dont vous connaissez la source et l'injustice.

Vous savez, sans doute, ce qui a servi de base à mon accusation, une pièce sans authenticité, sans caractère, que je puis assurer m'être absolument inconnue, et qui ne présente, d'ailleurs, aucune espèce de délit. Le comité de législation de la législature a mis quinze jours à rédiger mon acte d'accusation, réfuté par la pièce même sur laquelle il se fonde; toutes les découvertes postérieures ont été, et ne pouvaient être qu'à ma décharge, et cependant je suis en prison depuis six mois et demi, et rien ne m'annonce encore quel sera le terme de cette oppression.

Je n'ai, depuis la suppression de la haute cour nationale, aucun tribunal qui me soit assigné; le choix m'en serait fort indifférent puisqu'il n'en saurait exister où l'on n'aperçoive contre moi l'apparence d'un crime, et, certes, lorsque le tribunal de Paris a acquitté MM. Dufresne, Saint-Léon et Sainte-Foix, il serait difficile que la prévention ou l'inimitié quelle qu'elle puisse être, parvînt à m'y faire condamner; mais la tranquillité publique m'y paraît trop incertaine et trop variable, j'y serais trop bien noté comme la première victime du premier mouvement, pour que je puisse désirer de courir des chances tout à la fois si périlleuses et si peu honorables. Je désirerais donc qu'on me donnât un autre tribunal, et le choix m'en est indifférent, pourvu que ce soit celui d'une ville à peu près paisible, et où je puisse me flatter de n'avoir affaire qu'à mes juges.

La convention, n'ayant voulu établir aucune règle générale pour ceux qui sont, comme moi, accusés devant la haute cour nationale, s'est, par conséquent, réservé la faculté d'indiquer le tribunal auquel chaque affaire doit être portée, et il me semble que toutes les raisons de justice, et même de décence publique, invitent à m'en assigner un tout autre que celui de Paris, et à le faire sans retard.

Depuis plus de six mois que je suis ici, je ne puis veiller à mes propres affaires, au moyen de la prévention que ma captivité entretient parmi les gens peu instruits; mes propriétés sont toujours au moment d'être détruites; des fermes que j'ai dans le département de la Drôme ont failli plusieurs fois être incendiées, enfin, quoique je conserve encore une grande confiance dans nos forces, on ne peut prévoir quels seront les évènemens d'une campagne où nous allons avoir à combattre presque toute l'Europe; or, ceux qui m'ont mis ici ne doutent pas, au fond de leur âme, que si les choses tournaient mal, je serais poursuivi par nos ennemis communs avec autant d'acharnement qu'ils le seraient eux-mêmes; il me semble qu'il y aurait quelque justice à me donner le temps d'arranger mes affaires de manière à ne laisser, dans leurs mains, ni ma personne, ni ma famille, ni mes propriétés. Je ne suis pas dans l'usage de désespérer facilement, et je fonde encore beaucoup sur notre courage et sur nos ressources; mais, pour croire qu'il n'y ait aucun danger, il faudrait être de ceux qui, plutôt par faiblesse que par courage, ferment les yeux de crainte de voir, et je n'ai jamais été de ceux-là. Je suis moi-même si éloigné de souhaiter à ceux des hommes dominans que je hais le plus, aucune humiliation vis-à-vis des étrangers, que je ne puis croire qu'ils me gardent ici, pour me laisser le cas échéant, entre les mains des émigrés. Cependant ma détention n'est plus bonne qu'à cela.

Faites donc, mon cher collègue, si vous y pouvez quelque chose, qu'on me donne un tribunal, et le moins éloigné d'ici qu'il se pourra. Je n'ai rien demandé jusqu'à présent pour ne pas donner à la malveillance l'occasion de me faire transférer dans les prisons de Paris qui seraient trop facilement pour moi l'antre du lion : je crois devoir continuer à garder le silence; mais si, par les liaisons que vous pouvez avoir conservées avec nos anciens collègues, vous pouvez me faire renvoyer bientôt à un tribunal autre que celui de Paris, vous me feriez un très grand plaisir.

Il y a eu, ici comme à Paris et ailleurs, quelques mouvemens sur le prix des subsistances, l'indulgence les avait d'abord encouragés, une journée de fermeté les a fait cesser, et cela sans qu'il y ait eu une goutte de sang ; rien n'annonce, pour le moment, qu'ils doivent recommencer. Il faut espérer que les nouveaux enrôlemens absorberont les oisifs et les malheureux dont on pourrait se servir pour achever la désorganisation de l'intérieur. Adieu, mon cher collègue.   B.

IX.

Projet de pétition à la Convention nationale (1) pour demander à être jugé.

Décrété d'accusation par l'assemblée législative le 29 août 1792, j'ai été arrêté le. . . . .
Pendant huit mois de captivité, aucune procé-

(1) Cette pétition fut rédigée à la prière de quelques amis, mais elle ne fut pas envoyée. Barnave ne put s'y résoudre. Il dit, dans une autre lettre : « Leur demander justice, ce se-
» rait reconnaître la justice des actes antérieurs, et ils ont
» fait périr le roi !..... Non, j'aime mieux souffrir et mourir
» que de perdre une nuance de mon caratère moral et poli-
» tique. »

dure n'a été commencée contre moi, et je n'ai pas même été interrogé. J'ai cru n'avoir à présenter aucune justification, parce qu'il n'existait aucune charge contre moi; je n'ai opposé à mon fait que ce qui reste à l'homme contre l'injustice armée du pouvoir : la patience à souffrir.

J'avais quitté les affaires publiques depuis un an; j'étais, depuis huit mois, au sein de mes foyers, lorsque j'ai été frappé d'un décret d'accusation, arrêté, conduit dans les prisons, et traité avec plus de rigueur que la loi n'en permet envers les plus grands coupables.

Une grande révolution venait de changer la forme du gouvernement : je me vis enveloppé dans la destruction d'un ouvrage auquel j'avais coopéré, et pour lequel mes opinions s'étaient toujours hautement manifestées. Absorbé dans la pensée des malheurs où tout semblait précipiter ma patrie, mon attention ne se porta sur mon propre sort que pour y voir un ostracisme honorable. Je remerciais mes ennemis de m'avoir mis au nombre de ceux qu'il fallait frapper au moment où l'on renversait la constitution de mon pays.

Je regrettai peu ma captivité dans un moment où je ne pouvais offrir à mes concitoyens que des vœux impuissans, et où mon existence était froissée entre ceux qui gouvernaient mon pays et ceux qui menaçaient de l'envahir. Je me tus, car il me semblait que le texte même de mon accusation suffirait pour me justifier auprès de ceux que la prévention n'aveuglait pas, et quant à ceux qu'aurait pu faire mouvoir ou l'intérêt, ou la fureur, je crus qu'il arriverait un temps où ils me sauraient gré de n'avoir pas provoqué et consigné dans leur histoire un nouveau trait de barbarie.

Cependant, il est temps de comparaître ; si je continuais à garder le silence, je semblerais mépriser un juge qu'on peut récuser un moment, mais devant lequel je ne dois plus hésiter à m'expliquer.

J'ai passé trois mois à Paris après la dissolution de l'assemblée constituante ; quoique le désir d'observer la marche que prendraient les affaires fût un motif suffisant pour m'y retenir plus longtemps, l'impatience de revoir ma famille et mon pays m'avait fait arranger mon retour pour les derniers jours d'octobre.

C'est pendant ce séjour qu'est supposé avoir été commis le prétendu délit qui a donné lieu à mon accusation. Je transcris ici la pièce qui y a servi de base et qui, dit-on, a été trouvée dans l'un des bureaux des appartemens du roi, dans la fameuse journée du 10 août (1).

(1) Voir le n° II ci-dessus.

Cette pièce est sans signature. J'ignore de quelle main elle est écrite et je n'en ai absolument aucune connaissance. Mais si elle a quelque authenticité, voici ce qui aurait pu y donner lieu.

Dès l'année 1790, j'ai commencé d'être lié avec l'ancien ministre de la justice, Dupont du Tertre, et loin d'en faire mystère, j'ai toujours très hautement annoncé mon estime et ma considération pour lui. Cette liaison s'est fort resserrée lorsque après l'évasion du roi, au mois de juin 1791, le comité diplomatique dont j'étais membre, s'est assemblé chez lui presque tous les jours avec le conseil exécutif. Lorsque l'assemblée constituante a été séparée, j'ai continué à aller le voir quoique assez rarement. Je m'y suis trouvé avec diverses personnes ; j'y ai sans doute parlé d'affaires, car quel autre sujet peut intéresser au milieu de si grands intérêts ; mais je défie ceux qui m'y ont entendu, et dans le nombre desquels il en est plusieurs qui ont pris hautement parti pour la nouvelle révolution, de citer un mot de moi qui n'exprimât pas un ferme et sincère désir de voir la constitution s'affermir. En général, dans l'espace de trois ans, j'ai conversé très librement avec un grand nombre de personnes de tous les partis, et je défie qu'aucune d'elles dise que dans les relations les plus intimes, j'ai professé d'autres principes et exprimé d'autres vœux que ceux que je prononçais publiquement.

Je me rappelle très bien qu'un jour chez ce ministre, où étaient, autant que je m'en souviens, deux de ses collègues et quelques autres personnes de sa connaissance, on parla du décret que l'assemblée venait de rendre contre les émigrés. Il me serait impossible de retrouver dans ma mémoire ce que j'ai pu dire et entendre dans cette conversation. La chose dont je me rappelle le plus nettement, c'est que le ministre m'ayant dit qu'il pensait que la sanction serait refusée à l'article 4, je lui répondis que la sanction était indivisible, et qu'il fallait accepter ou rejeter tout le décret. Il est certain, au reste, que les différentes mesures exprimées sur cette note, sont conformes à l'opinion que j'avais alors et que j'aurais encore, si les circonstances étaient les mêmes. Quant à la conversation où j'ai pu les exprimer, elle était si peu mystérieuse, qu'il s'y trouvait des gens auxquels je parlais pour la première fois.

Dix mois se sont écoulés sans qu'on ait cité contre moi un seul fait.

Mes papiers vérifiés après mon arrestation, n'ont présenté aucune apparence de crime, de complot, de relations suspectes; n'ont attesté que mon attachement à un ordre de choses qui était dans la loi de l'état.

Craignant toujours que dans ces temps d'orage, quelque catastrophe imprévue ne m'enlevât jusqu'à la possibilité de manifester mon innocence, je me suis adressé au comité de sûreté générale de la convention, à ce comité où se portent toutes les dénonciations, et où se déposent toutes les preuves, et j'en ai obtenu l'attestation, qu'il n'avait reçu aucune dénonciation, ni aucune pièce contre moi.

Quels motifs, quel intérêt peut donc encore me retenir?

Je suis étranger à tous les partis qui divisent aujourd'hui ma patrie. Les opinions les plus modérées ne s'accordent pas plus que celles des plus ardens avec celles que j'ai professées au milieu de ce chaos...

Je ne m'attache qu'à une idée, je ne forme qu'un vœu, c'est l'indépendance de ma patrie.

Quels sont donc les reproches qu'on peut m'adresser?

Placé dans le comité de révision, j'ai cherché à concilier la liberté avec la forme de gouvernement que je croyais, et que tous les Français croyaient alors la seule possible.

Membre du comité diplomatique, j'ai cru qu'il était utile et possible d'éviter la guerre avec dignité.

Membre du comité des colonies, j'ai voulu les conserver à la France.

Quel avantage personnel ai-je recueilli de ces travaux?

Ma fortune, au lieu de s'être accrue, s'est diminuée, je pourrais le prouver par des pièces authentiques.

J'ai dû traiter beaucoup de questions où des individus, où des classes entières étaient intéressés; j'ai, pendant deux ans, soutenu des questions auxquelles toutes les villes maritimes de France attachaient leur existence. J'ai eu, sur ce seul objet, des relations avec une multitude d'hommes : je défie qu'il s'en lève un seul qui dise que, à ma manière de traiter les affaires, il m'ait cru capable d'agir par des vues intéressées.

X.

Lettre à M. Boissy d'Anglas.

Communiquée par M. le baron Boissy d'Anglas, son fils, et écrite par Barnave pendant sa translation à Paris.

Bourgoin, 4 Novembre 1793.

Je ne sais, citoyen, si vous avez appris que je vais à Paris. Comme je voyage par étape, je n'y serai que dans environ trois semaines, dans les derniers jours de ce mois. Ma mère ira plus vite, et, quoiqu'elle ne soit pas encore partie, elle arrivera dix ou douze jours avant moi.

Homme vertueux qui, n'ayant été qu'une simple connaissance, et ne m'ayant point recherché quand j'étais dans l'éclat et dans la prospérité, êtes devenu mon ami quand j'ai été malheureux, je conserverai jusqu'au dernier moment le souvenir des sentimens que vous m'avez témoignés. — Ma conscience est pure, je défie qu'on prouve contre moi un seul fait dont j'aie à rougir. Mes papiers, saisis chez moi lors de mon arrestation, me sont favorables, à moins que ce ne soit un crime d'avoir été attaché à l'ordre de choses qui était alors la loi de l'état; mais j'ai contre moi mon nom et les préventions qui y sont attachées : si elles sont plus fortes que la vérité, ma conduite vous prouvera du moins que vous n'avez pas mal placé votre estime, et, si je vous laisse des regrets, je ne vous laisserai point de repentir.

J'ai recommandé à ma mère de vous voir, et si elle le peut, sans vous compromettre, devenez son ami dans un temps plus calme; elle en est digne en tout point, et si les choses tournaient contre ses vœux, elle aurait un besoin extrême de consolations.

J'espère que je n'envelopperai personne dans mon malheur. Il y a quelques brouillards ou projets de lettres de moi à deux de mes amis : elles prouvent les vœux sincères que je formais pour le bonheur de mon pays; mais ce qui était alors patriotisme est presque crime aujourd'hui. — Je ne me dissimule point la force des préventions que je vais avoir à combattre : je regarde mon sort comme à peu près fixé d'avance; mais je crois devoir à moi-même de ne rien omettre pour les surmonter; et, ne fût-ce que pour laisser après moi une mémoire honorable, je donnerai tous mes soins à ma justification. Si vous écrivez à mon ami, instruisez-le de mon voyage. Je ne pense pas qu'il y ait plus rien à faire pour attirer mon affaire à la convention; mais enfin il jugera s'il y a encore possibilité. Je désirerais donc qu'il sût ce que je vous écris le plus tôt possible.

Adieu, mon cher collègue.

XI.

Lettre écrite par Barnave, pendant sa translation,

A sa sœur, depuis madame Dumolard, qui était restée à Grenoble. Sa mère et son autre sœur, depuis madame Saint-Germain, le suivaient à Paris.

Dijon, 13 Novembre 1793.

J'ai quitté hier ma mère et Julie; elles arriveront à Paris après demain, c'est-à-dire deux ou trois jours avant moi; car je change ici ma manière de voyager, et je fais le reste de la route en poste. Tu recevras sans doute de leurs nouvelles avant que cette lettre te parvienne, et tu sauras où mon affaire en sera beaucoup mieux qu'il ne me serait possible de te le dire. Je continue d'espérer; mais comme, dans ma position, il est toujours sage de mettre les choses au pire, je vais t'adresser les réflexions que je ne pourrais leur faire de vive voix, sans les trop affliger, et que j'aime mieux d'ailleurs vous laisser écrites de ma main.

Ma chère amie, je vais peut-être m'éloigner pour toujours de toi. Ce moment est cruel; mais ne nous l'exagérons point, et, au lieu de nous abandonner à la tristesse des pensées qu'il fait naître, cherchons à recueillir les consolations qu'il peut nous laisser.

Je suis encore dans la jeunesse, et cependant, j'ai déjà connu, j'ai déjà éprouvé tous les biens et tous les maux dont se forme la vie humaine ; doué d'une imagination vive, j'ai cru long-temps aux chimères ; mais je m'en suis désabusé, et, au moment où je me vois prêt à quitter la vie, les seuls biens que je regrette sont l'amitié (personne plus que moi ne pouvait se flatter d'en goûter les douceurs), et la culture de l'esprit, dont l'habitude a souvent rempli mes journées d'une manière délicieuse.

Mais, disons la vérité, il y a peut-être trop d'activité dans mon âme, il y a un ressort trop puissant dans mon caractère, pour que ces biens purs et sans mélange eussent pu me suffire. J'ai la philosophie acquise et réfléchie qui détache des faux biens ; mais j'ai trop de chaleur dans la pensée pour goûter parfaitement les véritables, et je sens que cette disposition presque invincible est un obstacle que je trouverai toujours entre le bonheur et moi.

La mort n'est rien. Plus j'ai eu le temps de l'envisager, plus je m'en suis convaincu non seulement par réflexion, mais par sentiment. Aujourd'hui, c'est mon idée habituelle, et j'existe avec elle aussi calme et aussi serein que si je ne l'apercevais, comme les autres hommes, que dans un vague éloignement.

Séparez donc tout-à-fait, mes bonnes amies, de la douleur que vous causerait mon sort (et j'espère qu'il ne sera point tel que je le suppose ici), séparez-en, dis-je, tout ce qui se rapporterait au sentiment de mon propre malheur; n'y voyez que le vôtre, car il sera seul réel, et donnez-lui tous les adoucissemens dont une perte, si grande qu'elle puisse être, est toujours susceptible, lorsqu'elle n'affecte que soi, et qu'on n'y fait point entrer un sentiment de compassion pour ce que l'on aime.

La loi vient de vous rendre ce qui vous appartenait par la nature, en partageant entre vous trois le bien de mon père. Vous vivrez dans l'aisance, et surtout votre établissement, que ma vie orageuse et incertaine avait retardé, pourra être plus prompt et plus avantageux, c'est là ma plus chère, ma plus douce idée, et je veux m'y appesantir.

Ma pauvre mère avait élevé deux fils dont elle avait fait des hommes distingués par l'élévation des idées et du cœur. Peut-être au moment où tu liras ceci, elle les aura perdus tous les deux à la fleur de l'âge. Notre malheur, ma bonne amie, n'est rien à côté du sien; mais j'espère qu'elle pourra être encore soulagée, et ce ne peut être que par vous; il lui faut de nouveaux enfans auxquels elle puisse donner les noms, attacher les espérances des premiers. Ils croîtront avec l'émulation d'un nom qui ne pourra être qu'honorable, et parmi vous ils recevront une éducation qui les rendra dignes de s'y associer : avant tout, n'épousez que des hommes dont la conduite et les sentimens puissent aller avec les nôtres ; eussent-ils peu de fortune, pourvu qu'ils y suppléent par un état ou par une capacité de travail, ne vous arrêtez pas à cet obstacle. Il faut pouvoir sentir et penser ensemble, et ne former entre nous qu'une famille comme nous étions : c'est la première base du bonheur. Si vous ne restez pas toutes deux auprès de ma mère, Julie y restera et tu t'en éloigneras aussi peu qu'il sera possible. — C'est ma mère qui doit élever vos garçons : elle leur communiquera cette âme courageuse et franche qui fait des hommes, et qui avait été plus pour mon frère et moi que tout le reste de notre éducation. Pourvu que sa sensibilité soit occupée, elle conservera long-temps la force, et, en faisant le bien de vos enfans, elle goûtera tout ce qui peut lui rester de bonheur ou du moins de consolation.

Je laisserai encore des amis précieux, cultivez-les avec soin, faites-vous en de nouveaux parmi ceux que mon sort aura intéressés. Des amis honnêtes et distingués sont un des plus grands biens de la vie. Cet homme vertueux, qui n'a cessé de s'intéresser à moi, et que ma mère verra à Paris (1), est aussi au nombre de ceux que vous devez chercher à vous attacher, et soyez sûres que bientôt on aimera, on honorera ce nom, et qu'il n'attirera sur vous que bienveillance et respect.

Mes bonnes amies, l'espoir que vous parviendrez à une existence heureuse, embellira mes derniers momens, il remplira mon cœur. Si, au-delà de la vie, ce sentiment existait encore, si l'on se rappelait ce qu'on a quitté, cette idée serait la plus douce pour moi. Que, peu à peu, mon idée devienne tendre sans être douloureuse. Songez que j'ai fait un voyage éloigné, que je ne souffre pas, que si je pouvais sentir, je serais heureux et content, pourvu que vous le soyez.

Adélaïde, Julie, j'adopte le premier enfant de chacune de vous. Je les adopte d'après la loi, que tous les deux portent mon nom, que le plus jeune s'appelle Dugua (2) ; qu'ils soient unis par tous les liens, qu'ils nous appartiennent à tous trois; qu'ils rendent à ma mère ses deux fils, dignes d'un meilleur sort.

Adieu, ma bonne amie.

(1) Boissy-d'Anglas.
(2) C'était le nom du frère que Barnave avait perdu.

Il me reste du papier et du temps, je reprends la plume.

Continuez à cultiver votre esprit, c'est une des plus grandes douceurs de la vie. Ceux qui penseront de manière que ma mémoire soit auprès d'eux une recommandation, s'attacheront à vous; si votre conversation est un nouvel attrait pour eux, que mon absence ne produise point la langueur de l'abattement, qu'en touchant votre sensibilité elle donne une nouvelle activité à votre âme.

Je ne vous dis rien sur la conduite des affaires d'intérêt : vous trouverez aisément des conseils plus instruits que les miens. Si ma portion n'est pas promptement séparée et vendue, elle vous restera ; car si, contre mon espoir, j'éprouvais, dans ce moment de chaleur, une éclatante injustice, le moment d'en obtenir la réparation arrivera bientôt.

Adieu, mon amie.

XII.

PROCÈS-VERBAL

De la Séance du Tribunal criminel révolutionnaire, établi par la loi du 10 Mars 1793, et en vertu de la loi du 5 Avril de la même année, séant à Paris, au Palais-de-Justice (1);

Du sept du mois Frimaire de l'an second de la république française, neuf heures du matin.

L'audience ouverte au public, le tribunal, composé des citoyens Amand-Martial-Joseph Hermann, président ; Etienne Foucault, Joseph-François Ignace Donzé-Verteuil, et Marie-Emmanuel-Joseph Lane, juges, et de Antoine-Quentin Fouquier, accusateur public, et de Jean-Baptiste Tavernier, commis-greffier,

Sont entrés les citoyens...., jurés de jugement ; ensuite ont été introduits à la barre, libres et sans fers, et placés de manière qu'ils étaient vus et

(1) Ce document, ainsi que les suivans, ont été relevés aux archives judiciaires du royaume.

entendus du tribunal et des auditeurs, les nommés Duport et Barnave, accusés, et aussi Jean-Michel-Hippolyte Lépiderale, conseil et défenseur de Barnave, et Jean-Louis Gaillard-Laferrine, nommé d'office conseil et défenseur officieux de Duport, qui ont prêté le serment de n'employer que la vérité dans la défense des accusés, et de se comporter avec décence et modération; ensuite les témoins de l'accusateur public ont été pareillement introduits.

Le président, en présence de tout l'auditoire, composé comme ci-dessus, a fait prêter auxdits jurés, à chacun individuellement, le serment suivant: « Citoyens, vous jurez et promettez d'exa-
» miner avec l'attention la plus scrupuleuse les
» charges portées contre Duport et Barnave, ac-
» cusés, présens devant vous (ci-devant nommés);
» de ne communiquer avec personne jusqu'après
» votre déclaration; de n'écouter ni la haine ou
» la méchanceté, ni la crainte ou l'affection; de
» vous décider, d'après les charges et moyens de
» défense, et suivant votre conscience et votre in-
» time conviction, avec l'impartialité et la fermeté
» qui conviennent à un homme libre.» Après avoir prêté ledit serment, lesdits jurés se sont placés sur leurs siéges, dans l'intérieur de l'auditoire, en face des accusés et des témoins.

Le président a dit aux accusés qu'ils pouvaient

s'asseoir; après quoi, il leur a demandé leurs noms, âge, profession, demeure, et le lieu de leur naissance.

A quoi ils ont répondu s'appeler, le premier, Antoine-Pierre-Jospeh-Marie Barnave, âgé de trente-deux ans, homme de loi, depuis député à l'assemblée constituante, demeurant à la commune de Saint-Egrève, district de Grenoble.

Le second, Marguerite-Louis-François Duport, âgé de trente-neuf ans, citoyen français, électeur de 1789, depuis ministre de la justice, ensuite accusateur public, demeurant à Paris, natif de cette ville.

Le président a averti les accusés d'être attentifs à ce qu'ils allaient entendre, et il a ordonné au greffier de lire l'acte d'accusation. Le greffier a fait ladite lecture à haute et intelligible voix. Le président a dit aux accusés: Voilà de quoi vous êtes accusés; vous allez entendre les charges qui vont être produites contre vous.

Les témoins présentés par l'accusateur et assignés à sa requête ont été introduits, et, après avoir entendu la lecture de l'acte d'accusation, se sont retirés.

Le président a fait appeler lesdits témoins, l'un après l'autre, pour faire leurs déclarations, et dans l'ordre ci-après; et, avant de faire leurs déclarations, il leur a fait prêter le serment à

chacun individuellement : « Vous jurez et promet-
» tez de parler sans haine et sans crainte, de dire
» toute la vérité, rien que la vérité. » Ensuite il a
demandé aux témoins qui ont été présentés, leurs
noms, demeures, professions ; s'ils sont parens,
amis, alliés, serviteurs ou domestiques des accusés,—ou de l'accusateur public ; si c'est des
accusés présens devant eux, qu'il leur a fait examiner, qu'ils entendent parler, et s'ils les con-
naissaient avant le fait qui a donné lieu à l'accusation ; à quoi lesdits témoins ont répondu,
comme dit est ci-dessous.

Est comparu comme premier témoin de l'accusateur public, le citoyen Antoine Merlin (1), âgé
de trente et un ans, représentant du peuple, demeurant à Paris, rue Saint-Thomas-du-Louvre,
44 ; a dit connaître les accusés, n'être leur parent, ni leur allié, et ensuite il a fait sa déclaration.

Augustin-Jean Bralen, âgé de trente-huit ans,
planteur à Saint-Domingue, et commissaire des
colonies, demeurant à Paris, rue Vivienne, 7, a
déclaré connaître Barnave, et n'être ni son parent,
ni son allié, et, ensuite, a fait sa déclaration.

Sur le réquisitoire de l'accusateur public, il a
été fait lecture du décret à la convention nationale, du deuxième jour de frimaire, qui autorise

(1) C'était Merlin de Thionville.

le tribunal révolutionnaire à juger les nommés La Ronzière, dit La Douze ; Tillard-Tigny, Patural, Ramey-Sugny, Méandre et Denis, prêtres envoyés de Ville-Affranchie.

A deux heures, le tribunal a suspendu la séance jusqu'à cinq heures.

Dudit jour, 7 dudit mois de frimaire, cinq heures de relevée, l'audience ouverte au public, le tribunal composé comme dit est, et les accusés ayant été introduits à la barre, libres et sans fers, et placés de manière qu'ils étaient vus et entendus du tribunal et des auditeurs, les débats ont commencé.

Est comparu, comme troisième témoin, Pierre Chrétien, âgé de trente-six ans, citoyen français, demeurant à Paris, rue de Richelieu, maison de Vauban, a dit connaître les accusés, n'être, ni leur parent ni leur allié, et, ensuite, a fait sa déclaration.

Pierre-François Page, âgé de trente ans, habitant de Saint-Domingue, commissaire de la colonie, demeurant à Paris, rue Vivienne, 7, a dit connaître les accusés, n'être ni leur parent, ni leur ami, et, ensuite, il a fait sa déclaration.

Servais-Baudouin Boulanger, âgé de trente-sept ans, bijoutier, demeurant à Paris, rue Saint-Honoré, 59, a dit connaître les accusés, n'être ni leur parent, ni leur allié, et, ensuite, a fait sa déclaration.

Gabriel-Toussaint Sellier, demeurant à Paris, quai de la Mégisserie, interpellé sur le réquisitoire, a fait une déclaration relative à Duport Dutertre.

Jean-Louis-Marie Villain d'Aubigny, âgé de quarante ans, adjoint du ministre de la guerre, demeurant à Paris, rue de Montpensier, 60, a dit connaître les accusés, n'être ni leur parent, ni leur allié, et a fait, ensuite, sa déclaration.

A dix heures du soir, la séance a été suspendue jusqu'à demain, neuf heures du matin.

Du huit dudit mois de frimaire dudit an, neuf heures du matin, l'audience ouverte au public, le tribunal, composé comme dit est, et les accusés ayant été introduits à la barre, libres et sans fers, et placés de manière qu'ils étaient vus et entendus du tribunal et des auditeurs, les débats ont recommencé.

A l'instant, sur le réquisitoire de l'accusateur public, il a été fait lecture d'un décret de la convention nationale, du troisième jour de frimaire de l'an second de la république française, qui accorde un supplément de traitement aux exécuteurs des jugemens criminels;

D'un autre décret de la même convention du cinquième jour de frimaire, qui ordonne que la peine de déportation sera désormais pour la vie entière.

Ensuite est comparu, comme huitième témoin, Siméon-Charles-François Vatée, âgé de trente-sept ans, marchand de tableaux, demeurant à Paris, rue de la Monnaie, section du Muséum. A dit connaître les accusés, n'être ni leur parent, ni leur allié, et, ensuite, a fait sa déclaration.

Jean-Baptiste-Gabriel Larchevêque-Thibaut, âgé de quarante-huit ans, contrôleur de la marine à Saint-Domingue, a dit connaître les accusés, n'être ni leur parent, ni leur allié, et, ensuite, a fait sa déclaration.

S'est présenté, pour faire une déclaration à la décharge de l'accusé Barnave, une citoyenne, qui s'est dite se nommer Jeanne-Huguette Laché, femme Thomas, marchand limonadier, demeurant à Paris, rue Croix-des-Petits-Champs, au coin de celle du Bouloye, a dit connaître les accusés, n'être ni leur parente, ni leur alliée, et, ensuite, a fait sa déposition.

Et, attendu qu'il est plus de deux heures de relevée, la séance a été suspendue pour être reprise et continuée à aujourd'hui cinq heures du soir.

Et ledit jour, huitième jour de frimaire, sur les six heures du soir, la séance reprise, l'audience ouverte au public comme les précédentes;

Est comparu, pour dernier témoin, le citoyen François-Jean Baudouin, âgé de trente-quatre ans, imprimeur, demeurant à Paris, place du Petit Carrousel, produit et assigné à la requête de l'accusateur public par exploit de ce jourd'hui, lequel a dit connaître les accusés dont il déclare n'être ni parent, allié, serviteur, ni domestique, non plus que de l'accusateur public, lequel a fait sa déclaration.

Le président, à la fin de chaque déclaration des témoins susdits, a demandé aux accusés s'ils avaient à y répondre; et, pendant laquelle déclaration, le président, l'accusateur public, les juges et les jurés, les accusés et leurs conseils, ont fait telles observations et interpellations qu'ils ont jugées convenables. Tous les témoins ayant été entendus et fini leurs déclarations, ledit accusateur public a été entendu sur les moyens de justifier l'accusation, et, après lui, les défenseurs des accusés sur leurs défenses.

Le président ayant fait un résumé de l'affaire, et l'ayant réduite à ses points les plus simples, a fait remarquer aux jurés tous les faits et preuves propres à fixer leur attention, tant pour que contre les accusés.

Il a ensuite, sur l'avis du tribunal, rédigé la série des questions de fait sur lesquelles les jurés ont eu à prononcer, et les a remises aux jurés, arrangées dans l'ordre qu'ils devaient en délibérer, ainsi que l'acte d'accusation et autres pièces et procès-verbaux, excepté les déclarations écrites des témoins. Ce fait, lesdits jurés se sont retirés dans leur chambre, et le président a fait retirer les accusés; le tribunal, composé comme dessus, est resté à l'audience pendant la délibération du jury. Les jurés ayant fait avertir le président qu'ils étaient prêts à donner leur déclaration, ils sont entrés, et chacun d'eux ayant repris sa place, le président a appelé chacun desdits jurés ci-dessus nommés par son nom, et l'un après l'autre, leur a demandé leur vœu sur chacune des questions qui leur avaient été remises dans les ordres qu'il les avait posées, ainsi qu'elles sont portées en la note qu'il leur en avait remise, et signée de lui. Après que lesdits jurés ont eu donné leur déclaration, les accusés ont été réintroduits de la même manière, libres et sans fers; le président leur a donné connaissance de la déclaration du jury; après quoi il leur a dit : « Vous » allez entendre les conclusions de l'accusateur » public. » Ce fait, ledit accusateur public a été entendu dans ses conclusions sur l'application de la loi; après quoi, le président a demandé aux accusés s'ils n'avaient rien à dire sur l'application de la loi.

Le tribunal, en présence des accusés, a opiné à haute voix, à commencer par le plus jeune des juges jusqu'au président; et le président, ayant recueilli les opinions, a prononcé aux accusés jugement de condamnation; le greffier a écrit le jugement et y a inséré le texte de la loi. Le président a fait retirer les condamnés, et la séance a été levée; et a été le présent procès-verbal, signé du président de la séance et du greffier. — *Hermann*, président; *Tavernier*, commis-greffier.

XIII.

Duport-Dutertre et Barnave.

Questions posées aux Jurés.

Citoyens jurés,

Les représentans du peuple ont accusé Duport-Dutertre et Barnave d'avoir conspiré contre la liberté et la souveraineté du peuple, et contre la sûreté générale de l'état.

Antoine-Pierre-Joseph-Marie Barnave est-il convaincu de cette conspiration?

Approuvé la rature des deux lignes.

Signé : Hermann.

La déclaration du juré affirmative, l'an second de la république française, une et indivisible.

Signé : Hermann, président.

Signé : Tavernier, commis greffier.

XIV.

Tribunal Criminel Révolutionnaire.

Jugement du 8 Frimaire contre Barnave et Duport-Dutertre.

Vu par le tribunal criminel révolutionnaire, établi par la loi du 10 mars 1793, sans recours au tribunal de cassation, et encore en vertu des pouvoirs délégués au tribunal par la loi du 5 avril de la même année, séant au Palais-de-Justice, à Paris; les décrets de l'Assemblée nationale des 15 et 29 août 1792, portant accusation contre Marguerite-Louis Duport-Dutertre, âgé de 29 ans, ci-devant ministre de la justice, né à Paris, y demeurant, rue du Bac;

Et Antoine-Pierre-Joseph-Marie Barnave, âgé de 32 ans, homme de loi, ex-député de l'assemblée constituante, demeurant à la commune de Saint-Égrève, district de Grenoble, desquels décrets la teneur suit :

Acte du corps législatif donné à Paris, le 16 août 1792, l'an quatrième de la liberté.

Décret de l'assemblée nationale, du 15 août 1792, l'an quatrième de la liberté ;

L'assemblée nationale décrète qu'il y a lieu à accusation contre Duport, ex-ministre de la justice.

Au nom de la nation, le conseil exécutif provisoire mande et ordonne à tous les corps administratifs et tribunaux que les présentes ils fassent consigner dans leurs registres, lire, publier et afficher dans leurs départemens et ressorts respectifs, et exécuter comme loi. En foi de quoi nous avons signé ces présentes, auxquelles nous avons fait apposer le sceau de l'état. — A Paris, le seizième jour du mois d'août 1792, l'an quatrième de la liberté. — *Signé :* ROLAND. — *Contre-signé :* DANTON, et scellées du sceau de l'état. — Certifié conforme à l'original. *Signé :* GOHIER.

Acte du corps législatif, contenant l'acte d'accusation contre les sieurs Duportail, Duport, Tarbé, Bertrand, Barnave et Alexandre Lameth.

Du 29 août 1792, l'an quatrième de la liberté :

Acte d'accusation contre : 1° le sieur Duportail. ex-ministre de la guerre, etc., etc.

2° le sieur Barnave.

En conséquence, elle les accuse, par le présent acte, devant la haute cour nationale, comme prévenus d'avoir conspiré contre la constitution, la sûreté générale de l'état, la liberté et la souveraineté de la nation française.

Au nom de la nation, le conseil exécutif provisoire *mande et ordonne* à tous les corps administratifs et tribunaux que les présentes ils fassent consigner dans leurs registres, lire, publier et afficher dans leurs départemens et ressorts respectifs, et exécuter comme loi. En foi de quoi nous avons signé ces présentes, auxquelles nous avons fait apposer le sceau de l'état. —A Paris, le vingt-neuvième jour du mois d'août 1792, l'an quatrième de la liberté.—*Signé* : SERVAN. — *Contre-signé* : DANTON, et scellés du sceau de l'état. — Certifié conforme à l'original. *Signé* : GOHIER. L'ordonnance de prise de corps et le procès-verbal de remise d'écrou de leurs personnes en la maison de justice de la Conciergerie.

La déclaration du jury de jugement faite individuellement à haute et intelligible voix à l'au-

dience publique du tribunal, portant : « Qu'il est
» constant que Louis-François Duport-Dutertre,
» et Antoine-Pierre-Joseph-Marie Barnave, ont
» conspiré contre la liberté et la souveraineté du
» peuple, et contre la sûreté générale de l'état. »
Le tribunal, après avoir entendu l'accusateur public sur l'application de la loi, condamne lesdits Antoine-Pierre-Joseph-Marie Barnave, et Marguerite-Louis-François Duport-Dutertre, à la peine de mort, conformément à l'article 2 de la deuxième section du titre premier du Code pénal dont il a été fait lecture, lequel est ainsi conçu :
« Toutes conspirations et complots tendant à trou-
» bler l'état par une guerre civile, en armant les
» citoyens les uns contre les autres, ou contre
» l'exercice de l'autorité légitime, seront punis
» de mort. » Déclare les biens desdits Barnave et Duport conquis à la république, conformément à l'article 2 du titre deux de la loi du 10 mars dernier, dont il a été fait lecture et ainsi conçu :
« Les biens de ceux qui seront condamnés à la
» peine de mort seront acquis à la république, et
» il sera pourvu à la subsistance des veuves et des
» enfans, s'ils n'ont pas de biens d'ailleurs. » Ordonne qu'à la diligence de l'accusateur public, le présent jugement sera mis à exécution sur la place de la Révolution de cette ville, dans les vingt-quatre heures, imprimé et affiché dans toute l'é-

tendue de la république et envoyé dans les colonies.

Fait et prononcé à Paris, à l'audience publique du tribunal, le huitième jour de frimaire, l'an second de la république française une et indivisible, à laquelle siégeaient les citoyens Amand-Martial-Joseph Hermann, président; Étienne Foucault, Joseph-François-Ignace Donzé, Verteuil, et Marie-Emmanuel-Joseph Lanne, juges, qui ont signé la présente minute avec le commis greffier.

Signé : HERMANN, président. — DONZÉ. — VERTEUIL. — FOUCAULT. — LANNE. — TAVERNIER, greffier.

XV.

Défense de Barnave devant le Tribunal révolutionnaire.

(Cette défense fut entièrement improvisée. M. Lépidéralo, qui assistait Barnave comme conseil, et qui prenait des notes à l'audience, la recueillit et la remit à sa famille.)

Citoyens,

Personne peut-être, plus que moi, n'a été l'objet de la faveur, je dirais presque de l'idolâtrie du public. Ce sentiment de mes concitoyens s'était prononcé dans un temps où les passions n'avaient pas été mises en jeu par l'agitation révolutionnaire. L'un des premiers objets des suffrages, j'ai, depuis, été noirci cruellement dans son esprit par la plus absurde, mais aussi la plus active calomnie. Je viens vous apprendre que je n'ai jamais démérité.

Le citoyen accusateur public, remontant jusqu'à l'origine de la révolution française, a cherché à insinuer que, dès le commencement même des grands mouvemens populaires, j'étais lié secrètement avec le parti que j'attaquais en public. Ce concert liberticide n'a commencé à paraître, a-t-il dit, que lors de la fuite du roi ; mais, dès le principe, l'accusé était d'intelligence avec 89 et les fédéralistes, leurs divisions n'étaient qu'un jeu perfide. C'est à ce sujet que le citoyen, accusateur public, n'a pas balancé à tirer parti de ce que mes ennemis (aujourd'hui reconnus pour les ennemis du peuple) ont imaginé de plus infâme, et à rappeler la dégoûtante caricature dont on salit les murs de la capitale.

Je ne répondrai pas, Citoyens, à cette supposition, évidemment contradictoire avec tous les faits. En effet, qui de vous ne se souvient qu'à l'époque dont il est question, le nom de *Barnave* était dans toutes les bouches ; que, à cette époque, *Barnave* était un objet d'espérance et d'amour pour les uns, et qu'en butte à tous les traits des autres, c'était contre lui qu'ils avaient dirigé toutes leurs attaques ; que le sujet de tous leurs libelles était *Barnave* ; que c'était principalement à *Barnave* que s'était attaché leur haine. Où en serions-nous donc si j'étais obligé de démontrer que ceux qui se sont, en tout et partout, hautement prononcés contre moi, que ceux qui ont réuni contre moi tout ce qu'ils pouvaient avoir de puissance, tout ce qu'ils pouvaient recueillir d'opinion, que ceux, enfin, qui m'ont conduit à la nécessité de me justifier ici, n'étaient pas mes intimes amis ? Citoyens, si de semblables hypothèses pouvaient être admises, si la conduite évidente et publique d'un représentant du peuple ne suffit pas à l'idée qu'on doit se faire de lui; si la persécution même, éprouvée de la part d'une faction, n'atteste pas assez clairement que les projets de cette faction sont étrangers à celui qu'elle a voulu perdre; qui peut se flatter de passer pour pur et demeurer intact?

Je remarquerai seulement une erreur très importante du citoyen accusateur public. Ce n'est point à l'époque de la fuite du ci-devant roi que les calomnies, semées contre moi, ont commencé à prendre quelque consistance, ce n'est point à cette époque que parut l'infâme caricature dont on a parlé : les efforts de mes ennemis avaient déjà obtenu de grands succès, la caricature se voyait déjà bien avant cette époque. C'est l'affaire des gens de couleur qui fut le prétexte des libelles qui a altéré, à mon égard, l'opinion publique; c'est au sujet de cette affaire que l'estampe en question fut répandue.

Ce fait éclairci, je vais, Citoyens, vous développer la vérité, constamment défigurée pendant le cours du débat.

J'étais encore dans l'âge où toutes les passions nobles fermentent dans le cœur de l'homme, lorsque les semences de réforme et de philosophie, semées depuis long-temps, commencèrent à germer. Leur développement fut prompt; mais je puis me glorifier d'avoir devancé les premiers élans vers la liberté.

A dix-huit ans, je prononçai, au parlement de Grenoble, un discours sur la division des pouvoirs ; proposition qui, seule, aux yeux du despotisme d'alors, passait pour un crime capital. Dès ce moment, je pus être compté parmi les défenseurs des droits de la nation française ; dès ce moment aussi, un peu d'expérience et moins de cette pureté, intéressant apanage de la jeunesse, eût pu me faire apercevoir que ma perte était jurée.

Enfin, les états-généraux, réclamés de toutes parts, furent accordés aux vœux bien prononcés de tous les Français.

Dans les différentes assemblées, que ce grand évènement nécessita, je montrai autant d'énergie qu'aucun de mes concitoyens. Dans celle de Romans, je coopérai à la régénération des états par la double représentation du tiers : proportion qui fut adoptée par le gouvernement pour la convocation aux états-généraux, et qui, seule, mit le peuple dans le cas de recouvrer ses droits.

Je fus, enfin, presque unanimement élevé au titre glorieux de représentant de la nation française.

Quant à ce qui regarde ma conduite, comme représentant, jusqu'au moment où elle a été critiquée avec autant de perfidie que de succès, j'en appelle aux journaux du temps, ou plutôt, Citoyens, j'en appelle à vos souvenirs.

Voici maintenant la véritable cause de mon discrédit. Presque dès l'origine, les assemblées particulières, où se réunissaient quelques-uns de ceux qui avaient contribué aux premiers mouvemens de la révolution, se divisèrent. Les uns, par ambition, d'autres, par des motifs plus bassement personnels, d'autres, enfin, presque évidemment conduits par nos plus ardens ennemis, étrangers les uns aux autres, sans lien moral entre eux, mais également haineux, se réunirent contre les députés les plus sincèrement attachés à leur pays et à l'unité de la France. Cette scission donna naissance au trop fameux club de 89. Les hommes qui composèrent ce club sont aujourd'hui bien connus. Ils réunissaient alors une plus grande force d'opinion que l'on ne pense communément; et ce fut pour contrebalancer cette dangereuse puissance que nous fondâmes les jacobins.

Un peu déconcertés, mais non pas vaincus par cette mesure, ces hommes actifs réunirent tous leurs efforts pour désorganiser et détruire cette nouvelle institution. Alors, *Mirabeau* s'introduisit aux Jacobins, annonçant hautement que son intention était de me perdre; alors, fut composé un fameux journal, intitulé: *l'Ami des patriotes*, journal répandu avec une profusion coûteuse, envoyé à des personnes qui ne voulaient ni s'y abonner, ni le lire; journal qui, sans souscription, se soutint long-temps, et qui versait périodiquement la calomnie sur les plus sincères amis de notre pays. Cependant, toutes ses manœuvres avaient eu peu de succès. L'affaire des colonies, dont les rapports avec la révolution française étaient si peu connus à Paris, vint donner à mes ennemis un moyen sûr et facile de m'attaquer avec quelque espoir de réussite. Le débat vous a fait connaître ma conduite dans cette affaire ; je la retrace en peu de mots.

Il existait alors en France deux partis, qui, avec des intentions bien différentes, se réunissaient dans le même but, celui d'étendre aux colonies la révolution du continent. Les philantropes, ayant à leur tête *Condorcet*, ne prévoyaient pas les maux qui devaient naître, et pour les colonies et pour la métropole, de l'effet d'une humanité mal entendue. Les anarchistes, ayant avec eux *Brissot*, ne le savaient que trop; aussi voulaient-ils les livrer aux Anglais.

A Saint-Domingue, deux partis divisaient de même la colonie : l'assemblée de Saint-Marc, ayant pour elle la province du Sud et celle de l'Ouest, formait l'un ; la province du Nord et le commerce, formaient l'autre. Leurs divisions naissaient moins de leurs opinions politiques que du défaut de représentation pour ceux-ci. Cependant, le sang était prêt à couler, et l'assemblée nationale, pour prévenir ce malheur, cassa l'assemblée de Saint-Marc et ordonna une convocation générale des paroisses, qui devait opérer une représentation complète. Les deux provinces de l'Ouest et du Sud confirmèrent en masse l'assemblée de Saint-Marc contre l'esprit du décret. Celle-ci s'en prévalut pour commettre plusieurs actes de souveraineté et d'indépendance, qui mirent le pouvoir exécutif dans la nécessité de déployer la force nationale contre elle. Arrivée en France, elle déguisa d'abord ses torts. L'assemblée nationale ne la retint pas moins à sa suite, en décrétant que les agens du pouvoir exécutif avaient bien mérité. L'assemblée de Saint-Marc convint enfin de ses erreurs, alléguant la pureté de ses intentions, et l'assemblée nationale, usant d'indulgence, lui rendit la liberté.

Le 15 mai, je fis mon rapport, dont le but était d'accorder aux colons l'initiative pour leur administration intérieure. L'assemblée ne le suivit point, et rendit son décret de ce jour, qui accordait à tous les gens de couleur libres la jouissance de tous les droits politiques, en même temps qu'il maintint l'esclavage.

Ce décret impolitique, puisqu'il détruisait les préjugés qui maintenaient l'esclavage, devait opérer une désorganisation générale. L'évènement n'a que trop justifié ma prévoyance. Pour en arrêter l'effet, je réussis à le faire rapporter;

mais il était trop tard. Cependant, par un renversement d'époques, et dans le seul objet de me rendre coupable, on attribua au rapport des malheurs qui l'ont précédé, et qui, par conséquent, n'ont pu être que l'effet du décret lui-même.

Je finis et ne puis compléter ma justification sur ce chef qu'en vous faisant observer que *Brissot*, dont les opinions étaient diamétralement opposées aux miennes, a été condamné sur le même chef.

Je passe maintenant à celui contenu dans l'acte d'accusation, rédigé par l'assemblée législative, et qui est relatif à la note trouvée dans le cabinet du roi.

Vous vous rappelez sans doute que j'ai répondu à ce chef dans le cours du débat. Voici le résumé de ma réponse :

D'abord, je n'ai aucune connaissance matérielle de la note elle-même.

De cette note, on a tiré la conséquence que j'avais assisté à un comité secret du ministre, où le projet en question avait été arrêté. Je nie formellement d'avoir jamais assisté à un semblable comité.

A cette époque seulement, je pensais fermement que, puisque le roi se déterminait à opposer son *veto* à la loi sur les émigrés, il devait au moins faire des démarches solennelles, qui remplaçassent, autant que possible, l'effet de cette loi. Je voyais même dans le *veto* un côté avantageux, en ce qu'il tendait à prouver la liberté absolue du pouvoir exécutif. Mais je désirais qu'il fît usage de cette liberté, pour commander à ses frères, leur rentrée en France, pour défendre aux émigrés tout rassemblement contre leur patrie, et pour arrêter dans sa source la guerre dont la France était menacée.

Plein de cette idée, il est possible que, dans une ou deux conférences, que j'ai oues avec les ministres pour des objets particuliers, je leur aie fait part de mes vues, ou, pour parler plus exactement, de mes désirs. Il est possible qu'ils se soient appuyés auprès du roi de mon opinion. Je l'ai déjà dit : Quand on a le malheur de porter un nom connu, l'on est exposé à être cité comme autorité, souvent à son insu, quelquefois même contre son gré. Il ne serait donc pas étonnant qu'un ministre, pour faire valoir auprès du roi l'avis qu'il lui proposait, se fût appuyé du nom d'un homme connu qui passait pour l'un des plus zélés défenseurs du parti populaire. Mais je persiste à nier toute conférence précise, tout comité secret.

Enfin, il est évident que le projet en lui-même n'avait rien de coupable.

Je passe maintenant à ce que le citoyen accusateur public a cru devoir ajouter à l'acte d'accusation.

D'abord, il m'a présenté comme complice de la fuite du roi.

Mais, Citoyens, qu'on se rappelle les faits. J'étais complice de la fuite du roi! moi, qui m'opposai de toutes mes forces au départ de ses tantes, premier indice du projet de la cour; moi, qui dénonçai le projet de départ de son frère aîné, départ qui devait être le précurseur du sien!

Tout démontre jusqu'à l'évidence, combien cette supposition est absurde : ma justification est écrite dans toutes les démarches de la cour à cette époque. En partant, le roi laissa ce mémoire pitoyable, connu de vous tous. *Eh bien! il est presque tout entier dirigé contre moi seul.* Il y dit : « Qu'il a été obligé de fuir une ville où des fac- » tieux refusaient à ses parens le droit de voya- » ger; une ville, où l'on portait en triomphe, sous » ses propres yeux, ceux qui l'insultaient avec » le plus d'audace. » Et, c'était moi qui, peu de jours auparavant, m'étais opposé, comme je viens de le dire, au départ de ses tantes! c'était moi qui, peu de jours auparavant, avais reçu, presque sous les fenêtres du roi, le plus précieux témoignage de la bienveillance populaire!

En voulant sa fuite, j'aurais donc voulu la réussite de ses projets : j'aurais donc voulu ma propre perte : car, l'un de ses projets était de me sacrifier. Déjà même les hommes timides ou indifférens, les hommes disposés à sacrifier à tout évènement leurs opinions, et leurs défenseurs à leur tranquillité, croyant la révolution perdue, le roi tout puissant et secondé par l'étranger, arrangeaient leurs affaires à mes dépens, et disaient hautement : « Eh bien ! nous donnerons la tête » de *Barnave* avec celles de quelques chefs, et » tout se pacifiera. »

Mais, demande-t-on, quel fut l'objet de votre réconciliation avec *Lafayette*, contre lequel vous paraissiez animé auparavant ?

Citoyens, puisque je suis obligé de m'expliquer sur les hommes : voici la vérité.

Ce n'est pas moi qui avais attaqué *Lafayette*, avant la fuite du roi; c'est *Lafayette* qui m'avait constamment poursuivi. Lorsque le funeste décret sur les gens de couleur fut discuté, il vint avec appareil murmurer quelques paroles insignifiantes en faveur des gens de couleur et ne dissimula pas, à l'espèce de cour qui le suivait alors, que son unique objet était de m'enlever ma popularité. On vit, à son imitation, *Regnault de Saint-Jean-d'Angely* voter dans la salle pour le décret en question, et dire en sortant : « Ce décret est détestable en lui-même; mais il fallait bien discréditer *Barnave*. »

Cependant lors de la fuite du roi, je le déclare, quelles que fussent contre *Lafayette* mes raisons personnelles de ressentiment, jamais il ne me fut possible de penser que ce départ eût été concerté avec lui.

Je connaissais à *Lafayette* bien des défauts : Je savais qu'il avait soif de louanges; qu'il ne modérait pas assez l'envie d'attirer à lui tous les regards et tous les yeux. Mais, je l'ai toujours cru sincèrement attaché à la liberté de son pays; je l'ai toujours cru incapable d'une aussi horrible trahison. Voilà un des motifs qui m'ont engagé à le défendre, le jour de la fuite. Je dirai plus : précisément, parce que nos divisions étaient publiques, il était dans mon caractère de ne pas laisser à un autre le soin de défendre, de sauver peut-être celui que j'avais des raisons de ne pas aimer, mais que je ne croyais pas ennemi de mon pays. Cependant, ceux qui m'ont entendu ce jour-là peuvent avoir remarqué qu'il me fut impossible de prendre pour *Lafayette* le même accent d'intérêt, que s'il eût été réellement mon ami.

Mais, Citoyens, n'existait-il pas une raison, bien plus puissante, bien plus digne de ma qualité de représentant du peuple, qui me commandait une semblable conduite.

A cette mémorable, à cette glorieuse époque, ce qui consolida la révolution, ce qui sauva la

France d'un danger imminent, ce fut le calme imposant, la majestueuse tranquillité du peuple de Paris. Mais, qui pouvait, qui osait s'attendre à cette espèce de miracle! Certes, en partant, la cour était bien persuadée qu'un funeste orage allait éclater, et que nous ne tarderions pas à nous égorger l'un par l'autre. L'attachement bien connu du plus grand nombre des gardes nationales pour *Lafayette*, nos malheureuses querelles avec lui, ne fondaient que trop les perfides conjectures des fugitifs. Oh! qu'il eût été atroce celui qui eût jeté la première étincelle d'un aussi horrible incendie. Qu'il eût été coupable celui qui n'eût pas employé tout ce que le crédit et le talent pouvaient lui donner de moyens, pour prévenir l'explosion.

Enfin, Citoyens, quel motif peut-on me supposer dans cette prétendue complicité de la fuite? J'ai voulu, dit-on, un retour à l'ancien état des choses; j'ai voulu faciliter une révision de la constitution. J'ai voulu un retour à l'ancien régime, j'ai voulu cela, moi! Eh! que pouvais-je donc gagner à un semblable changement; moi qui, né dans le tiers-état, étais tout par le peuple, et rien sans lui; moi, l'enfant gâté de la révolution et de la renommée. Si la nature m'a départi quelques talens, n'étaient-ils pas tous en rapport avec l'espace et la publicité? Dans une assemblée, là où les rois eux-mêmes apprennent à trembler devant celui qui s'est acquis de la réputation, je pouvais être quelque chose ; mais dans le ministère, dans le silence du cabinet, j'aurais été la honte de celui qui m'aurait employé.

Quant à la révision, d'abord, quoique je fusse membre du comité, j'ai attaqué plusieurs parties de son travail. J'ai défendu la liberté de la presse. Je me suis élevé contre le décret du marc d'argent. Je ne nie pas avoir contribué à la rédaction de quelques articles, qu'alors, on disait être contraires à l'intérêt du peuple. Mais si ceux d'entre les députés constituans, qui ont conservé la confiance populaire, s'opposèrent à ces articles, ce ne fut pas parce qu'ils les croyaient, en eux-mêmes contraires aux principes, aux droits nationaux, ce fut par des raisons de circonstances, dans lesquelles on pouvait, sans crime, ne pas entrer, et que je ne veux pas approfondir. Ma preuve, à cet égard, est simple : les articles que j'appuyais alors et que l'assemblée rejeta, ont été, depuis, adoptés par ceux mêmes qui s'y opposaient à cette époque.

L'un de ces articles était relatif à la rééligibilité des membres de l'assemblée législative. Et cette rééligibilité est admise dans la nouvelle constitution.

Un autre article permettait de choisir les députés dans toute l'étendue de la France ; et cet article se trouve encore dans la nouvelle constitution.

Voilà cependant toute ma conduite dans la révision; et, comme on ne pourrait la trouver coupable qu'en soutenant que la même, absolument la même loi, peut être à la fois nuisible et utile au peuple; comme on ne pourrait même argumenter de la différence des temps, parceque cette loi était relative, non au moment où elle a été rendue, mais à l'avenir; il doit demeurer pour constant que je n'ai point changé de conduite lors de la révision, et que, par conséquent, je n'ai pas facilité la fuite dans le dessein de parvenir à cette révision.

Ces réponses ont été prévues par mes accusateurs, et, à tout hasard, ils varient sur l'époque de mon prétendu changement, et, si l'on ne veut pas croire à ma complicité dans la fuite du roi, ils soutiennent, au moins, que le voyage de Varennes a été funeste à ma pureté. Ils allèguent *de prétendues conversations avec la reine* pendant une absence de *Pétion*; absence qu'on a transformée en sommeil lorsqu'elle a été reconnue fausse. On compose un roman perfide sur cet entretien, sur ce sommeil; on sait tout ce qui s'est passé, tout ce qui s'est dit, tout ce qui a été convenu, arrêté; et on n'a pas craint d'avancer que cette fable était une vérité notoire.

Notoire! citoyen accusateur public, c'est-à-dire qu'il n'en existe pas le plus léger indice, c'est-à-dire que le contraire est prouvé jusqu'à l'évidence; car voici les faits :

Lorsque l'assemblée se fut déterminée à me nommer l'un des commissaires pour aller au-devant du roi, je sentis tout l'inconvénient de cette mission : je ne me dissimulai point qu'elle allait donner lieu à une foule de conjectures; mais il était dans mon caractère de ne refuser aucun poste dangereux : j'acceptai, en prenant toutefois le plus de précautions possibles, pour n'être pas calomnié. Je me promis, en partant, de ne pas quitter d'une minute *Pétion*, envoyé avec moi; *Pétion*, alors connu pour mon ennemi; depuis, jugé traître à la nation; mais alors en grande faveur. J'ai exécuté ce projet, je ne me suis pas écarté une seule minute de *Pétion*. Il ne s'est point absenté, n'a point dormi. Et lorsque, de retour, je fus chargé de rendre compte à l'assemblée du détail du voyage, j'articulai ce fait, qui ne fut aucunement démenti par *Pétion*, présent. Bien plus, en sortant de l'assemblée, nous allâmes aux jacobins : je répétai mon rapport. *Pétion* se tenait près de moi à la tribune; il me pria de ne pas oublier d'attester à la société *que je ne l'avais pas perdu de vue un seul instant, qu'il m'avait constamment accompagné.* Je le dis : il prit la parôle pour le répéter. Quinze cents personnes ont entendu cette déclaration formelle de *Pétion*; quinze cents personnes pourraient en témoigner. Je le répète : cette attestation n'était pas suspecte ; car *Pétion* était mon ennemi. Comment, après cela, peut-il rester quelque doute, quelque possibilité de croire à une entrevue clandestine avec la ci-devant reine.

N'avez-vous pas, m'a demandé l'accusateur public, parlé au ci-devant prince royal? ne lui avez-vous pas fait des complimens?

Citoyens, je n'ai jamais fait de complimens à personne, et surtout à un enfant de six ans.

Mais, laissons ces puérilités et revenons à ce qui est plus essentiel : Ai-je véritablement changé de principes? Non, Citoyens ; et vous allez voir que c'est une faction, aujourd'hui jugée, dont les crimes ne sont pas douteux, qui a seule donné quelque crédit à cette imputation.

Il m'en coûte, je l'avoue, de remuer pour ainsi dire la cendre des morts et d'attaquer des hommes qui ne sont plus. Mais, quand on a été pendant quatre ans en butte aux traits de la plus infâme calomnie ; quand des hommes, profondément pervers, ont employé pendant ces quatre ans tout ce que la haine la plus active a de poisons, tout ce que l'hypocrisie mensongère peut inventer de ressources pour nuire ; lorsque, même après le trépas de ces hommes, on se trouve dans la nécessité de se défendre contre des accusations qui leur ont survécu, la plus pure délicatesse doit céder à la nécessité de la défense personnelle.

Je le dirai donc, Citoyens : c'est *Brissot*, c'est *Brissot* presque seul qui a fait naître cette idée de changement dans mes principes, dont l'imputation s'est reproduite aujourd'hui. Et voici l'art perfide qu'il a employé.

Avant la fuite du roi, il m'attaquait comme royaliste.

Depuis cette fuite, feignant d'oublier ce qu'il avait déjà dix fois imprimé, il m'a représenté comme un homme corrompu, que la faveur de la cour avait fait passer des idées républicaines aux idées de royalisme.

Ainsi, vainement *Brissot* a-t-il proclamé mon changement, puisque le même *Brissot* a attesté ma constance.

Mais, dit-on, ce n'est cependant qu'après la fuite du ci-devant roi, que vous avez hautement défendu la royauté.

Certes, Citoyens, parce que c'est seulement à cette époque que la royauté a été attaquée. Il est bien évident, que je ne pouvais pas sans ridicule me faire le champion d'un système qu'on ne contestait pas. Mais, me demande-t-on, quels étaient donc vos principes politiques? Citoyens, voici ma profession de foi.

J'ai toujours pensé que le gouvernement républicain était le plus noble et le plus conforme à la nature de l'homme. Mais, vu l'étendue territoriale de la France, la diversité de ses moyens d'industrie, l'immensité de ses relations politiques et commerciales, je ne voyais pour elle que le choix entre la monarchie et la république fédérative. Ce dernier gouvernement est l'objet de votre horreur : il m'inspirait la même répugnance ; et c'est pour maintenir l'unité de la France, que j'ai combattu pour la monarchie.

Vous avez trouvé une troisième forme mitoyenne entre les deux, et je fais les vœux les plus sincères, pour qu'elle procure à mon pays le bonheur, l'aisance et la liberté. Mais, de bonne foi, Citoyens, de combien s'en est-il fallu que vous ne fussiez tombés dans la fédération.

Enfin, Citoyens, on m'accuse d'avoir conspiré contre la constitution de 89. Il est évident, au contraire, que j'ai soutenu de toutes mes forces cette constitution. L'accusation aurait au moins plus de fondement, si elle m'imputait d'avoir retardé l'établissement de la république. Voici alors quelles seraient mes réponses.

D'abord, jamais sous l'assemblée constituante, la forme du gouvernement n'a été mise en question.

Brissot, *Condorcet*, étaient les seuls qui parlassent de république; et l'on sait quel genre de république l'un et l'autre nous préparaient.

Les jacobins eux-mêmes, à l'époque fameuse de leur division, proclamèrent dans leurs écrits l'obéissance à la constitution de 89.

Robespierre se déclara formellement pour ce parti.

Dans la dernière séance, où j'assistai, il fut rédigé une adresse, qui finissait par ces mots : *la constitution, voilà notre guide; l'assemblée constituante, voilà notre point de ralliement!*

Je n'ai donc pas retardé l'établissement d'un gouvernement, dont personne ne jugeait alors l'institution possible, du moins politique.

Mais du moins, dit-on, j'ai par mes opinions prononcées, contribué à empêcher que le roi ne fût mis en cause.

A cet égard, Citoyens, jugez-moi; ou plutôt jugez vous-mêmes ce qu'il fallait faire, en vous retraçant l'état politique d'alors.

Au dehors, des rois secrètement coalisés, qui n'attendaient que le signal pour fondre sur notre malheureux pays, encore ébranlé par la première secousse révolutionnaire, et dont les moyens de défense n'étaient pas réorganisés. Au dedans, une armée, encore imbue des idées de royauté et qui les partageait avec le plus grand nombre des citoyens; car alors, n'existaient pas encore et ne pouvaient pas exister ces nombreux bataillons que l'énergie française a déployés depuis.

Que pouvions-nous donc faire ? Ce que nous avons fait : veiller à l'unité de l'empire; écarter toute idée d'un conseil de régence, comme propre à produire les plus funestes troubles; empêcher le fédéralisme, qui pressait les instans de se produire avec avantage; arrêter les progrès des intrigues étrangères; déconcerter toutes les ambitions particulières, en mettant pour ainsi dire, la royauté en dépôt entre les mains de la nation française, jusqu'à ce que l'expérience et le calme lui eussent donné le temps et les moyens d'en disposer au gré de la volonté souveraine.

Je passe à l'affaire du Champ-de-Mars. On a dit que j'avais assisté à de prétendus conciliabules, tenus à ce sujet, et où il avait été décidé qu'on déployerait le drapeau rouge. Aucun, absolument aucun témoin ne m'a inculpé dans cette affaire : et je déclare que jamais je n'ai assisté à des conciliabules de ce genre. Je n'ai peut-être pas, dans tout le cours de la révolution, parlé deux fois au citoyen *Bailly*, avec lequel on me prétend des intimités. Il n'y a donc pas le plus léger indice contre moi. Mais, voici des preuves évidentes et sans réplique, de ma non-participation aux mesures que prirent alors les autorités constituées.

Après l'affaire du Champ-de-Mars, les principaux auteurs du mouvement qui y avait donné lieu furent recherchés, arrêtés, poursuivis. Cependant *Brissot*, rédacteur de la pétition, *Brissot*, dont vous avez même jugé les intentions perfides dans cet acte, resta, presque le seul de tous, paisible au sein de Paris. Depuis un an, *Brissot* m'avait choisi pour l'objet journalier des explosions de sa haine. Je vous le demande, Citoyens, est-il vraisemblable que j'eusse été pour quelque chose dans la direction des mouvemens d'alors, et que mon plus cruel ennemi eût seul échappé aux poursuites? La sécurité de *Brissot*, à cette époque, attestera donc à jamais que l'affaire du Champ-de-Mars et ses suites m'étaient parfaitement étrangères.

Enfin, Citoyens, il a toujours été dans mon cœur de repousser bien loin toute mesure sanguinaire. Un citoyen, juré, m'a demandé si je n'avais pas contribué à la rédaction du décret qui votait à *Bouillé* des remercîmens pour la sanglante expédition de Nanci. Je remercie ce citoyen de m'avoir fourni un moyen de défense qui m'eût échappé. Dans cette affaire, au contraire, j'ai fait tous mes efforts, aux Jacobins, pour que le décret ne fût pas rendu; et, dans l'assemblée, *Alexandre Lameth*, mon ami, fut le seul qui osa élever la voix et manifester, au milieu des improbations, son opposition à un décret que nous regardions, l'un et l'autre, comme profondément immoral.

Puisque j'ai parlé d'Alexandre Lameth, c'est ici le lieu de m'expliquer sur mes liaisons.

L'accusateur public a employé beaucoup de temps à prouver que les *Lameth* et *Adrien Duport* ont été unis d'intimité avec moi. Une lettre de femme, qui m'invite à dîner chez ce dernier, a été lue, à la dernière séance, comme preuve de conviction.

Eh mais! qu'était-il besoin de relever tant de faits minutieux, citoyen-accusateur? C'est là ce qui est notoire.

Jamais je n'aurai la bassesse de désavouer mes amis. J'ai aimé, j'aime encore les *Lameth*. Certes, ils avaient des défauts, et je n'ai pas été le dernier à les leur reprocher. Ils conservaient un reste de manières de la cour; incapables de ménager la médiocrité, dont cependant la haine est si dangereuse, ils versaient à pleines mains le ridicule sur cette foule de petits êtres qui se croyaient quelque chose au sein des grands mouvemens politiques. Mais que de qualités profondes et réelles ne leur ai-je pas connues? une franchise, une loyauté à toute épreuve, un attachement sincère à leur pays, un amour des hommes de mérite absolument pur de toute basse jalousie, une noble ambition, celle de faire le bien, une fidélité inviolable à leurs amis.

Cependant, Citoyens, je l'atteste, quels qu'aient été mes sentimens pour ceux avec lesquels j'ai le plus vécu pendant l'assemblée constituante, toujours j'ai conservé l'indépendance dont mes fonctions me faisaient un devoir. L'opinion de mes amis n'a jamais altéré ma propre opinion. Libre de toutes entraves, j'ai toujours marché selon mon cœur et ma conscience; souvent avec mes amis, parce que nos idées étaient souvent en rapport; quelquefois dans un sens différent du leur, parce que nos idées s'écartaient quelquefois.

Et c'est moi, c'est un être entièrement libre, naturellement indépendant, qu'on accuse d'avoir entretenu des liaisons avec le château des Tuileries depuis le voyage de Varennes.

J'atteste, sur ma tête, que jamais, absolument jamais, je n'ai eu avec le château la plus légère correspondance; que jamais, absolument jamais, je n'ai mis les pieds au château. En voici les preuves. 1° Lors du 10 août, on a trouvé le dépôt des plus secrètes correspondances du ci-devant roi. Tous ces papiers ont été imprimés. Toutes les lettres, apostillées, indiquent nettement leurs auteurs. Mille personnes y sont désignées. Eh bien! mon nom ne s'y est pas trouvé une seule fois. A qui donc pourra-t-on persuader que, si j'eusse entretenu les relations qu'on me suppose, je n'eusse pas été cité de préférence à une multitude d'individus sans crédit et sans caractère?

2º Par quels moyens, de quelles manières aurais-je été utile à cette cour, qu'on m'accuse d'avoir servie, même dirigée? Après l'assemblée constituante, je reste quelque temps à Paris, dans l'unique dessein de jouir paisiblement de la société de mes amis. Je pars, non pas à la fin de janvier, comme l'a dit l'accusateur public, mais au commencement de ce mois; et c'est dans ma province, dans ma famille, que je me retire. En m'écartant du centre des affaires, je m'ôtais évidemment le plus puissant moyen d'être utile à cette cour, à laquelle on prétend que j'étais secrètement lié. Mais enfin, j'étais chéri dans cette province, j'y avais conservé une multitude d'amis, la calomnie n'avait pas réussi à m'y discréditer. Si j'eusse eu le dessein de servir la cour, j'aurais pu mettre à profit mon influence; j'aurais pu faire comme *Diétrich* à Strasbourg, comme la députation de la *Gironde* à Bordeaux, comme *Barbaroux* à Marseille. Eh bien! je reste seul, parfaitement isolé; je recueille mes idées dans la solitude; je concentre mes sentimens dans l'intérieur de ma maison. Qu'on me cite, depuis cette époque, une adresse que j'aie signée, une démarche à laquelle j'aie participé, un mouvement auquel j'aie donné l'impulsion, et je signe ma condamnation.

3° Si j'eusse été lié avec la cour, ne fût-ce que pour la servir, j'aurais disposé de quelques-unes des places du pouvoir exécutif. Eh bien! j'ai beaucoup de parens dans mon département, avec lesquels j'ai toujours intimément vécu : plusieurs ont été honorés de la confiance populaire; mais il n'en est pas un seul qui ait été élevé à une des places dépendantes de la cour.

4° A l'époque du 10 août, si j'eusse été lié avec la cour, je devais trembler. La nouvelle de la révolution est arrivée à Grenoble le 12 août; celle de la découverte des papiers du roi suivit de près. Déjà la colère du peuple avait éclaté; déjà plusieurs de ceux qu'elle poursuivait avaient péri. Aux motifs de terreur, qui m'eussent été, dans cette hypothèse, communs avec tous les agens de la cour, se joignait pour moi la haine d'un parti, alors tout puissant. Citoyens, j'étais à quelques heures de la frontière, je montais tous les jours à cheval; rien de si facile, pour moi, que de sortir de France : deux heures de marche auraient assuré ma tranquillité pour toujours. Eh bien! quelle fut ma conduite? Je reste tranquille au sein de ma famille, aussi calme que ma conscience. J'en appelle à votre raison, Citoyens-jurés, est-ce à un conspirateur, dans le moment le plus critique, que cette sécurité appartient? Ce n'est pas tout, Citoyens, je fus arrêté quelque temps après le 10 août, et transféré successivement dans plusieurs prisons. Quarante personnes se sont échappées de l'une; j'étais le moins scrupuleusement gardé. Jugez, Citoyens, combien il m'eût été facile de me soustraire à votre jugement, si quelque sentiment intérieur m'en eût fait redouter les suites. Mais, tranquille sur mon sort, persuadé que je n'avais à redouter qu'une faction dont la perfidie était, ou, du moins, serait reconnue un jour, j'attendais avec calme le retour de la vérité. Aussi, lorsque j'appris la révolution du 31 mai, je dis hautement : « Bientôt je serai libre; mes seuls ennemis ont » cessé d'être puissans. »

Enfin, Citoyens, lors de mon arrestation, on a saisi tous mes papiers : on a pu, dès lors, pénétrer dans l'intérieur de mon âme, dans mes pensées les plus secrètes. On possède une foule de notes, écrites pour moi seul et dont l'objet est de me rendre compte à moi-même de mes propres idées; une foule de brouillons, de commencemens de lettres, qui peuvent faire connaître la nature de mes relations amicales. Eh bien! qu'a-t-on trouvé dans ces écrits? des vœux pour le succès des armes françaises, une longue série de souhaits pour le bonheur de mon pays. Que disent ces dénonciations non suspectes? que j'ai toujours été libre de toute impulsion étrangère; que j'ai voulu, soutenu de toutes mes forces, l'unité de la France; que l'explication de toute ma conduite se trouve dans ce désir.

Aurais-je cédé à de simples intérêts pécuniaires? Tombe ma tête, si quelqu'un prouve que mes mains se sont jamais souillées. On a dit que j'avais joué et perdu de grosses sommes; et je nie d'avoir joué d'autre jeu que quelques parties de billard, dont le plus grand intérêt était la valeur d'un dîner.

On a dit que je faisais une grande dépense; et cette dépense se bornait à payer un secrétaire et deux domestiques, et aux frais de quelques voitures, qui se montent de 1,000 à 1,200 livres. Sur le tout, 10,000 francs de mes capitaux qui m'ont été envoyés par le citoyen Périer, négociant à Grenoble; 6,000 francs par le citoyen Latune, négociant à Crest, et 5,200 francs que remit ma mère au citoyen *Aubert-du-Bayet*, lorsqu'il vint à Paris pour y remplir ses fonctions de député à l'assemblée législative, ont servi à combler le déficit de ma recette. Je défie tous mes ennemis, tous mes détracteurs, qui que ce soit enfin, de citer un capital que j'aie placé, une acquisition que j'aie faite; et, je le répète, tombe ma tête, s'il est quelqu'un qui puisse démentir ces faits.

En peu de mots, Citoyens, on m'accuse d'avoir intrigué, d'avoir favorisé un parti; j'ai été, au contraire, essentiellement indépendant.

On a soupçonné, presque dès l'origine, un parti pour d'Orléans, et, jamais, je n'ai approché cet homme.

Il a existé un parti fédéraliste. Déchiré par ce parti, j'ai tout risqué, même la popularité, pour défendre l'unité de la France.

Il a existé des intrigues de cour. Jamais je n'ai participé à ces intrigues.

On m'accuse d'ambition. Je n'en eus jamais d'autre que celle de parvenir *populairement* aux places qui se trouvaient en rapport avec mes talens. On était si loin, dans le département qui m'a vu naître, de m'en soupçonner d'autre, que, lors de la nomination des députés à la convention, j'ai eu nombre de voix.

On m'accuse de m'être laissé corrompre par l'argent. Mon patrimoine est diminué, et je n'ai rien acquis.

Enfin, Citoyens, je le rappelle: j'ai pu sortir de France avec toute sûreté. Peut-être ceux qui m'aiment encore auront à gémir de ce que je n'ai pas exécuté ce qui m'était si facile; mais, quel que soit l'évènement, je n'aurai pas à me reprocher d'avoir récusé les juges de mon pays, d'avoir mis en doute leur intégrité, leur justice. Je serai sacrifié peut-être ; mais j'aime mieux devoir ma perte à l'erreur des hommes que d'avoir prononcé mon propre jugement. Je porterai sur l'échafaud le calme que vous m'avez vu dans le débat; et, jusqu'au dernier moment, je ferai des vœux pour le bonheur de mon pays.

Je parle devant le peuple français. (*Ici le président l'interrompt.*) On a bien entendu mon accusateur pendant une heure et demie ; il est de la justice du peuple et du tribunal de m'écouter avec la même tranquillité..... Je commence par une observation générale ; avant de discuter l'affaire des colonies, il faut avoir quelques données précises sur cette assemblée de Saint-Marc, pour laquelle on cherche tant à vous intéresser. Dans les colonies, il existait de gros propriétaires qui voulaient conserver leurs biens dans les îles, et ne pas payer leurs dettes sur le continent. Le moyen le plus sûr d'effectuer ce projet était d'opérer une scission entre les îles et la métropole. On constitua donc, sans l'autorisation de l'assemblée nationale de France, une assemblée coloniale, et, ce qu'il est essentiel de remarquer, on appela *décrets* les décisions de cette nouvelle assemblée. Cependant, ces décisions ne devaient s'appeler qu'arrêtés, ainsi que les décisions des départemens du continent. Certes, si vous voyiez un des départemens de France rendre des décrets, à ce signal, vous reconnaîtriez le fédéralisme. Par exemple, si vous entendiez parler d'un décret du département de la Gironde, vous ne verriez là que l'acte d'un département qui veut rompre l'unité de l'état. Il y a plus : vous vous rappelez qu'alors on distinguait les décrets constitutionnels des décrets législatifs, par la forme sous laquelle on les présentait au chef du pouvoir exécutif. Les derniers étaient présentés à la sanction, tandis que les premiers ne l'étaient qu'à la simple acceptation. Eh bien! l'assemblée de Saint-Marc présentait ses décrets à la simple acceptation du roi, tant il est vrai qu'elle s'arrogeait exclusivement le pouvoir législatif sur les colonies et ne reconnaissait aucunement la sanction de la métropole. Et l'on m'accuse aujourd'hui d'avoir répondu aux membres de cette assemblée que leurs décrets étaient criminels ! Oui, sans doute, ils l'étaient, puisqu'ils tendaient à rompre l'unité de l'état. Mais, répète-t-on avec affectation, l'assemblée de Saint-Marc ne travaillait que pour le bonheur du peuple. On a bien changé de langage ! Alors, on n'était pas si démocrate ; alors, on voulait recourir directement à l'autorité du roi ; alors, on voulait que les décrets de cette assemblée fussent présentés directement à la sanction du roi.

Pourquoi donc, si les décrets de l'assemblée de Saint-Marc étaient criminels, avez-vous demandé que tout jugement fût suspendu vis-à-vis des membres de cette assemblée? La raison en est simple : c'est que l'assemblée nationale même, convaincue qu'il existait un délit, ne regardait pas pour cela les auteurs comme criminels; elle présumait toujours la pureté des intentions. Elle disait donc aux membres de l'assemblée coloniale : « Nous aimons à croire que vous êtes dans » l'erreur; restez donc à la suite de l'assemblée » nationale ; d'ici à quelque temps vous serez à » portée de ramasser vos titres de justification. Si » nous n'avons pas de preuves suffisantes pour » vous condamner, nous en avons assez pour cas- » ser vos décrets. » Eh ! Citoyens jurés, veuillez approfondir ces arrêtés illégaux. Ils ouvraient les ports des îles à tous les étrangers. Un pareil acte peut-il avoir lieu sans l'assentiment, sans les ordres exprès de l'assemblée nationale? Ce droit, qui rentre dans celui de faire la paix ou la guerre, ne peut appartenir qu'aux représentans du peuple, et, s'il est exercé par toute autre autorité partielle et subordonnée, il est attentatoire à la souveraineté nationale. Ce n'est pas tout; l'assemblée de Saint-Marc s'était permis de licencier les troupes nationales et de former de nouveaux corps militaires à sa solde. Mais, dit-on, ces nouvelles troupes étaient patriotes. Eh! qu'est-ce donc que ces troupes patriotes qui consentirent à prêter entre les mains de l'assemblée coloniale un serment différent de celui commun à tous les Français, un serment qui portait d'être fidèle *à la loi, au roi et à la partie française de Saint-Domingue?* Est-il possible de ne pas voir dans ces actes la volonté manifeste d'affecter l'indépendance la plus absolue et d'opérer une scission bien prononcée entre les îles et la métropole?

On me reproche une autre prétendue contradiction. Vous accusez, me dit-on, les membres de l'assemblée de Saint-Marc d'avoir voulu l'indépendance, et, dans le même rapport, vous dites aux colons : « Que l'assemblée croit toujours » à leur fidélité; que le projet de se soustraire à » la domination française n'est jamais entré dans » leur cœur; que, d'ailleurs, ce projet est ab- » surde et d'impossible exécution. »

Comment est-il possible de voir là une contradiction? Sans doute, j'ai dit cela; mais quand il s'agit de ramener une portion du peuple égarée, et surtout une portion éloignée sur laquelle les moyens d'actions ne sont pas immédiats, on ne la choque pas par des vérités dures, on n'annonce pas surtout la faiblesse du gouvernement, en manifestant une croyance absolue à des projets de rébellion et la crainte qu'ils ne soient trop facilement exécutés.

On lui dit même avec persuasion du contraire : « Vous ne voulez pas vous soustraire à votre » mère-patrie ; telle n'a jamais été votre intention, » nous en sommes persuadés. » *On lui dit surtout* : « Le projet de vous rendre indépendans est » absurde, impraticable : vous ne l'avez sûrement » pas formé ; vous ne pourriez pas, d'ailleurs, » l'exécuter. » Voilà la conduite sage, prudente, utile, et qui seule peut pacifier un mouvement populaire qui tend à la division. Voilà la conduite que j'ai tenue, et dont ceux qui ont désiré que l'unité française fût rompue, peuvent seuls me faire un crime.

Un autre chef d'accusation consiste à me reprocher les remercîmens que j'ai fait voter à *Mauduit*. Pour que cet acte de ma part fût un crime, il faudrait prouver auparavant que *Mauduit* était criminel. Qu'a-t-il donc fait? Il a persécuté les patriotes ! Mais les deux partis se disaient également patriotes. Il a protégé le corps dit *des pompons blancs* ! Mais, ce corps défendait la constitution française, l'unité de l'état. Il a fait fouler aux pieds les drapeaux tricolores ! Mais, d'abord, le fait n'est pas certain, aucun renseignement sur cet objet n'est parvenu à la connaissance du comité, dont j'étais le rapporteur. Ensuite, il faut bien observer que les deux partis avaient des drapeaux tricolores, et il ne serait pas étonnant qu'un parti eût déchiré les drapeaux de l'autre. Enfin, *Mauduit* était d'intelligence avec le ministre *La Luzerne*, avec lequel j'étais lié. Le fait est faux pour ce qui me concerne. Lorsque Gouy-d'Arcy dénonça *La Luzerne*, et qu'il fut généralement hué, ce fut moi, qui osai seul le soutenir; ce fut moi, qui dis à l'assemblée, que les ministres n'étaient pas inviolables, et qu'il était du devoir de l'assemblée d'entendre toute dénonciation des membres contre eux; ce fut moi, qui revins ensuite à la charge, qui le dénonçai en mon nom et demandai, à grands cris, que l'assemblée déclarât qu'il avait *perdu sa confiance*. En un mot, *Mauduit* n'était pas coupable alors, il défendait la constitution française. On dit que, depuis, il a trahi sa patrie. Je n'en sais rien, mais quand il serait vrai, cela ne signifierait rien. *Carteaux* sert aujourd'hui la patrie, avec zèle; mais, si demain il la trahissait, s'il devenait contre-révolutionnaire, s'il marchait contre Paris à la tête de son armée, la convention serait-elle coupable, pour lui avoir voté des remercîmens pour sa conduite antérieure (Interruption de l'accusateur public. Un juré interpelle l'accusé, si ce n'est pas lui qui a fait voter des remercîmens à l'exécrable *Bouillé?*). Un mot de réponse suffira : lorsque, dans l'assemblée constituante, cette proposition fut faite, l'enthousiasme était universel. Je fis tous mes efforts pour m'y opposer ; mais, je ne pus obtenir la parole. *Alexandre Lameth*, plus heureux, s'empara de la tribune, et, au milieu des huées générales, déclara que l'assemblée ne pouvait sans légèreté prendre une telle décision, et qu'il fallait, avant tout, connaître les détails de cette malheureuse affaire.

Je passe à la troisième objection. J'ai, dit-on, célé des pièces importantes, et notamment un considérant explicatif d'un arrêté de l'assemblée coloniale. Le fait est faux. Il est de notoriété que, dans un comité, les pièces sont exposées à la vue de tous les membres du comité, que le rapporteur ne les tient que de ses collègues et ne peut en céler aucune. Mais, voici ce qui s'est passé. Je voyais bien que, dans cette affaire, j'étais entouré de piéges : je ne voulus donc pas qu'il me pût être fait le plus léger reproche. En conséquence, dans mon rapport, je n'analysai aucune des pièces, mais, je les apportai toutes à la tribune, et ce fut *Prieur* (de la Marne), que l'assemblée chargea de les lire. Toutes, à la vérité, ne l'ont pas été, mais c'est uniquement, parce que l'assemblée, impatiente et fatiguée de la longueur de cette lecture, demanda, à grands cris, que le décret fût mis aux voix.

Enfin, cette imputation de soustraction de pièces a été faite dans le temps ; mais, il fut impossible alors de la préciser : et, lorsque le trop fameux avocat *Linguet* se présenta à l'assemblée, au nom de l'assemblée de Saint-Marc, je le sommai de désigner les pièces qui avaient été soustraites. Il ne sut que répondre.

Au surplus, je n'ai pu avoir l'intérêt, qu'on me suppose, à soustraire le *considérant* dont il s'agit : car, il est aussi criminel que le décret qu'il précède, et contient les mêmes principes d'indépendance et de division.

Répondrai-je aux reproches de hauteur, avec laquelle je suis accusé d'avoir traité les membres de l'assemblée de Saint-Marc. Ils sont destitués de toute espèce de fondement : mon caractère les dément. Mes nombreuses occupations me forçaient de recevoir chaque jour une foule de personnes C'est ainsi que j'ai reçu les membres de l'assemblée de Saint-Marc. Je leur ai dit que leurs décrets me paraissaient criminels, et que je voterais pour que cette assemblée fût cassée ; mais j'ajoutai que l'assemblée constituante, ayant pour principe, *de ne jamais présumer le mal*, donnerait le temps aux membres de cette assemblée de prouver la pureté de leurs intentions

Je termine par une réflexion toute simple. Je ne suis pas responsable des décrets de l'assemblée, en supposant qu'ils aient eu des suites funestes. Je ne fus que rapporteur, c'est l'assemblée qui a rendu le décret : le procès, qu'on m'intente, doit lui être commun.

Encore un mot, cependant, qui m'était échappé. On a prétendu que mes liaisons avec les *Lameth*, sont la raison de ma conduite dans l'affaire des colonies. Ma réponse est simple. Tous les arrêtés de l'assemblée de Saint-Marc tendaient à augmenter aux dépens du commerce de la France, la valeur des propriétés territoriales de Saint-Domingue. Les *Lameth* étaient grands propriétaires dans cette île : donc si ces arrêtés les servaient, le décret, qui cassait ces arrêtés, ne tendait qu'à diminuer leur fortune. Je n'ai donc pas sacrifié à des intérêts particuliers mes devoirs de représentant et l'intérêt de mon pays.

XVI.

Procès-Verbal d'exécution de mort.

Affaire Antoine-Pierre-Joseph-Marie BARNAVE, ex-Constituant.

L'an deuxième de la république française, le 9 frimaire, à la requête du citoyen accusateur public près le tribunal criminel extraordinaire et révolutionnaire, établi à Paris par la loi du 10 mars 1793, sans aucun recours au Tribunal de cassation, lequel fait élection de domicile au greffe dudit tribunal séant au Palais.

Nous, Jean-Baptiste-Benoît Auvray, huissier-audiencier audit tribunal, demeurant à Paris, rue ci-devant Provence, 37, section du Montblanc,

Soussignés, nous nous sommes transportés en la maison de justice dudit tribunal, pour l'exécution du jugement rendu par le tribunal, le jour d'hier, contre le nommé Antoine-Pierre-Joseph-Marie Barnave, qui a été condamné à la peine de mort, pour les causes énoncées audit jugement, et de suite l'avons remis à l'exécuteur des jugemens criminels et à la gendarmerie, qui l'a conduit sur la place de la Révolution, où, sur un échafaud dressé sur ladite place, ledit Barnave a, en notre présence, subi la peine de mort, et de tout ce que dessus avons fait et rédigé le procès-verbal, pour servir et valoir ce que de raison, dont acte.

Signé : AUVRAY.

Enregistré à Paris le 9 du troisième mois de l'an deuxième de la république.

Signé : CIRON.

Nota. — Duport Dutertre fut exécuté le même jour et en même temps. Le furent aussi avec eux, trois autres victimes, un curé et sa sœur appelés Vorwieth, et un sieur Benoît Grendel, tous également jugés la veille.

FIN DU TOME SECOND.

TABLE DES MATIÈRES.

RÉFLEXIONS POLITIQUES.

	Pages.
CHAPITRE Ier. — Sur la Révolution et l'état présent de la France. — § Ier	1
§ II.	4
§ III.	5
§ IV.	6
§ V.	7
§ VI.	8
§ VII.	9
§ VIII. — De l'état des finances suivant le rapport de M. Cambon.	10
§ IX.	13
§ X.	15
§ XI.	ib.
§ XII. — Différentes issues de la guerre	16
§ XIII. — Politique de la faction dominante	19
§ XIV.	ib.
§ XV.	20
§ XVI.	21
§ XVII. — Sur le 20 juin, ses causes et ses effets.	22
§ XVIII. — Après le 20 juin.	23
§ XIX. — Jugement sur l'assemblée législative.	25
§ XX. — Jugement anticipé sur la prochaine législature.	26
CHAP. II. — La révolution étant devenue inévitable, comment on eût pu la modérer.	28

TABLE DES MATIÈRES.

Pages.

Chap. III. — Des partis, de leur marche et de leur composition durant la révolution. — § Ier. 30
§ II. 32

Chap. IV. — D'un tiers parti ou d'un parti indépendant dans une assemblée. — § Ier. 35
§ II. 36

Chap. V. — Système des deux Chambres. 38

Chap. VI. — De l'Établissement d'une république en France. — § Ier. 42
§ II. — De l'unité de la république et de l'influence de la capitale. 49
§ III. — Si l'établissement d'un gouvernement républicain est favorable à l'égalité. 50
§ IV. — De l'effet d'un gouvernement fédératif en France. 55

Chap. VII. — Droit de s'assembler, de pétitionner, d'écrire, etc. 56

Chap. VIII. — De la faculté de changer la constitution. ib.

Chap. IX. — Garde nationale. 57

Chap. X. — Du rapport de Condorcet sur l'éducation publique. 58

Chap. XI. — Quelle a été la part de la philosophie dans la révolution. 59

Chap. XII. — Du rôle et de la conduite d'un gouvernement habile. 60

Chap. XIII. — Sur les Économistes. 62

Chap. XIV. — Quelques Portraits. — Mirabeau. . . . 64
Robespierre. . . 66
Brissot. . . . 68
Necker. — Sa politique. . . . ib.

Chap. XV. — Parallèle de notre révolution avec celle qui conduisit Charles Ier à l'échafaud. 69

Chap. XVI. — Parallèle entre Rome et nous, sous le point de vue de la liberté. 71

	Pages.
Chap. XVII. — Ce que c'est que le peuple.	72
Chap. XVIII. — Opinion des Presbytériens d'Écosse et de Brissot sur le peuple.	73
Chap. XIX. — De l'opposition dans un gouvernement. — § 1er.	74
§ II.	78
Chap. XX. — De la force et de la raison dans la politique.	82
Chap. XXI. — De la puissance dominante dans les corps politiques. — § 1er.	83
§ II.	86
Chap. XXII. — Des Ministres dans les Monarchies.	89
Chap. XXIII. — Des Magistrats.	93
Chap. XXIV. — Du Clergé politiquement considéré.	95
Chap. XXV. — De l'Administration.	98
Chap. XXVI. — Fonctionnaires publics.	103
Chap. XXVII. — De la probité en politique.	105
Chap. XXVIII. — Quels sacrifices peut s'imposer le patriotisme.	108
Chap. XXIX. — De la popularité.	110
Chap. XXX. — Quelques observations sur la guerre et les armées. — § 1er.	115
§ II.	118
Chap. XXXI. — La guerre, selon les cas, fortifie ou affaiblit les Monarchies.	120
Chap. XXXII. — De la Diplomatie.	122
Chap. XXXIII. — Alliances.	125
Chap. XXXIV. — Politique extérieure. — Système, Équilibre.	128
Chap. XXXV. — De la balance de l'Europe.	132
Chap. XXXVI. — De l'effet du commerce sur les gouvernemens.	137
Chap. XXXVII. — La balance du commerce est-elle ou n'est-elle pas une chimère ?	142
Chap. XXXVIII. — De l'Impôt.	150
Chap. XXXIX. — De la dette publique dans un état.	152
Chap. XL. — Des gouvernemens qui thésaurisent.	157

TABLE DES MATIÈRES.

	Pages
Chap. XLI.— Maximes politiques.— § Ier	160
§ II.	161
Chap. XLII.— Du Divorce.	162
Chap. XLIII.— Du progrès des sociétés.	167
Chap. XLIV.— Aperçus et réflexions sur l'ordre social dans ses diverses périodes.	171
Chap. XLV.—Des pouvoirs publics.—§ Ier Du passage de l'aristocratie de pouvoir à l'aristocratie d'honneur.	177
§ II.— Du caractère des trois pouvoirs.	178
§ III.— De la nécessité de la représentation.	179
§ IV.— Effet des trois pouvoirs.	ib.
§ V.—Divers genres d'aristocratie.	180
Chap. XLVI.—Idées sur la politique.— § Ier— De l'esprit des lois.	181
§ II.— Du papier et de l'argent.	182
§ III.— Du Prince.	183
§ IV.— Des lois.	184
§ V.— De la richesse.	ib.
§ VI.— De l'amour du républicain pour sa constitution.	186
§ VII.— Des parlemens.	187
§ VIII.— Du prix des choses.	189
§ IX.— De la trop grande sévérité des lois.	191
§ X.— Ce qui a amené la division de la France en pays de droit écrit, et en pays de droit coutumier.	ib.
§ XI.— De la dépopulation des états.	192
Chap. XLVII.— Observations sur les villes.	194
Chap. XLVIII.— Colonies — § Ier	198
§ II.	200

TABLE DES MATIÈRES.

	Pages.
§ III.	207
§ IV.	209
§ V.	212
§ VI.	214
§ VII.	218
§ VIII.	220
§ IX.	222
§ X.	225
§ XI.	227
§ XII.	230

CHAP. XLIX.— Sources et progrès historiques du gouvernement anglais. 234
CHAP. L.— Portrait d'Élisabeth, reine d'Angleterre. . 238
CHAP. LI.— Charles II. 240
CHAP. LII.— Origine de la guerre qui a amené la séparation de l'Amérique anglaise. 244
CHAP. LIII.— Idées sur la politique anglaise. . . . 247
CHAP. LIV.— Comment les Anglais ont toujours favorisé, chez nous, les idées qui pouvaient leur être utiles. 251
CHAP. LV.— Droit public de l'Europe.— § 1er.— Paix de Westphalie. 253
§ II.— Paix de Nimègue. 1678-1679 257
§ III.— Paix de Riswick. 1697. . 259
§ IV.— Traité d'Utrecht. 1711. . 263
§ V.— Traité de Vienne. 1738. . 269
§ VI.— Traité d'Aix-la-Chapelle. 1748. 271
§ VII.— Paix de Paris. 1763. . . 276
§ VIII.— Abaissement de la France après la paix de Paris. . . 280
§ IX.— Suède et Pologne. . . 284
§ X.— Suède: Paix de Stockholm et Neustadt. 288
§ XI.— Suède: Paix d'Abo. . . 294
§ XII.— Suisse. 296
§ XIII.— Turcs. 299

FIN DE BARNAVE.

	Pages.
I. — Assemblée législative. — Séance du 15 août 1792.	305
II. — Séance du 26 août 1792.	308
III. — Acte du Corps législatif, contenant l'acte d'accusation contre les sieurs Duportail, Duport, Tarbé, Bertrand, Barnave et Alexandre Lameth.	313
IV. — Département de l'Isère. — Lecture faite des pièces déposées sur le bureau (celles ci-dessus), par MM. G***, S. M** et R** commissaires, envoyés par l'Assemblée nationale à l'armée du Midi.	315
V. — Lettre écrite des prisons de Grenoble, à Alquier membre de la Convention nationale.	316
VI. — Lettre à Boissy d'Anglas.	323
VII. — Autre lettre à Alquier.	326
VIII. — Lettre à......	328
IX. — Projet de pétition à la Convention nationale pour demander à être jugé.	333
X. — Lettre écrite par Barnave à M. Boissy d'Anglas pendant sa translation à Paris.	339
XI. — Lettre écrite par Barnave à sa Sœur pendant sa translation	341
XII. — Procès-verbal de la Séance du Tribunal criminel révolutionnaire, établi par la loi du 10 Mars 1793, et en vertu de la loi du 5 Avril de la même année, séant à Paris, au Palais-de Justice.	347
XIII. — Duport-Dutertre et Barnave. Questions posées aux Jurés.	356
XIV. — Tribunal Criminel révolutionnaire. Jugement du 8 Frimaire contre Barnave et Duport-Dutertre.	357
XV. — Défense de Barnave devant le Tribunal révolutionnaire.	362
XVI. — Procès-verbal d'exécution et de mort.	400

FIN DE LA TABLE DU TOME SECOND.

www.ingramcontent.com/pod-product-compliance
Lightning Source LLC
Chambersburg PA
CBHW052132230426
43671CB00009B/1223